Unterrichtsideen
Textarbeit im Geschichtsunterricht
der Sekundarstufe I

Unterrichtsideen
Textarbeit im Geschichtsunterricht der Sekundarstufe I

Texte, Bilder, Unterrichtsbeispiele von der Antike bis zur Neuzeit – didaktisch kommentiert und methodisch aufbereitet

Lutz Koropp / Susanne Koropp / Volker Weber
unter beratender Mitwirkung von Jürgen Grzesik
und Manfred Jung

Ernst Klett Verlag für Wissen und Bildung
Stuttgart · Dresden

Als Ergänzung zu den vorliegenden Unterrichtsideen ist erschienen:
Lutz Koropp/Susanne Koropp/Volker Weber.
Textarbeit im Geschichtsunterricht der Sekundarstufe I. Quellentexte und Materialien.

Klettbuch 922716

Gedruckt auf Papier,
welches aus Altpapier hergestellt wurde.

Die Deutsche Bibliothek – CIP-Einheitsaufnahme

Unterrichtsideen Textarbeit im Geschichtsunterricht der Sekundarstufe I :
Texte, Bilder, Unterrichtsbeispiele von der Antike bis zur Neuzeit –
didaktisch kommentiert und methodisch aufbereitet /
Lutz Koropp/Susanne Koropp/Volker Weber. –
Stuttgart ; Dresden : Klett-Verl. für Wissen und Bildung
[Hauptbd.]. – 1. Aufl. – 1996
ISBN 3-12-922715-6

1. Auflage 1996

Satz: Steffen Hahn GmbH, Kornwestheim
Druck: Wilhelm Röck, Weinsberg
Einbandgestaltung: BSS Werbeagentur Sachse und Partner, Bietigheim
ISBN 3-12-922715-6

Inhaltsverzeichnis

Jedes Kapitel hat den gleichen Aufbau

I. Didaktisch-methodischer Kommentar
Historischer Kontext und Autoren
Themenspezifische Voraussetzungen
Sachlicher Gehalt der Quellen
Ziele des Unterrichts

II. Methodenkonzept für den Unterricht
Begründung der Methodenwahl
Verlaufsstruktur

III. Erweiterungs- und Vertiefungsmöglichkeiten

IV. Literaturhinweise für die Unterrichtsvorbereitung

Einleitung

Im Jahre 1983 widmete die Zeitschrift „Geschichte in Wissenschaft und Unterricht“ ihr 5. Heft dem Thema „Quellenarbeit im Geschichtsunterricht“ (GWU 5/1983). Anlaß dazu bot u. a. der Aufsatz von Gerhard Schoebe „Quellen, Quellen, Quellen... Polemik gegen ein verbreitetes Unterrichtskonzept“ (GWU 5/1983, 298–317), in dem dieser massiv gegen die nach seiner Ansicht durch H. D. Schmids Lernbuch „Fragen an die Geschichte“ ausgelöste „Überstrapazierung des arbeitsunterrichtlichen Prinzips“ (a. a. O. 299) zu Felde zog. Der dadurch entfachte Streit brachte wiederum alle Dilemmata zu Bewußtsein, denen sich Geschichtslehrerinnen und Geschichtslehrer – zumal im Unterrichtsalltag der Sekundarstufe I – ausgesetzt sehen: Wie kann, wie soll dem Auftrag der Richtlinien entsprochen werden, den Schülerinnen und Schülern sowohl ein solides Überblickswissen über Epochen, Strukturen und historische Prozesse zu vermitteln als sie auch zu einer problemorientierten, quellengestützten und methodenkritischen Auseinandersetzung mit den Themen und Inhalten des Faches anzuleiten? – Welchen didaktischen Stellenwert sollen sie dabei der narrativen Struktur der Geschichte einerseits und dem Rückgriff „auf bereits gesammelte und erschlossene Quellen“ (Rohlfes: in GWU 5/1983, 331) im Unterricht andererseits zubilligen? – Inwieweit kann durch rekonstruktiv-entdeckendes Lernen an didaktisch zubereiteten, repräsentativen Unterrichtsmaterialien unter dem prinzipiellen Anspruch der Wissenschaftsorientierung wenigstens in elementarer Weise eine Hinführung zu den „Arbeitsweisen und Erkenntnisregeln der Fachwissenschaft“ (Rohlfes a. a. O. 331) geleistet werden? – Welches Gewicht wird in diesem Zusammenhang sowohl der Vermittlung solider Kenntnisse als auch der Förderung von „Bewußtsein, Haltungen und Handlungsdispositionen“ (Dörr, in: GWU 5/1983, 321) beigemessen? – Wie lassen sich durch die Herstellung von Gegenwartsbezügen einerseits Fragehaltungen und Erkenntnisinteressen wecken (dies betrifft vor allem die motivationale Komponente im Unterrichtsprozeß), wie läßt sich andererseits die kategoriale Basis für den Geschichtsunterricht „als Funktion und Faktor des übergreifenden gesellschaftlichen Prozesse..., in dem sich Vorstellungen über die Vergangenheit unter den Bedingungen der jeweiligen Gegenwart neu- und umbilden“ (Jeismann 1985, 45) grundlegen und behaupten?

Auf Schoebes zentralen Einwand: „Die Funktion der Quelle im Geschichtsunterricht als Instrument und Medium plastischer Darstellung wird verkannt“ (a. a. O. 309), und sein Postulat: „Die Schüler sollen aufnehmen..., mitdenken, vorstellungsmäßig ‚realisieren‘..., vorausdenken, vermuten, wie's weitergehen könnte, den Geschehensfaden konsequent weiterspinnen, zu dem Aufgenommenen fortlaufend Stellung beziehen, gemeinsam innehalten, jeder sich mit dem Aufgenommenen *auseinandersetzen* und alle *im Unterrichtsgespräch* ihre Auseinandersetzungen *miteinander verknüpfen*“ (a. a. O. 311), entgegnete Margarete Dörr in bezug auf das Verhältnis von darbietendem und Arbeitsunterricht: „Es handelt sich im Grunde um eine falsche Alternative. Lehrererzählung und Lehrerinformation haben selbstverständlich auch im Arbeitsunterricht ihren Platz. Die Lehrererzählung ist aber ein ‚Materialstück‘ unter anderen, das befragt und ausgewertet werden muß. Sie muß ... Reflexionsspielraum lassen und darf nicht einfach emotional überwältigen. Mündliche Information durch den Lehrer oder durch Befragungen ist Baustein des Arbeitsunterrichts wie schriftliche Quelle..., Bild, Karte, Film, baulicher Überrest, Museumsstück, Zeugenaussage u. a. Der Streit kann nicht gehen um die Prozentanteile von Lehrerdarbietung und Beschäftigung mit ‚Quellen' im Geschichtsunterricht, sondern er geht in Wahrheit um die Funktion, die Lehrerdarbietung und Quellenarbeit in einer Gesamtkonzeption von Unterricht haben..." a. a. O. 326 f.).

Was damals wie ein offener Streit aus fachwissenschaftlicher, lerntheoretischer, unterrichtspraktischer und politisch-pädagogischer Sicht anmutete – wie es Joachim Rohlfes (a. a. O. 330) differenzierter darzulegen versuchte – wirkt unterschwellig im „geheimen Lehrplan" fort und bestimmt weiterhin je nach Präferenz für die eine oder andere Position die alltägliche Unterrichtspraxis.

Aus heutiger Sicht freilich erscheint es geboten, die Gesamtperspektive auf Unterricht, insbesondere auch auf den Geschichtsunterricht, auszudehnen und dies vor allem aus zwei Gründen: (1) Die Entwicklung auf dem Lehrmittelsektor ist über diesen Streit längst hinweggegangen. Unsere Schulbücher werden immer reichhaltiger und komfortabler, was historische Darstellungen, Quellenmaterialien, Abbildungen und kartographische bzw. schematische Darstellungen anbetrifft; auch wenn manches Beiwerk im jeweiligen Kontext mehr dekorativen oder illustrativen Zwecken dient, als daß es informative Funktionen erfüllt. – (2) „In unserem ‚visuellen Zeitalter' spielen Bilder nicht nur im Sektor der Unterhaltung, sondern auch als Mittel zur Information und zum Wissenserwerb eine immer wichtigere Rolle" (dazu: Weidenmann 1994), aber es trifft gewiß auch zu: „Trotz des überbordenden Angebots an Bildern sind wir von der sorgfältigen und systematischen Pflege einer ‚piktorialen Lernkultur' noch weit entfernt" (Weidenmann 1994, 7). – Nun garantiert erfahrungsgemäß die Fülle und Vielfalt des Informationsangebots, ob in sprachlicher oder bildlicher Repräsentation, nicht automatisch ein umfangreicheres, gesicherteres Wissen, prägen Medieneinflüsse nicht eo ipso Bewußtsein, Haltungen, Handlungsdispositionen im erzieherisch gewünschten Sinne. Aus pädagogischer Sicht betrachtet, verstärkt sich eher der Eindruck ihrer Wirkungen in Richtung auf Oberflächlichkeit, Passivität, Nichtverantwortlichsein, und es gestaltet sich immer schwieriger für viele Lehrerinnen und Lehrer, die Lernmöglichkeiten ihrer Schüler zu erkennen und deren Entwicklungsmöglichkeiten zu diagnostizieren, auf die sie ihre Lehraktivitäten ausrichten müssen. Um Erfahrung in Erkenntnis, Handlungsresultate in die gewünschten Lernresultate, Einsichten in Sinnzusammenhänge, Einstellungen in Selbstkonzepte zu transformieren, bedarf es einer viel umfassenderen Perspektive. Die operative Lerntheorie ist auf dem Wege, unser Augenmerk auf den Gesamtzusammenhang der menschlichen Informationsverarbeitung zu richten, indem „alle psychischen Prozesse im gesamten Nervensystem in den Blick gefaßt (werden), die sensorischen wie die motorischen, die kognitiven wie die affektiven, die vorstellungsmäßigen (figurativen) wie die operativen (transformierenden), die aktuellen im Arbeitsgedächtnis wie ihre Speicherung im Langzeitgedächtnis..." (Grzesik 1994, 100). Welche häufig im Unterricht auftretenden Operationen beobachtet, unterschieden und im Blick auf den Erwerb von grundlegenden Kompetenzen geschult werden können, haben Grzesik für das Begriffslernen (Grzesik

1992) wie für das Textverstehen (Grzesik 1990) und Weidenmann (1994) für das Bildverstehen darzulegen versucht. Unterrichtspraktische Konsequenzen für die Interpretation einer Bildquelle sowie die themengeleitete Verarbeitung von Text- und Bildinformation haben Herzog-Pesch (1993, 69–86) exemplarisch verdeutlicht.

Die Autoren dieses Bandes haben Ansätze und Anregungen dieser Bezugsliteratur aufgegriffen und, wo es sich anbietet, für unterrichtspraktische Zwecke genutzt. Sie haben Quellen ausgewählt, die eine ganz zentrale Bedeutung in ihrem epochalen Umfeld haben; sie verfolgen aber auch die Absicht, an diesen Beispielen durch die Beifügung ergänzender bzw. weiterführender Materialien das jeweilige Ereignis oder die Epoche übergreifende Bezüge aufzudecken bzw. Vergangenheitsdeutung aus dem Gegenwartsverständnis von Schülerinnen und Schülern zu ermöglichen. – An verschiedenen Beispielen haben die Autoren Kombinationsmöglichkeiten verschiedener Gattungen von Schriftquellen wie auch von Schrift- und Bildquellen vorgenommen, weil es – auch für das Quellenverständnis im Geschichtsunterricht der Sekundarstufe I – für die Schülerinnen und Schüler von besonderer Bedeutung ist, „die Eigentümlichkeiten der Quellengattungen zu kennen“ und „mit den wichtigsten Quellenarten vertraut zu werden“ (Rohlfes, in: GWU 5/1983, 335) sowie Bildquellen als informative Produkte im jeweiligen thematischen Bezugsrahmen nutzen zu lernen.

An zwei Beispielen läßt sich verdeutlichen, daß die Autoren auch versucht haben, gleichsam prototypische Wege des historischen Erkenntnisganges nachvollziehbar und dabei quellengattungsspezifische Zugriffe bewußt zu machen. Beispiel 1 (Kap. 3) – Der Grabstein des M. Caelius: Die Erschließung beginnt mit einer Identifizierung des Bilddetails (Bildsymbole und Schriftsymbole); darauf folgt eine Recodierung der Wort- und Satzgrammatik mit Hilfe der lateinischen Inschrift **(M 2)**; daran schließt sich die Übersetzung von der lateinischen in die hochdeutsche Sprache an **(M 3)**; erst auf dieser Grundlage wird eine Analyse und kritische Auseinandersetzung mit den Schriftquellen und verschiedenen Autoren durchgeführt, die sich zum Vorgang der Varus-Schlacht und der Einschätzung ihrer Bedeutung für die römische und germanische Politik geäußert haben **(M 4–M 12)**. – Beispiel 2 (Kap. 12) – M. L. King „I have a dream …“: Die Behandlung dieser politischen Rede soll auf dem Wege des Hör- wie des Leseverstehens erfolgen. Mittels der Methode des „Darstellenden Vorlesens“ wird der Versuch unternommen, die ursprüngliche Kommunikationssituation wenn auch nicht wiederherstellbar, so doch annäherungsweise erahnbar zu machen, um sowohl die kognitiven wie die affektiven Komponenten der Redesituation im Unterricht zur Wirkung zu bringen. Darauf aufbauend erfolgen: die Decodierung und Recodierung des Textsinns, dessen Einbettung in den historisch-politischen Kontext (mittels Heranziehung textexterner Informationen) und schließlich die Transformation des Textverständnisses in ein anderes Medium (durch erneutes Bemühen um angemessene sprachliche Darstellung der Reden); vgl. dazu auch die Ausführungen von Grzesik im folgenden Abschnitt.

„Quellenarbeit“, so hat Rohlfes (a. a. O. 335) mit Recht betont, „darf nicht bloß inhaltsbezogen sein, sie muß auch mediengerecht“ – und wir fügen hinzu: und methodengerecht – „erfolgen und setzt ein gehöriges Maß an Übung, Erfahrung, Stilgefühl voraus.“ (Rohlfes a. a. O. 335) führt insgesamt zehn Arbeitsschritte für eine seriöse Quellenarbeit an: „die Quellenkritik (1), die Gattungsbestimmung (2), die Gewährleistung des Wort-, Zahlen-, Zeichen- oder Symbolverstehens (3), die Sicherung des Sachverständnisses (4), die Rekonstruktion des historischen Umfeldes (5), ggf. die Bestimmung der Urheber und Adressaten (6), die Erfassung der Aussagen und Intentionen (7), die Ermittlung des Zuverlässigkeitsgrades, des Geltungsbereichs, der Verallgemeinerbarkeit der Quellenaussagen (8), ihre Kommentierung, Erklärung, Auslegung, Deutung und Diskussion (9), schließlich die Einordnung der Quellen in den historischen Kontext, aber auch den Forschungsstand (10).“

Nun wird es im Unterricht nicht möglich sein, alle diese Arbeitsschritte in jedem Falle mehr oder minder explizit zu vollziehen; es wird auch nicht ratsam sein, stets der hier aufgelisteten Folge entsprechend zu verfahren, will man schematisches Vorgehen und unterrichtliche Monotonie vermeiden. Nach dem Erkenntnisstand der Leseforschung, wie er von Jürgen Grzesik in seinem Grundlagenband „Textverstehen lernen und lehren“ (1990) für unterrichtliche Verwendungszusammenhänge aufgearbeitet worden ist, wäre sogar eine methodische Schulung des Verstehens von Texten (und das gilt analog auch für das Verstehen von Bildern) nicht einmal lernförderlich, wenn sie auf die Erprobung und Bewußtmachung unterschiedlicher Zugangswege zu Texten und auf die Kombination verschiedener textverstehender Operationen und Methoden verzichten würde. Darum möchte dieser Band den Geschichtslehrerinnen und Geschichtslehrern in der Sekundarstufe I in der gebotenen Kürze möglichst vielfältige Anregungen für einen mediengerechten und methodenreflexiven Unterricht geben.

Operationen und Methoden des Textverstehens. Eine informative Übersicht (von Jürgen Grzesik)

Jedes *Verstehen von Textsinn* ist das Resultat einer bestimmten Kombination von textverstehenden Operationen, zu denen der jeweilige Leser nur dann fähig ist, wenn er die einzelnen Operationen und auch ihre Kombination zu simultanen und sequentiellen Verbänden zuvor gelernt hat, z. B. beim Wortverstehen die Kombination von Buchstabenidentifikation, Übertragung des geschriebenen in das gesprochene Wort, Kontextoperationen und Rückschluß auf situative und wortgeschichtliche Voraussetzungen für den mitgeteilten Wortsinn.

Für diese *Auffassung vom Prozeß des Textverstehens* und seiner Schulung sind folgende Überzeugungen kennzeichnend:

Erstens: Textverstehen vollzieht sich keineswegs immer in gleicher Weise, sondern die jeweilige *Leseabsicht* bestimmt, welche Verfahren, d. h. welche textverstehenden Operationen, aus dem Repertoire des Lesers für die Verwirklichung der Absicht eingesetzt werden. Von Individuum zu Individuum, von Fall zu Fall – und auch noch im Einzelfall in mehr oder weniger schnellem Wechsel – gibt es sehr unterschiedliche Interessen an Texten, die darüber entscheiden, wie der Verstehensprozeß verläuft. So unterscheiden sich z. B. drastisch voneinander: das Interesse an einer ungeduldig erwarteten Nachricht, an der Individualität des Autors, am absoluten Textsinn, am Wahrheitswert der Mitteilung, am Gesamtzusammenhang der dem Text abzugewinnenden Information, am Beitrag des Textes zu einem bestimmten Thema usw.

Zweitens: Jede Information, die einem Text zugeschrieben wird, ist eine *subjektive Konstruktion.*

Sie kommt dadurch zustande, daß der Leser zur Verwirklichung seiner Leseabsicht bestimmte Operationen auswählt. Die Objektivität der so gewonnenen Information – das heißt ihre Entsprechung mit dem vom Autor sprachlich codierten Sinn – kann nicht als unmittelbare Übereinstimmung aufgefaßt, sondern nur durch Kontrolloperationen zunehmend wahrscheinlicher gemacht werden. Dies geschieht insbesondere durch die Kontrolle von Sprachkonventionen, durch den Vergleich mit anderen Texten desselben Autors, durch den Vergleich mit eigenem Weltwissen für den dargestellten Sachbereich, das aus anderen Quellen stammt, durch den Vergleich mit Selbstzeugnissen des Autors und durch die Verständigung über die Zuverlässigkeit des eigenen Textverstehens mit anderen Lesern. So muß auch die Objektivität von Textsinn subjektiv konstruiert werden, weil Textsinn nicht intersubjektiv wahrnehmbar ist und weil kein Text ein bestimmtes oder gar nur ein einziges Verständnis erzwingt, sondern jeder Text ein Spektrum von Verstehensmöglichkeiten eröffnet.

Drittens: Jedes Verstehen von Textsinn ist abhängig vom *Welt- und Selbstwissen*, über das der Leser schon verfügt.

Dies gilt für alle Sachbereiche, auf die sich der Text bezieht. Der Text liefert dem Leser also keineswegs Wissen auf direktem Weg, sondern regt nur dazu an, aus dem bereits vorhandenen Welt- und Selbstwissen bestimmte Zusammenhänge herzustellen. Schüler, die doch längst lesen gelernt haben, verstehen deshalb viele Texte kaum, weil es ihnen an Welt- und Selbstwissen fehlt und in den meisten Texten zudem auch noch die Erfahrungswelt der Erwachsenen, nicht aber die der jungen Menschen verhandelt wird. Sie müssen deshalb nicht nur in hohem Maße Unbekanntes, sondern auch antizipativ das erst in Zukunft zu Erfahrende aus ihrem Wissen konstruieren.

Viertens: Wenn das Lesen eines Textes nicht nur ein vorübergehendes Ereignis bleiben soll, sondern von ihm ein möglichst dauerhafter Ertrag erwartet wird, dann müssen *Sinnzusammenhänge* unterschiedlicher Komplexität hergestellt werden, die als mentale Modelle unabhängig vom Wortlaut des Textes präsent sind.

Das Interesse des Lesers am Text richtet sich primär auf in ihm dargestellte spezielle Sinnzusammenhänge: ein Gesetz, eine Entscheidungssituation, einen Argumentationszusammenhang, einen grundlegenden Konflikt, einen seelischen Vorgang, eine Systemstruktur, eine Begriffsstruktur. Das Interesse am Textverstehen dagegen muß sich auf wiederkehrende *Textstrukturen und Verfahrensstrukturen* des Textverstehens selbst konzentrieren.

Solche Modellierungen von einiger Komplexität erfordern die Konstruktion von satz- und auch textübergreifenden Sinnzusammenhängen. Jedes Textverstehen kommt aber erst dann zu einer ausgeprägten Form, wenn die jeweiligen Sinnzusammenhänge nicht nur aus vorhandenem Wissen konstruiert, sondern auch ausdrücklich möglichst vielfältig in die schon ausgebildeten Wissensnetze integriert werden. Das kann am besten durch eine kritische Auseinandersetzung mit ihnen geschehen, z. B. mit ihrem Wahrheitswert oder ihrem moralischen Wert.

Zur *adaptiven Konstruktion* von Textinformation, der es um die Zuverlässigkeit der Zuschreibung von Textsinn geht, kommt so die *applikative Verarbeitung* hinzu, durch die sich auch der Leser die erarbeitete Textinformation zu eigen und damit anwendbar macht. Dieser Verarbeitungsprozeß gipfelt in der selbstbezüglichen *Reflexion auf den Modellierungsprozeß*, die zu Methodenwissen führt (Metakognition). Nur wenn das Verstehen von Texten zu solch konsolidierten mentalen Modellen führt, kann mit hoher Dauerhaftigkeit des Verstandenen gerechnet werden.

Fünftens: Wenn *Lesekompetenz* aus der Fähigkeit besteht, je nach Text und Leseabsicht möglichst viele für die Verarbeitung der Textinformation geeignete textverstehende Operationen zu aktivieren, dann hat das Konsequenzen für ihre *Schulung.*

1) Lesekompetenz kann nicht lehrgangsmäßig vermittelt werden, sondern nur durch den Vollzug unterschiedlicher Kombinationen von textverstehenden Operationen an Texten aus unterschiedlichen Sachbereichen, wie sie in den Unterrichtsfächern auftreten, und dies für unterschiedliche Leseabsichten.

2) Wenn Schüler unter bestimmten Leseabsichten Texte verarbeiten, dann regulieren sie den dazu erforderlichen Verstehensprozeß in einem hohen Maße selbst. Die Schulung im Unterricht besteht folglich darin, daß
- die Schüler zu Gruppierungen von textverstehenden Operationen angeregt werden, die beim jeweiligen Entwicklungsstand noch nicht oder nur rudimentär durch selbstreguliertes Lernen zustandekommen,
- einzelne Operationen und Teilfähigkeiten, die schon aus einem Verbund von Operationen bestehen, gesondert (nacheinander) geschult werden und dann in den simultanen Gebrauch übernommen werden,
- man den Verstehensprozeß möglichst bis zur adaptiven und applikativen Modellierung treibt und kontinuierlich selbstbezügliche Teilmodelle des Verstehensprozesses (Strategien zur Behebung von Verständnisschwierigkeiten, zur Wahrheitskritik, zur Bewertung etc.) entwickeln läßt.

Will man im Unterricht Lesekompetenz schulen, dann kommt es deshalb für den Lehrer vor allem darauf an zu wissen, welche Operationen die Schüler für welche Leistungen des Textverstehens vollziehen müssen, welche methodischen Möglichkeiten zur Verfügung stehen, die Schüler zum Vollzug solcher Operationen für die jeweilige Leseabsicht anzuregen.

Im oben angeführten Grundlagen-Band werden zahlreiche *textverstehende Operationen* unterschieden, soweit dies beim gegenwärtigen Forschungsstand möglich ist.

Es sind dies Operationen
- zur Identifizierung von Sprachzeichen,
- zur Re-codierung der Wort- und Satzgrammatik,
- zur Bildung einzelner Vorstellungen und Urteile über den Sinn mehrerer Wörter und Sätze,
- zur Entwicklung innerer Bilder,
- zum Urteilen über Textsinn als Subsumtion unter Begriffe,
- zur Erschließung von implizitem Textsinn,
- zur reflexiven Verarbeitung emotionalen Erlebens,
- zum Erleben und Analysieren ästhetischer Textqualitäten,
- zur themengeleiteten Erarbeitung komplexer Sinnzusammenhänge,
- zur Herstellung textüberschreitender Bezüge,
- zur Textkritik,
- zur Transformation des Textverständnisses in ein anderes Medium,
- zur Kontrolle und Regulierung der eigenen Prozesse des Textverstehens.

Im erwähnten Grundlagen-Band werden aber auch Zugriffsmöglichkeiten auf Texte für die Schulung des Textverstehens im Unterricht entwickelt. Es werden folgende *Gruppen typischer Methoden* unterschieden:

1) Die Gruppe der texterschließenden Methoden
- Darstellendes Vorlesen
- Fokussierung einzelner Textstellen
- Vorstellungs- und Urteilsbildung
- Themengeleitete Verarbeitung
- Reflexive Verarbeitung emotionalen Erlebens
- Erleben und Herstellen ästhetischer Analogien
- Transformation von Textsinn in andere Medien

2) Die Gruppe der textüberschreitenden Methoden
- Textvergleich
- Sachkritik
- Wertkritik
- Analyse und Reflexion der Entstehungsbedingungen
- Analyse und Reflexion der Rezeptionsbedingungen

3) Die Gruppe der Methoden zur Schulung des Textverstehens
- Schulung von Verfahren
- Anwendung von Verfahrenswissen.

Verfolgt man die Absicht, solche (typischen) Methoden an konkreten Unterrichtsbeispielen zu explizieren, so zeigt sich sehr bald,
- daß weder ein Alleinanspruch einer typischen Methode auf die Schulung einer bestimmten Operation erhoben werden kann noch eine endgültige Zahl solcher Methoden mit strikt unterscheidbaren Lerneffekten angenommen werden kann,

- daß fachspezifische Aneignungsformen von Weltwissen zur Dominanz bestimmter Leseabschichten und dadurch bedingter operativer Vollzüge und Methoden führen, andere methodische Möglichkeiten hingegen so gut wie gar nicht, nur beiläufig oder nachgeordnet in den Blick geraten,
- daß bei der Verfolgung einer bestimmten (typischen) Methode im Unterricht auch Lerneffekte eintreten, die ebenso gut mit einer anderen Methode bewirkt werden können.

Der Lehrer kann deshalb auch selbst in großer Freiheit für den jeweiligen Fall eine Unterrichtssequenz aus einer Abfolge von unterschiedlichen Methoden bilden.

- So kann sich der Lehrer dazu entschließen, für einen Text eine der eben unterschiedenen Methoden einzusetzen.
- Er kann aber auch für ein und denselben Text mehrere von ihnen nacheinander einsetzen.
- Es können mehrere Methoden nicht nur sequentiell verknüpft, sondern auch durch Einschachtelung miteinander verbunden werden.
- Es kann aus mehreren Methoden und zusätzlichen methodischen Möglichkeiten eine Mischform entwickelt werden.

Entscheidend ist allein die durch eine Methode bewirkte geistige Verarbeitung eines Textes. Die Unterscheidung von textverstehenden Operationen und von Methoden für die Schulung des Textverstehens soll nur eine Hilfe dafür sein, den Umgang mit Texten im Unterricht der Reflexion zugänglich zu machen, damit seine Möglichkeiten bewußt und gezielt genutzt werden können. Durch einen solchen Unterricht können die Schüler lernen, wie sie Texten die für ihr Fach relevanten Informationen abgewinnen können. Sie werden Texte besser verstehen können, weil sie über Operationen verfügen, durch die sie reichhaltigere Sinnzusammenhänge erarbeiten können. Sie werden aber den verstandenen Textsinn auch in kontrollierter und selbstkritischer Weise prüfen sowie seinen Wert diskutieren können, statt Texten und Autoren mit spontaner, aber vorschneller Kritikbereitschaft zu begegnen. Wir sind der Auffassung: Erst die kritische Reflexion auf die zugeschriebene Information und auch auf die eigene Leistung der Konstruktion von Textsinn führt zu einer rationalen Textkritik, d. h. zu begründeten kritischen Urteilen.

Aufbau und Verwendungsmöglichkeiten dieses Bandes

Es hätte den Umfang dieses Bandes gesprengt, alle *Quellenarten*, die historische Erfahrung vermitteln, zu präsentieren und deren Einsatzmöglichkeiten im Unterricht ausführlich darzustellen und zu begründen. Die Autoren haben sich daher auf wenige, repräsentative, im Unterricht der Sekundarstufe I gebräuchliche Text- und Bildarten beschränkt. Es sind dies: historiographische Darstellungen, Verfassungs-, Vertrags- und Gesetzestexte, Eide, Memoiren, Politische Testamente, Denk- und Bittschriften, Politische Reden, Abbildungen und Inschriften von Stelen und Standbildern, Emblemata, Karten, Film-/ Video-Ausschnitte. Einzelne Quellen werden, weil ein Ereignis oder Phänomen von epochaler Bedeutung repräsentierend, hinsichtlich ihrer Einsatz- und Bearbeitungsmöglichkeiten im Unterricht ausführlicher dargestellt, andere werden – Anschlußmöglichkeiten im Unterricht aufzeigend – zur Ergänzung, Erweiterung oder Vertiefung hinzugefügt.

Den Autoren schien es außerdem sinnvoll, die Textauswahl so zu gestalten, daß verschiedene Dimensionen historischer Erfahrung und unterschiedliche Politikbereiche berührt werden: Innen- und Rechtspolitik, Außen- und Militärpolitik, Wirtschafts- und Gesellschaftspolitik. Es kommen Zeitzeugen ebenso zu Wort wie Nachfahren, Akteure ebenso wie Mitwirkende oder Betroffene. Es wird die Innenschau der Macht (Politische Testamente, Memoiren, Denkschriften) gleichermaßen repräsentiert wie die auf Außenwirkung abzielenden Dokumente (Stelen, Standbilder, Verfassungs-, Vertrags- und Gesetzestexte). Ein Überblick über die Materialien, die in einem eigenen Band kapitelweise zusammengestellt sind, wird dem fachkundigen Leser auch Anknüpfungsmöglichkeiten aufscheinen lassen, insbesondere wenn er sich diachronischer und gegenwartsgenetischer Verfahren historischer Erkenntnisgewinnung zu bedienen weiß. Dazu ergeben sich bei der Nutzung der in den einzelnen Kapiteln zusammengetragenen Materialien als auch in Kombination mit den anderen Kapiteln zugeordneten Materialien vielfach Verbindungs-, Rückgriffs- oder Vorgriffsmöglichkeiten. In größeren Zusammenhängen lassen sich sowohl die einzelnen Unterrichtsbeispiele als auch die diversen Materialien den im historischen Prozeß immer wieder aktuellen Themenbereichen: Nationale, territoriale und supranationale Einigungsprozesse, Begegnung verschiedener Kulturen, Kampf um die Menschen- und Bürgerrechte, Macht und Recht, zuordnen.

Es schien den Autoren nicht zweckmäßig, den Einsatz der verschiedenen *Methoden des Textverstehens* sukzessive – womöglich an einem Stufenschema von der einfacheren zur komplexesten Methode orientiert – zu verdeutlichen. Sie haben sich vielmehr dafür entschieden, an den verschiedenen Unterrichtsbeispielen, die der chronologischen Einordnung der Texte und somit dem chronologischen Durchgang über die verschiedenen Jahrgänge der Sekundarstufe I folgen, jeweils diejenige Methode bzw. diejenigen Methoden vorzustellen, die ihnen als Zugriffsmöglichkeiten am geeignetsten erscheinen, und diese spezifische Methodenwahl bzw. -kombination auch zu begründen. Dieses Vorgehen erlaubt es auch zu demonstrieren, welche Entscheidungs- und Handlungsräume sich für Schüler und Lehrer in einem Unterricht ergeben, der auch der expliziten oder impliziten Methodenreflexion Bedeutung beimißt: Es läßt Möglichkeiten, aber auch Grenzen der Methoden des Text- bzw. Bildverstehens deutlich werden. Es macht deutlich, daß in der Regel mehrere Methoden oder Methodenkombinationen zum Einsatz gelangen müssen, um einen Text oder ein Bild den Lernmöglichkeiten und -anforderungen des Geschichtsunterrichts in der Sekundarstufe I gemäß zu behandeln und in übergreifende thematische Bezüge einzuordnen. Es eröffnet die Gelegenheit, zumindest skizzenhaft zu umreißen, welche Voraussetzungen inhalts-, fähigkeits- bzw. themenspezifischer Art geschaffen sein müssen, um die jeweilige Methode in einem schüleraktivierenden Unterricht anzuwenden.

Der Aufbau der einzelnen Kapitel wurde der besseren Orientierung halber formal übereinstimmend vorgenommen:

1. Jedem Kapitel ist eine Inhaltsübersicht und ein Verzeichnis der zugrundeliegenden Materialien vorangestellt.
2. Der anschließende didaktisch-methodische Kommentar
   - bietet Grundlageninformationen zum Autor, zum Text, zum historisch-politischen Kontext u. dgl.
   - klärt themenspezifische Voraussetzungen für den Einsatz der Quelle im Unterricht der Sekundarstufe I und
   - legt den sachlichen Gehalt der Quelle und die unterrichtlichen Zielsetzungen offen.
3. Das Kernstück, der Entwurf eines Methodenkonzepts für den Unterricht,
   - begründet einleitend die Wahl der jeweiligen Methode oder Methodenvariante und
   - expliziert dementsprechend die Verlaufsstruktur des Unterrichts.

Es wäre eine Fehlinterpretation der Absicht der Autoren, wenn die einzelnen Schrittfolgen so verstanden würden, als seien sie auf eine unterstellte Zeitstruktur des Unterrichts hin angelegt (Einzel- oder Doppelstunde, Phasen oder Minuteneinteilungen). Ausschlaggebend für eine Beurteilung, ob mit den vorgesehenen Schritten innerhalb der Verlaufsstruktur die angestrebten Ziele des Unterrichts erreicht sind, ist allein die Qualität der Ergebnisse des jeweiligen Lernprozesses, und zwar im Hinblick auf die Bewußtmachung von Textstrukturen und Verfahrensstrukturen. Das meint im Sprachgebrauch der Kognitionspsychologie die adaptive Konstruktion, die applikative Verarbeitung und die metakognitive Reflexion.

4. An diesen Hauptteil schließen sich, wo es sich anbietet, anregende Hinweise verschiedener Art, an:
   - auf alternative Vorgehensweisen im Unterricht,
   - auf themen- bzw. sequenzspezifische Erweiterungs- und Vertiefungsmöglichkeiten,
   - auf Möglichkeiten der Ergebnisdarstellung und -überprüfung,
   - auf Transfermöglichkeiten der Methode bezüglich gleichartiger Texte.
5. Die abgedruckten oder in Verweisen genannten Zusatztexte wie auch die Literaturhinweise für die Unterrichtsvorbereitung sollen sowohl der sachlichen Orientierung und Einarbeitung dienen als auch dem Benutzer dieses Bandes Anregungen geben, sein Materialreservoir und sein Methodenrepertoire zu erweitern.

Allgemeine Literaturhinweise zur Quellenarbeit

Bergmann, K./Pandel, H.-J.: Das Bild. In: Pandel, H.-J./Schneider, G. (Hrsg.): Medien im Geschichtsunterricht. Düsseldorf 1985, 409–448

Dörr, M.: Quellen, Quellen, Quellen – und die Alternative? In: GWU 5/1983, 318-329

Fina, K.: Die Quelle im Unterricht. Eine phänomenologisch-hermeneutische Vergleichsuntersuchungen. In: GWU 10/1970, 615–634

Grzesik, J.: Begriffe lernen und lehren. Stuttgart–Dresden 1992[2]

Grzesik, J.: Textverstehen lernen und lehren. Geistige Operationen im Prozeß des Textverstehens und Typische Methoden für die Schulung zum kompetenten Leser. Stuttgart 1990

Grzesik, J.: Unterricht; Der Zyklus von Lehren und Lernen. Soziologische und psychologische Grundlegung – Praxis der Verständigung über Lerntätigkeiten. Stuttgart–Dresden 1994

Herzog, M./Pesch, W.: Unterrichtsideen Textarbeit im Geschichtsunterricht der Sekundarstufe II. Didaktische Kommentare und methodische Anregungen zu ausgewählten Quellen aus Antike, Mittelalter und Neuzeit. Stuttgart–Dresden 1993

Jeismann, K.-E.: Geschichte als Horizont der Gegenwart. Über den Zusammenhang von Vergangenheitsdeutung, Gegenwartsverständnis und Zukunftsperspektive. Paderborn 1985

Kaufmann, G.: Doppelbilder – Anregungen zum Umgang mit historischen Bildquellen. In: GWU 11/1992, 659–680

Pandel, H.-J.: Quellenarbeit, Quelleninterpretation. In: Bergmann, K./Kuhn, A./Rüsen, J./Schneider, G. (Hrsg.): Handbuch der Geschichtsdidaktik. Düsseldorf 1985

Renz, R.: Prinzipien wissenschaftlicher Quellenanalyse und ihre Verwertbarkeit im Unterricht. In: GWU 9/1971, 536–551

Rohlfes, J.: Und noch einmal: Quellen. In: GWU 5/1983, 330–344

Rohlfes, J.: Quellenarbeit. In: Rohlfes, J.: Geschichte und ihre Didaktik. Göttingen 1986, 279–296

Schneider, G.: Die Arbeit mit Quellen. In: Pandel, H.-J./Schneider, G. (Hrsg.): Medien im Geschichtsunterricht. Düsseldorf 1985, 31–60

Schoebe, G.: Quellen, Quellen, Quellen .... Polemik gegen ein verbreitetes Unterrichtskonzept. In: GWU 5/1983, 298–317

Schwalm, E. (Hrsg.): Folienbuch Geschichte. Bilder für den Geschichtsunterricht, 3 Bde. Stuttgart 1992 f.

Weidenmann, B.: Psychische Prozesse beim Verstehen von Bildern. Bern–Stuttgart–Toronto 1988

Weidenmann, B. (Hrsg.): Wissenserwerb mit Bildern. Instruktionale Bilder in Printmedien, Film/Video und Computerprogrammen. Bern–Göttingen–Toronto–Seattle 1994

1 Die Gesetze des Hammurabi

Transformation von Textsinn

Inhalt des Kapitels

Verzeichnis der Materialien zu diesem Kapitel

I. Didaktisch-methodischer Kommentar

Historischer Kontext und Autor

Es handelt sich bei dieser Quelle um ein Zeugnis vom Höhepunkt der babylonischen Herrschaft. Hammurabi regierte 1728–1686 v. Chr., und er steht mit seiner Amtszeit für die Blüte Babylons. Alte Siegel und Inschriften stellen Hammurabi als tatkräftigen jungen Mann dar, der durch sein Wirken die kleinen, in Fehde lebenden Staaten der Region zu Einigkeit und Frieden zwang. Schriftliche Zeugnisse seiner Regierungstätigkeit geben Kunde von einem Herrscher, der aufwendige Baumaßnahmen zur Wasserregulierung, wie z. B. einen Kanal zwischen Kisch und dem Persischen Golf, in seinem Lande ausführen ließ. Neben die Errichtung von Festungen zur Absicherung seiner weltlichen Macht traten die Bauten von Tempeln und Kornkammern für die Gottheiten und deren Priesterschaft, um sich mit dem Glanz göttlichen Einverständnisses zu umgeben und den Klerus für sich einzunehmen (Durant I, 201f.).

Als buchstäblich steingewordener Überrest seiner Amtszeit und seiner Herrschaftsausübung ist eine Stele mit Rechtsvorschriften **(M 5** und **M 6)** enthalten, die in Hammurabis Namen eine umfangreiche Liste mit Regelungen bei Streitfragen aufstellt. Der Kodex Hammurabi, der einst von den Persern als Kriegsbeute von Babylon nach Elam gebracht worden war, wurde 1902 in Susa ausgegraben und befindet sich heute im Louvre (Durant I, 201).

Die älteste Kodifizierung von Recht stammt zwar bereits von Urnammu aus dem Jahre 2030 v. Chr., ist jedoch nur sehr bruchstückhaft in Abschriften erhalten (vgl. Fischer WG II, 132–134). Hammurabis Kodex novelliert ältere Rechtssätze und enthält neben den auf die babylonischen Verhältnisse zugeschnittenen Regelungen zahlreiche Aspekte überzeitlicher Gültigkeit, an denen die grundsätzliche Problematik einsichtig gemacht werden kann. Der Kodex Hammurabi ist fast vollständig auf einer übermannshohen Stele erhalten, die aus einem Dioritstein angefertigt wurde und die mit querliegenden Textkolumnen unter einer Abbildung von Hammurabi beim Empfang der Gesetze vom Gott Schamasch bedeckt ist. In dieser Darstellung drückt sich eine gegenüber der altbabylonischen Zeit gewandelte Gottesvorstellung aus. Neben die „Landes- und Stadtgottheiten“, die ihrerseits frühere Naturgottheiten abgelöst hatten, treten „persönliche“ Gottheiten, an die man sich wandte. An die Stelle in der Frühzeit empfundener Machtlosigkeit gegenüber den Dämonen tritt, nicht zuletzt wegen der Erkenntnis der eigenen gewachsenen Möglichkeiten des Menschen, eine direkte Beziehung zwischen Gott und Mensch. Die Bitten an die Gottheiten nahmen sogar den Charakter der Forderung an und illustrieren damit diese Veränderung (vgl. Klengel 1991, 108 f.). In den von Hammurabi überlieferten Quellen erscheint nicht Marduck, der Gott der Residenz Babylon, als Bezugspunkt, sondern der Sonnengott Schamasch, so daß sich der Eindruck aufdrängt, dieser sei der „persönliche Gott“ Hammurabis (vgl. Klengel 1991, 180 f.)

Der Kodex Hammurabi enthält als größtes zusammenhängendes Denkmal der altbabylonischen Sprache den in hymnischem Stil verfaßten Prolog und Epilog, die ca. 280 „Paragraphen“ in der nüchternen Kanzleisprache Hammurabis umrahmen. Die Regelungen erstrecken sich ohne Trennungen und den Versuch der vollständigen Erfassung möglicher Konflikte auf bürgerliches, Straf- und Verwaltungsrecht (vgl. Fischer WG II, 199). Trotzdem läßt sich eine Systematik feststellen: §§ 1–5 betreffen das Prozeßrecht, §§ 6–25 den Eigentumsschutz, §§ 26–41 die Amtspflicht und Lehen, §§ 42–88 die Besitzverhältnisse anderer Grundeigentümer. Es folgt eine Lücke von etwa 10 Paragraphen, an die sich dann folgende Rechtsbestimmungen anschließen: §§ 100–126 betreffen Geldgeschäfte (Schuld, Darlehen), §§ 127–177 das Familienrecht, §§ 178–184 die Rechte der Tempel- und Nebenfrauen, §§ 185–195 die Adoption, §§ 196–227 Körperverletzung, §§ 228–240 den Haus- und Schiffbau, §§ 241–277 das Mietrecht, §§ 278–282 das Sklavenwesen (vgl. GiQ I, 63).

Eine Teilabbildung der Stele ist neben Textauszügen in zahlreichen Schulbüchern für die Sekundarstufe I enthalten. So enthält beispielsweise „Fragen an die Geschichte“ sowohl eine Abbildung als auch Textauszüge (Schmid 1975, I 26 f.), ebenso wie „Geschichte und Geschehen I“ (Jahr u. a. 1991, I 42 f.), das „Geschichtsbuch“ (Martin 1992, I 54), „bsv-Geschichte“ (Cornelissen 1984, I 44) und die „Geschichtliche Weltkunde“ (Hug 1980, I 29 f.). Auf den meisten Schulbuchabbildungen sind Teilfotographien zu sehen, die in erster Linie Hammurabi bei der Entgegennahme der Gesetze vom Gott Schamasch zeigen. Die wissenschaftliche Literatur enthält Abbildungen, auf denen der eigentliche Schriftteil deutlicher zu sehen ist (vgl. Fischer WG II, 198; GiQ I, Tafel III; Klengel 1991, 187 u. 195).

Themenspezifische Voraussetzungen

Der enge Bezug der Quelle zum kasuistischen Recht, d. h. ein auf den Einzelfall in seiner Besonderheit eingehendes Recht, kommt Schülern der Sekundarstufe I wegen der damit verbundenen Anschaulichkeit entgegen. Die abstraktere Anwendung allgemeiner Rechtsnormen auf konkrete Fälle tritt hier noch in den Hintergrund, aber es wird bereits ein klarer Schuldgedanke herausgearbeitet und die Ahndung des Vergehens durch den Staat statt durch den Geschädigten (wie z. B. bei der Blutrache) vorgesehen (vgl. Lbd. I Schmid 1975, 52 f.). Daraus ergeben sich bereits Anforderungen an die Kenntnisse der Lerngruppe, bevor die Quelle im Unterricht bearbeitet werden kann. Es sollten die gesellschaftlichen Bedingungen, die Gesetze notwendig machen, erfaßt sein. Die Bedingungen in einer Kultur, in der viele Menschen zusammenleben, und die damit anwachsende Komplexität der gesellschaftlichen Probleme sollten bekannt sein.

Bereits die natürlichen Gegebenheiten Babylons geben den Rahmen für wichtige kollektive Aufgaben vor. Eine sich von Mai bis November erstreckende vollständige Trockenheit konnte auch durch die im Winter fallenden Regenmengen nicht ausgeglichen werden. Würden nicht Euphrat und Tigris zeitweilig über die Ufer treten und die Ackerböden Südmesopotamiens überschwemmen, so wäre dieser Landesteil für effektiven Ackerbau zu trocken. Vergleichbar dem Nil Ägyptens überschwemmten die beiden Flüsse im Frühjahr das Tiefland und schufen durch die mitgeführten und beim Rückgang der Überflutung abgelagerten Bodensedimente fruchtbare Ackerböden (vgl. Durant I, 201). Außerdem verlagerten beide Ströme häufig ihr Flußbett. Eine effektive Landwirtschaft wäre allein aufgrund der natürlichen Wasserversorgung noch nicht sicherzustellen gewesen. Aber die Tiefebene eignete sich gut für die Anlage eines künstlichen Bewässerungssystems, das in Babylon ebenso wie in Ägypten betrieben wurde. Diese ökologischen Verhältnisse stellten Anforderungen an die Gesellschaft, die sich einerseits auf Präventivmaßnahmen zum Schutz vor möglichen negativen Folgen der Überschwemmung erstreckten (z. B. durch Dammbau), andererseits die segensreichen Auswirkungen der Überflutung möglichst effektiv auszunutzen versuchten. Entscheidend für die Bedingungen des Zusammenlebens in einer Gesellschaft, die mit diesen Sachverhalten konfrontiert wird, ist die Notwendigkeit, die Probleme gemeinsam zu lösen. Der Bau von Schutzdeichen und Auffangbecken sowie die Errichtung und Wartung eines Bewässerungssystems sind Aufgaben, die nur noch im Kollektiv gelöst werden können. Die Überschwemmungen machten eine regelmäßige Neuvermessung und -verteilung der Ackerflächen notwendig. Die damit verbundenen Aufgaben ließen Spezialisten entstehen, die in der Lage waren, sowohl die Landvermessung als auch die Führung von Besitzregistern durchzuführen. Aber auch durch menschliches Wirken entstanden ökologische Komplikationen, auf die reagiert werden mußte. So ergaben sich z. B. aus der künstlichen Bewässerung Probleme durch die im Wasser mitgeführten Salze und Mineralien. Einerseits setzten sich die Kanäle zu, andererseits drohte sich ständig durch die Ablagerungen das Kanal- oder Flußbett zu erhöhen. Die Räumarbeiten in den natürlichen und künstlichen Wasserstraßen sind daher häufig Thema altbabylonischer Briefe und gesetzlicher Bestimmungen. Daneben trat das Problem der Bodenversalzung, dem die Sumerer nur durch die Einhaltung einer regelmäßigen Brache bei den viermal jährlich bewässerten Feldern entgegenwirken konnten (vgl. Klengel 1991, 27–29). Die regelmäßig einzuhaltende Brache war ein weiterer Grund für eine individualisierte Parzellenwirtschaft. Die natürlichen Gegebenheiten erzwingen somit die Entstehung eines Beamtenapparates, einer zentralen Lenkung, staatlicher Strukturen und Hierarchisierungen im allgemeinen (vgl. Fischer 1985, 10).

Einige Regelungen des Gesetzeswerkes sind somit verständlich, wenn zuvor die aus den Anforderungen des Jahreskreislaufes entstehenden Notwendigkeiten in einer Flußkultur, z. B. die Wartung der Deiche in ihrer Gesamtheit, besprochen wurden. Auch für Schüler der unteren Sekundarstufe I liegt auf der Hand, daß ein Deich nur dann seine Funktion erfüllen kann, wenn er lückenlos das Wasser zurückhält. Die §§ 53 und 54 des Kodex Hammurabi **(M 1)** bedrohen in einsichtiger Weise den einzelnen Schuldigen mit Schadenersatzforderungen für den von ihm zu verantwortenden kollektiven Schaden.

Weitere in dem Gesetzesauszug **(M 1)** angesprochene Regelungen beziehen sich auf Konfliktsituationen, die sich als gängige Streitfälle auf anschauliche Weise am Beispiel einer Stadtkultur besonders gut entwickeln lassen, aber nicht an diese thematische Einengung gebunden sind. Das engere Zusammenleben schafft zwangsläufig eine größere Problemdichte und damit den Zwang zur gesetzlichen Regelung. In einer Stadt wachsen durch die Konzentration zwar die Gelegenheiten, Handel zu treiben, sich zu schützen etc., aber parallel dazu wachsen auch die Möglichkeiten, miteinander in Streit zu geraten.

Aus quantitativ zunehmenden Streitigkeiten resultiert wiederum die Notwendigkeit, normierte Regelungen für diese Konflikte zu schaffen. Die erste Voraussetzung für die erfolgreiche Anwendung dieser Normen besteht zunächst grundsätzlich in der allgemeinen Akzeptanz einer Hierarchie im allgemeinen, andererseits im Vorhandensein einer schreibkundigen Gruppe, die gleichzeitig Träger dieser Autorität sein muß. Schreibkundige Beamte gab es in Babylon schon wegen der klimatisch bedingten Lebensumstände. Sie wurden von Hammurabi mit Feldern zur Versorgung bestallt, die sie, auch ohne persönliches Engagement in der Landwirtschaft, für ihren Lebensunterhalt nutzen konnten. Dieses Entlohnungssystem band die Beamten an die Interessen des Königs auch ohne weitere Bezahlung, da der Herrscher jederzeit die Verfügungsgewalt über das vergebene Land wieder an sich ziehen konnte. Wie zahlreiche Urkunden und Briefe der Kanzlei Hammurabis belegen, wurden diese Amtsträger streng durch den Monarchen kontrolliert. Die Überwachung erstreckte sich auf alle Felder, die dem betreffenden zur Verwaltung anvertraut waren, seien es die eigenen „Versorgungsfelder“, seien es solche für Palastbeamte, Hirten, Soldaten oder Handwerker (Klengel 1991, 167 f.).

Es war naheliegend, diese zu Verwaltungsaufgaben berufenen Amtsträger auch mit richterlichen Aufgaben für ihren Bereich zu betrauen, wie es im babylonischen Reich üblich wurde. In diesem System blieb der König letzte Instanz, der jedes Verfahren sowohl an sich ziehen als auch an örtliche Instanzen verweisen konnte. Seine Entscheidung konnte durch kein Rechtsmittel, das die Bürger sonst gegen korrupte oder ungerechte Beamte sowie Gerichte anwenden konnten, angefochten werden (Klengel 1991, 169).

Diese dargestellten Zusammenhänge lassen sich in reduzierter Form über Kausalketten mit den Schülern gemeinsam entwickeln, bevor auf der Basis von Hammurabis Gesetzen weitere Unterrichtsschritte anvisiert werden: Eine logische Konsequenz aus den Überschwemmungen ist sowohl der Deichbau als auch die routinemäßige Landvermessung. Beide Aufgaben sind nur noch von einem zentral gelenkten Kollektiv zu leisten. Damit entsteht eine Gruppe schreibkundiger Beamter, die weitere Aufgaben übernehmen kann. Die aus dem künstlichen Bewässerungssystem ableitbaren Konsequenzen decken sich mit diesen gesellschaftlichen Entwicklungen: Der Herrscher delegiert nicht nur die anfallenden Arbeiten für die Deiche an sie, die dann ihrerseits das Nötige veranlassen, sondern bei der Instandhaltung der Kanäle und der Festlegung der jeweiligen Bodenpflege (Brache gegen die Versalzung) wird gleichfalls auf diesem Wege verfahren. Diese logischen Verbindungen enthalten am konkreten Beispiel die wesentlichen Kennzeichen der Hochkultur wie Aufgabenteilung, Spezialistentum, Gemeinschaftsaufgaben, Schriftlichkeit, Verwaltungstätigkeit, Hierarchisierung, etc. Die Betonung des Zusammenlebens in größeren Personenverbänden auf engem Raum führt dann in einem weiteren logischen Schritt zur Problematisierung hinsichtlich der unter diesen Lebensbedingungen zunehmenden Wahrscheinlichkeit von Streitfällen, für die sich bestehende Strukturen als Lösungsinstanz anbieten.

Diese Schritte sollten im Unterricht erarbeitet sein, damit der für heutige Verhältnisse alltägliche Vorgang der schriftlichen Rechtsfestlegung in seiner historischen Besonderheit erkannt werden kann. In diesem Zusammenhang spielt auch noch eine Rolle, daß die Schüler mit Hammurabis Stele **(M 5** und **M 6)** nicht mehr nur einen archäologischen Fund vor sich haben, sondern mit einer der frühesten Schriftquellen konfrontiert werden.

Sachlicher Gehalt der Quelle

Es ist in der fachwissenschaftlichen Diskussion noch nicht abschließend geklärt worden, welche Bedeutung der Kodex Hammurabi für die zeitgenössische Rechtspraxis hatte. Immerhin verrät seine Tradierung über die Schreibschulen bis ins 1. Jahrtausend hinein eine Hochschätzung zumindest als Literaturwerk. Fest steht, daß vor dem Hintergrund der Rechtstradition das hohe Strafmaß und das Talionsrecht, d. h. die Vergeltung von Gleichem mit Gleichem, neu ist und nicht der sumerisch bestimmten Tradition entstammt, sondern der „kanaanäischen“ Schicht zuzuschreiben ist (vgl. Fischer WG II, 200 f.).

Im zugrundeliegenden Textauszug **(M 1)** ist das Talionsrecht in den §§ 1, 2, 196, 200 enthalten, die beiden letzteren legen außerdem auch für Schüler der Sekundarstufe I die Nähe zu alttestamentarischen Vorstellungen nahe. Die biblische Formulierung „Auge um Auge, Zahn um Zahn“ findet sich explizit in Ex 21,24. Das Talionsrecht wird im AT an drei Stellen aufgegriffen: Ex 21, 23–25; Lev 24, 18.20, Dtn 19,21 (in letzter nur bedingt).

Die Entstehung des Talionsrechtes läßt sich aus der Gerichtsbarkeit bereits der Nomaden herleiten, einer Gesellschaftsstruktur, in der nicht personenbezogenes, sondern gruppenbezogenes Rechtsdenken vorliegt. Die Schädigung eines Gruppenmitgliedes mindert die Leistungsfähigkeit der ganzen Gruppe. Dieser Nachteil im Existenzkampf kann nur dadurch aufgefangen werden, daß die andere Gruppe eine vergleichbare Schwächung erleidet. Dabei ist es auch im Zusammenhang mit der Aufnahme dieses Rechtsdenkens in den Kodex Hammurabi wichtig, sich vor Augen zu führen, daß nicht die Schädigung als solche im Mittelpunkt steht, sondern die Begrenzung der Beschädigung, damit der Mechanismus unbedingter Blutrache auf ein angemessenes Maß begrenzt werden kann, um ein Überleben der betroffenen Gruppen zu ermöglichen. Im Beispiel der §§ 196 und 200 soll somit verhindert werden, daß das Opfer seinerseits einen Rachemord begeht, der dann eine weitere Eskalation zwischen den beteiligten Bürgerfamilien nach sich zieht. Auf diese Weise anwachsende Fehden zwischen Großfamilien konnten auch in dem größeren Personenverband hochkulturellen Zuschnitts zu einer erheblichen Schwächung des gesamten Gemeinwesens führen. Außerdem ist es vor dem Hintergrund der für die babylonische Flußkultur hohen Bedeutung der Gemeinschaftsaufgaben naheliegend, dieses gruppenzentrierte Denken zu übernehmen (vgl. unter „Ius talionis“ in: Lexikon z. Bibel). Die §§ 195 und 201 verfolgen den Grundsatz des Talionsrechts mit interessanten Abmilderungen im Vergleich zu reinen Wiedervergeltungsmaßnahmen im Umfang des entstandenen Schadens. Sie illustrieren, daß sich die Wirklichkeit von den Entstehungsbedingungen der Talion entfernt hatte. Archaisch-patriarchalische Vorstellungen wurden durch Rechtsnormen der höher entwickelten Gesellschaft eingeschränkt, die halbnomadischen Traditionen der amurritischen Zuwanderer, auf die sich die Hammurabi-Dynastie selbst zurückführte, wirken noch nach. Dabei spielt auch eine Rolle, daß viele der

Gefolgs- und Dienstleute des Königs sich aus dieser Gruppe der Amurriten rekrutierten und somit Vorstellungen aus der Zeit sich auflösender Gentilgesellschaften bei ihnen noch spürbar gewesen zu sein scheinen. Vermutlich sollten gerade sie durch die Bestimmungen abgeschreckt werden, die Leistungsfähigkeit von anderen Dienstleuten herabzusetzen, weil dadurch wiederum dem König, z. B. durch die Untauglichkeit des Geschädigten für den Militärdienst, ein Verlust entstand (vgl. Klengel 1991, 39 f. u. 241).

Der am Anfang der Bestimmungen enthaltene Vergeltungsgrundsatz bei Anschuldigungen gegenüber einem anderen Bürger zeigt den Schülern, daß auch in damaliger Zeit nicht einfach haltlose Vorwürfe gegen ein anderes Mitglied der Gemeinschaft erhoben werden konnten. Die §§ 1 und 2 betreffen die Anklageerhebung, also jenen Bereich der Prozeßführung, der am Anfang eines Verfahrens steht. In Hammurabis Gesetzbuch betreffen die ersten fünf Paragraphen Verfahrensfragen unter dem Aspekt falscher oder richtiger Zeugnisse. Es werden die Vorgehensweisen bei falschen Zeugenaussagen in Abhängigkeit vom Prozeßgegenstand (Todesstrafe für falsches Zeugnis bei Kapitalverbrechen) sowie Fehlverhalten von Richtern (hohe Geldstrafe und Amtsenthebung) geregelt.

In § 2 ist noch die Vorstellung eines Gottesurteils in der Form eines „Flußordals“ enthalten. Für diese Urteilsfindung gibt es andere Quellen, die deren Anwendung im babylonischen Reich bereits vor Hammurabis Amtszeit nachweisen (vgl. Klengel 1991, 196 f.). Vergleichbar dem Talionsrecht gibt es ebenfalls Beispiele für Ordale im AT, allerdings ohne die Bekanntheit der in Ex 21, 24 enthaltenen Regelung erlangt zu haben. Das Vorhandensein dieser Rechtsvorstellungen, z. B. in 1 Kön 18, 16–40, wo Elijas Opfer vom Himmel gesandtes Feuer herbeiführte und er sich so gegen die Baalpriester behaupten konnte, ist ein Indiz für die Verbreitung von Ordalen in vielen alten Kulturen (vgl. unter „Gottesurteil“ in: Lexikon z. Bibel).

Im Vergleich zu diesen uns heute fremdartig erscheinenden Rechtsvorstellungen mutet dagegen § 7 mit seiner Anforderung auf urkundliche Nachweisbarkeit eines Kaufes vergleichsweise profan an. In Hammurabis Gesetzessammlung schließen sich an die Bestimmungen über Prozeßfragen (s. o.) zwanzig Anweisungen an, die das Vorgehen bei Eigentumsdelikten betreffen. Schon die Einordnung an zweiter Stelle hinter den Regelungen zur eigentlichen Prozeßführung zeigt die Eigentum und Besitz zugemessene Unantastbarkeit. Den einzelnen Familien sollte ihr Besitztum erhalten werden, da sie mit ihren Familienwirtschaften die Grundlage der altbabylonischen Ökonomie bildeten. Durch ihre Abgaben- und Dienstleistungen für den König lag ihre Leistungsfähigkeit im unmittelbaren Interesse des Herrschers, um so mehr, wenn die Betroffenen Kronland bewirtschafteten. Daher erklären sich die angedrohten hohen Strafmaße (vgl. Krengel 1991, 198).

Die §§ 53 und 54 sind nur vor dem Hintergrund der spezifischen Bedingungen in Flußkulturen verständlich und verweisen mit ihren Regreßbestimmungen auf ein Verantwortlichkeitsprinzip, das nur bei Hochkulturen vorstellbar ist. Ein Gemeinwesen, das häufiger bedrohliche Naturkatastrophen durch Überschwemmungen oder anhaltende Dürreperioden zu überstehen hatte und das aufgrund der natürlichen Gegebenheiten und der zunehmenden Bodenversalzung nur über begrenzte Ackerflächen verfügte, mußte menschliches Versagen, das weitere Ernteausfälle verursachte, streng ahnden (Klengel 1991, 211).

Ziele des Unterrichts

Wenn den Schülern die politischen, ökonomischen und gesellschaftlichen Bedingungen in Babylon zur Zeit Hammurabis bekannt sind, dann können sie vor dem Hintergrund der historischen Realität einerseits die Rationalität der Rechtsvorschriften erkennen, andererseits dürften einzelne Bestimmungen ablehnende Emotionen bzw. Unverständnis erzeugen. Diese kognitiven bzw. affektiven Konflikte können genutzt werden, um die Schüler zu einem reflektierten Umgang mit der Quelle anzuleiten. Um dies zu unterstützen, werden die Schüler in einem Unterrichtsschritt aufgefordert, selbst eine Rechtsordnung für die Bedürfnisse ihrer Klassengemeinschaft als Beispiel für eine zusammenlebende „Gesellschaft" aufzustellen, die dabei die Anforderungen der „Lebensumstände" genauso berücksichtigt, wie dies beim Kodex Hammurabi feststellbar ist. Damit wird die Transformation des Textsinns angestrebt, wobei zu berücksichtigen ist, daß die Grundsätze der eigenen Produktion auf einer kognitiven Ebene ähnlichen Grundüberlegungen folgen wie das historische Dokument, ohne im Detail (Vergehen, Strafmaß, Standesrecht) dieses zu kopieren. Andererseits sollte eine strukturelle Übereinstimmung zwischen älterem und heutigem Rechtsbewußtsein deutlich werden: Dies betrifft insbesondere das Verantwortlichkeitsprinzip, die Ernsthaftigkeit der Anklage, die Regreßgewährung im Schadensfall und die Wahrhaftigkeit bei Zeugenaussagen zu einem Vergehen.

Daraus ergibt sich für die Sequenz das Grobziel: Die Schüler sollen durch einen produktiven Umgang mit Gesetzesregeln deren Bedeutung für das gesellschaftliche Zusammenleben reflektieren und erkennen, daß es Prinzipien von transhistorischer Gültigkeit (im Sinne von unveräußerlichen Grundrechten) gibt, die das menschliche Miteinander bestimmen.

II. Methodenkonzept für den Unterricht

Begründung der Methodenwahl

Grzesik (1990, 319 ff. u. 338) beschreibt die Grundoperation dieses Zugriffs damit, daß der Textsinn von den Schriftzeichen des Textes gelöst und mit einem anderen Medium verbunden wird. Bei dem hier vorgeschlagenen methodischen Vorgehen geht es dabei jedoch nicht nur um die Transformation des Schriftmodus in ein anderes Medium, obwohl ein klassischer Medienwechsel enthalten sein könnte, wenn als Ergebnis der Lernoperationen ein Plakat mit „Klassenregeln" in der Klasse aufgehängt würde. Hier geht es um eine Übertragung von Textsinn, die auf der Ebene struktureller Prinzipien versucht, den Ausgangstext durch eine Aktualisierung leichter zugänglich zu machen, indem Beziehungen zu den für das Zusammenleben geltenden Normen und Regeln hergestellt werden. Dieser Wechsel des Adressatenbezugs soll eine möglichst intensive Auseinandersetzung mit den Grundprinzipien des Ausgangstextes gewährleisten. Der kognitiven Komplexität steht dabei gegenüber, daß die Schemata für die Textgestaltung relativ eng abgesteckt sind: Erwartungen des Adressaten, Verstehbarkeit für bestimmte Adressaten, zu berücksichtigende Konventionen, Wahl der Darstellungsart (sachlich, bildhaft etc.) bleiben Komponenten, die von den Schülern intuitiv, aber auch durch Kopie des Vorbilds bewältigt werden können.

Verlaufsstruktur

1. Einstieg und erste Problematisierung

Die Schüler sollen die möglichen Konflikte einer Hochkultur über Kausalketten erschließen, um so beurteilen zu können, welche Regelungen sinnvollerweise von einem Herrscher Babylons erlassen werden sollten. Ein Großteil der einzelnen Denkschritte kann von den Schülern über die Herstellung von Kausalschlüssen erarbeitet werden, die gut in ein Tafelbild umgesetzt werden könnten; je nach den Unterrichtsvoraussetzungen kann eine knappe Wiederholung der Ursachen für die Entstehung von zentral gelenkten Gesellschaftsformen mit differenzierter Arbeitsteilung, Delegierung einzelner Aufgaben, Entstehung von Spezialisten und Schriftlichkeit, Priorität des Gemeinwohls bei gleichzeitiger individueller Verantwortlichkeit, Konzentration der Menschen in dichteren Besiedlungsformen, Begrenztheit der nutzbaren Ackerflächen etc. als Ausgangsbasis benutzt werden. Diese Voraussetzungen für die Behandlung des Kodex Hammurabi können an einem beliebigen Beispiel für eine Flußkultur erarbeitet werden.

Als Beispiel für die Kausalketten (Tafelbildvorschlag) sei hier skizziert:

Trockene Sommer => erzwingen Vorratshaltung und künstliche Bewässerung
Überschwemmungen => machen Deichbauten und Landvermessungen notwendig

=> Diese Aufgaben sind nur als *Gemeinschaftsaufgabe* zu bewältigen
Technisches Wissen ist nötig: *Spezialisten* sind gefragt
Die Spezialisten müssen mit Nahrung versorgt werden

> Wegen dieser Aufgaben wird eine *zentrale Lenkung* nötig.

Die Aufgabenteilung führt zu *sozialen Unterschieden* und zur *Konzentrierung* in Städten: Daraus erwächst eine *erhöhte Konfliktgefahr*: Zwang zur Regelung

Diese Kausalketten lassen sich gut in ein Tafelbild umsetzen. Unabhängig davon erleichtern die dargestellten Denkschritte eine Hinführung zur Texteingabe, vor der es sich anbietet, die Schüler selbst über sinnvolle Regelungen nachdenken zu lassen.

2. Hypothesenbildung

Vor der Eingabe der Quelle in den Unterricht sollen die Schüler eigene Vorschläge darüber machen, welche Regelungen in einer hochkulturell geprägten Gesellschaft sinnvoll sein könnten. Einerseits wird dadurch die Auseinandersetzung mit dem Unterrichtsgegenstand intensiviert, andererseits ergeben sich aus den im ersten Unterrichtsschritt enthaltenen Überlegungen bereits Ansätze für diese Hypothesenbildung. Die Konkretisierungen der sich durch die natürlichen Bedingungen des Lebensraumes ergebenden Zwänge zeigen erste Notwendigkeiten für gesetzliche Regelungen auf: die Nutzlosigkeit eines langen Deiches, der an einer Stelle undicht ist, der Zwang zur Spezialisierung, da die mit dem Deichbau und der Deichunterhaltung notwendig werdenden Arbeiten nicht mehr neben einer landwirtschaftlichen Betätigung zu bewältigen sind. Daraus ergibt sich, daß eine Vernachlässigung der Deichpflege durch Strafen geahndet werden müßte.

Im Rahmen dieses Unterrichtsschrittes wäre dann die Problematisierung des Zusammenlebens (Durchreisende, Arm und Reich, alte Schwache etc.) erforderlich, an die sich eine Erörterung darüber anschließen sollte, wer aus welchen Gründen eventuell vorfallende Streitigkeiten zu entscheiden hat.

Zur Verdeutlichung der Herrschaftsstruktur könnte die historische Entstehung eines einzelnen Herrscheramtes behandelt werden. Wiederum über Kausalschlüsse ließe sich über die Notwendigkeit, die Gemeinschaftsaufgaben zentral zu lenken, von den Schülern ein Großteil der einzelnen Schritte selbst erarbeiten. Dabei ist es ein positiver Nebeneffekt, daß die Schüler dadurch ihre Distanz zu den Menschen der Vergangenheit verlieren, weil sie über die vergleichbaren Lösungsvorschläge für die vorhandenen Probleme eine große Ähnlichkeit im Denken, Planen und Handeln feststellen können. Nach Klärung dieser äußeren Umstände der Rechtssprechung kann dann der Text eingeführt werden.

Es hängt von den Fähigkeiten der Lerngruppe ab, ob die Ausgangshypothesen für gesetzliche Bestimmungen sich eher auf reine Verbotsformulierungen („Niemand darf einem anderen Bewohner etwas stehlen." „Jeder muß mithelfen, den Deich zu reparieren.") beschränken, oder ob nach dem Muster von Wenn-dann-Formulierungen bereits Ahndungsvorschläge bei Vergehen miteinbezogen werden können, z. B. „Wenn jemand einem Deichbruch auslöst, dann muß er den Schaden ersetzen".

3. Erarbeitung des Quelleninhalts vor dem Hintergrund der historischen Wirklichkeit

Die Schüler sollen den Inhalt der einzelnen Bestimmungen des Textauszuges erarbeiten. Dabei ist zu berücksichtigen, daß durch die vorangegangenen Phasen die Schüler den Text unter einer bestimmten Perspektive betrachten. Die normative Absicht und der Adressatenbezug ist in der Textbetrachtung bereits ebenso selbstverständlich enthalten wie der Öffentlichkeitscharakter des Textes, so daß Fragen nach der Textsorte bereits affirmativ in der Analyse mitschwingen. Insofern handelt es sich um eine themengeleitete Verarbeitung von Textinformationen (Grzesik 1990, 253 ff.). Durch die vorangegangenen Unterrichtsschritte verfügen die Schüler über Wissensbestände, die für die Konstruktion der für das Textverständnis relevanten Textinformationen notwendig sind. Dabei bringen die Schüler außerdem ihr „komplexes Wissen" über Regelungen, Gesetze etc. mit ein in ihren Verstehensprozeß (Grzesik 1990, 257). Von der Differenz zwischen Vorerwartung und Textaussagen (Strafmaß) wird auch ein motivierender Effekt erwartet.

Zunächst geht es um die Gewinnung des sprachlichen und inhaltlichen Verständnisses, das einerseits durch die Gattung (Gesetzestext), andererseits durch die große historische Distanz zur Schülerwirklichkeit erschwert wird. Diese Schwierigkeiten werden durch die Phase der Hypothesenbildung entschärft, weil die Schüler bereits über die möglichen Probleme nachgedacht haben. Außerdem fordern die Strafandrohungen, die am Maßstab heutiger Vorstellungen fast unverständlich sind, Widerspruch und affektive Reaktionen heraus. Den Schülern sollte daher nach der Lektüre Gelegenheit gegeben werden, ihre Eindrücke spontan zu äußern, bevor dazu übergegangen wird, den Inhalt in ihre eigenen Worte fassen zu lassen. Mögliche Verständnishindernisse könnten in der jeweiligen Identifizierung von Täter bzw. Kläger und Opfer bzw. Beklagtem entstehen. Während der „Übersetzung" durch die Schüler in ihre eigene Begrifflichkeit sollten schwierige Formulierungen („Flußgottheit", „die Flur", „seine Habe", „Markgenossen") geklärt werden.

An diesen Aneignungsschritt könnte sich das Erschließen der gängigen Verstöße in der historischen Wirklichkeit anschließen. Dabei bieten sich vor allem die §§ 53 und 54 an, da sie am deutlichsten in den spezifischen Kontext einer Flußkultur zu bringen sind. Die Fixierung in § 2 auf ein Ordal im Zusammenhang mit einem Fluß weist gleichfalls auf die Entstehungsbedingungen der Gesetze hin.

4. Problematisierung durch Erkennen der Grundprinzipien

Die Schüler sollen die im Inhalt verborgenen Grundprinzipien (Verantwortlichkeitsprinzip, Ernsthaftigkeit der Anklage, Regreßgewährung bei Schadensfall) erkennen. Diese Operation ist für Schüler der Sekundarstufe I schon wegen der damit verbundenen Abstraktion schwierig. Daher wird von einfacheren Strukturen ausgegangen, d. h. am Anfang werden Kategorien wie „Anklage" (§§ 1, 2), „Diebstahl" (§§ 7, 14, 22), „Schadensersatz" (§§ 53, 54) und „Körperverletzung" (§§ 195, 196, 200, 201) stehen. Durch Einhilfen sollte versucht werden, die Schüler mit steigender Progression zur Erkenntnis des individuellen Verantwortlichkeitsprinzips, der Ernsthaftigkeit der Anklage, der Regreßgewährung im Schadensfall und genormten Strafregelung durch den Staat zu bringen. Je nach Lerngruppe ist es sinnvoll, dabei auf eine einfachere Begrifflichkeit zurückzugreifen, ohne das gemeinte Abstraktum zu stark zu verfälschen. Ein Orientierungsschema zur Erfassung der juristischen Zusammenhänge könnte mit steigender Abstraktion als Tafelbild oder Ov-Folie etwa folgendermaßen gestaltet sein:

Einzelbestimmung:		Art des Vergehens	Kategorien
§ 1:	Mordbeschuldigung u. -beweis	falsche Beschuldigung	Anklage, Beweispflicht, vor Gericht
§ 2:	Zaubereibeschuldigung u. -beweis	Zauberei falsche Beschuldigung	,,
§ 7:	Beweisbarkeit eines Kaufes	Diebstahl, Betrug	Beweispflicht bei Eigentums-veränderungen
§ 14:	Menschenraub, -entführung	Diebstahl, Raub	Eigentumsdelikt
§ 22:	Todesstrafe bei Raub	Raub	,,
§ 53:	Schadensersatz bei undichtem Deich	Sachbeschädigung	Schadensersatz-pflicht
§ 54:	Zur Deckung des Schadens kann in die Sklaverei ver-kauft werden.	Ersatzleistung bei Sachbeschädigung	,, (Ausmaß)
§ 195:	Schlägerei mit Vater	Körperverletzung gegenüber „Höherstehendem"	Sozial differen-ziert; staatliche Bestrafung
§ 196:	Augenverletzung wird mit gleicher Verletzung bestraft.	Körperverletzung	,,
§ 200:	Zahnverletzung bei einem Bürger wird mit gleicher Verletzung bestraft.	Körperverletzung bei „Gleichgestellten"	,,
§ 201:	Zahnverletzung bei einem Untergebenen wird mit Geld entschädigt.	Körperverletzung gegenüber „Untergebenem"	siehe § 195

Im Zusammenhang mit der durch den Staat erfolgenden Bestrafung könnte der Lehrer Informationen über die Herkunft des Talionsrechtes geben, mit denen den Schülern verdeutlicht werden kann, daß diese Bestimmungen in einer Zeit entstanden waren, in denen ohne die Festsetzungen Hammurabis möglicherweise Blutrache geübt worden wäre. Dies könnte insofern in dieser Denkoperation sinnvoll sein, als dadurch die staatliche Strafausübung im Kontrast zur Selbstjustiz an einem konkreten Beispiel verdeutlicht werden kann.

Am Ende sollte eine Reflexion über das Ziel der Gesetze stehen. Dabei wären als minimale Prinzipien die staatliche Regelung statt privater Justiz (Blutrache), die Verantwortlichkeit des Einzelnen sowie die primär rational durch den Gesetzgeber angestrebte Sicherung des kollektiven Überlebens zu erarbeiten. Von diesen Überlegungen ausgehend könnte gleichermaßen der Transfer erleichtert werden.

5. Transfer durch das Aufstellen neuer Regeln (Stillarbeit)

Die Schüler sollen im Anschluß an die Textanalyse Regeln für ihre Klasse aufstellen, die den erkannten Grundprinzipien und der veränderten Situation entsprechen. Im Kontext der Schulsituation geht es zwar nicht um die Sicherung des Überlebens, aber zumindest eine Erleichterung des situativ gebundenen Zusammenlebens (mögliche Kategorien vor dem Hintergrund des Orientierungsschemas: „Beschuldigungen, Verantwortung für Klassendienste, Eigentumsdelikte, Verletzungen") ist auch aus Schülersicht sinnvoll. Die dadurch erforderlichen Denkoperationen der Schüler betreffen den veränderten Adressatenbezug und die Anpassung an die eigene Situation des Zusammenlebens. Die Übertragungen beziehen sich auf Grundprinzipien der individuellen Verantwortlichkeit und der Rationalität. Außerdem steht dabei das Funktionieren des „Gemeinwesens" im Mittelpunkt der Überlegungen.

Dabei kann vernachlässigt werden, ob es sich bei den eigenen Reglementierungsversuchen um Regeln im Sinne einer Moral oder einer Konvention handelt, auch wenn der Handlungsbezug in diesen beiden Fällen unterschiedlich ist. Bezieht sich eine Regel auf Moral, handelt es sich dabei um explizit für die Handlung formulierte Vorschriften, so daß also die Regel aus der Handlung abgeleitet ist. Führt sich eine Regel auf eine Konvention zurück, so formuliert sie nur ausdrücklich eine der Gewohnheit und dem gesellschaftlichen Konsens entspringende Regelmäßigkeit, die eine Handlung lenkt. Dabei ist das Ziel der Handlung mit unterschiedlichen Handlungsmustern zu erreichen, wodurch die auf Konventionen beruhenden Regeln als veränderbar und relativ empfunden werden. Allerdings beziehen sie sich auf den sozialen Kontext, der im vorliegenden Fall der Klassenregeln gegeben ist (vgl. Turiel 1980, 154).

Vor dem Hintergrund erzieherischer Aufgaben des Unterrichts sei nur darauf hingewiesen, daß die reflexive Auseinandersetzung mit Fragen der Moral und Konvention die Weiterentwicklung von Schülern in Richtung auf ein prinzipiengeleitetes Denken (Menschenrechte etc.) fördern kann (Kohlberg 1973, 240–243). Ausgehend vom Alltag in ihrer Klasse werden die Schüler aufgefordert, sich typische Konfliktsituationen und sich daran anschließende Vergehen zu überlegen, für die sie Regeln und möglicherweise außerdem auch der Allgemeinheit dienende Strafen aufstellen. Dabei könnten auch die im Schulalltag immer wieder sich ereignenden Eskalationen berücksichtigt werden, die von ihrem Grundmuster genau den Verhaltensweisen entsprechen, die Hammurabis Kodex in der historischen Wirklichkeit mit dem abschwächenden Aufgreifen des Talionsrechts verhindern wollte. Der konkrete Regelkatalog könnte vom wechselseitigen Ausredenlassen, der allgemeinen Ordnung in der Klasse bis zur Ahndung von Agressionshandlungen untereinander die häufigsten Situationen für Schülerkonflikte berücksichtigen.

6. Anwendung

Die Schüler sollen analog zur Stele mit den Gesetzen Hammurabis ein Plakat mit verbindlichen Regeln anfertigen. Analog zur babylonischen Stele, die als Abbildung in den Unterricht eingebracht werden könnte (Schlußimpuls, **M 6**), wird ein Plakat mit den Klassenregeln erstellt. Die Einbeziehung der Abbildung hat dabei die primäre Funktion, die historische Dimension den Schülern ins Bewußtsein zu rufen.

Dieses handlungsorientierte Verfahren ermöglicht einen Rückgriff auf den Lerninhalt in Folgestunden, sowohl im erzieherischen Sinne hinsichtlich der tatsächlichen Klassenregeln als auch durch eine immanente Wiederholung, wenn ein erneuter Blick auf das Plakat zum Anlaß genommen wird, sich den Ausgangstext nochmals in Erinnerung zu rufen. Je nach Lerngruppe und den in der Stillarbeit erarbeiteten Regelvorschlägen ist es sinnvoll, nochmals über die Angemessenheit und Sachgerechtigkeit der Vorschläge zu sprechen, bevor das endgültige Plakat erstellt wird. In dieser Auseinandersetzung wird dabei ein Konsens über die aufzunehmenden Regeln hergestellt werden müssen.

III. Erweiterungs- und Vertiefungsmöglichkeiten

Es bietet sich an, Auszüge aus dem Prolog bzw. Epilog **(M 2)** hinzuzuziehen, die als Hausaufgabe aufgegeben werden könnten. Die Grundaussagen des Textes wären den Schülern bekannt und würden auf diese Weise erneut umgewälzt, ohne daß nur einfach neue Straftaten den bereits erarbeiteten Rechtsfällen hinzugefügt werden. Statt dessen müßte eine Auseinandersetzung mit dem Anspruch des Königs, seinem Selbstverständnis und den Zielen seiner Gesetzgebung erfolgen. Die im Text enthaltenen Zielvorstellungen sind so modern, daß man sie kaum einem orientalischen Herrscher der babylonischen Zeit zuordnen würde, selbst wenn man vernachlässigt, daß den eingeleiteten Gesetzen etwa viertausend Jahre alte Urbilder zugrunde gelegt wurden (Durant I, 202). Auch in Hammurabis Zeit war der Prolog ungewöhnlich, obwohl ältere mesopotamische Gesetzgeber, wie Ur-Nammu und Lipit-Ischtar, ähnliche Vorreden verfaßt haben. Der Prolog des Kodex Hammurabi ist durch seinen umfangreichen (insgesamt 303 Zeilen) und repräsentativen literarischen Darstellungsstil ungewöhnlich (Klengel 1991, 189 f.).

Im Kapitel „Verlaufsstruktur" wurde empfohlen, zur Konkretion Abbildungen der Stele hinzuzuziehen. Die Stele wurde zwischen Dezember 1901 und Januar 1902 von französischen Archäologen unter Leitung von J. de Margan in Susa ausgegraben. **M 6** zeigt den aus den damals gefundenen drei Teilen zusammengesetzten Dioritstein mit einer Höhe von 2,25 Metern. Die vergrößerte Teilabbildung **(M 5)** illustriert, daß der die Stele vollständig umlaufende Text untereinander in Zeilen geordnet ist, die jeweils durch einen senkrechten Strich getrennt sind und nach links laufen. Diese Form des Schreibens wurde in Babylon nur für offizielle Dokumente verwendet, während man zum täglichen Gebrauch von links nach rechts in horizontalen Zeilen schrieb (vgl. Klengel 1991, 185).

Die Einbeziehung dieser Abbildungen in den Unterricht sollte erfolgen, weil damit den Schülern eine frühe Schreibform neben den Hieroglyphen im Zusammenhang mit einer auch inhaltlich besprochenen Quelle gezeigt werden kann.

Überdies bieten sich im Zusammenhang mit dem babylonischen Recht Erweiterungsmöglichkeiten an, die auf eine Aktualisierung abzielen. Im Gegensatz zum kreativen und produktiven Umgang mit einem normsetzenden Text durch das Abfassen von Regeln für die eigene alltägliche Situation könnte man über den unmittelbaren Horizont der Schüler hinausgehen. Dazu könnte die Präsentation von Einzelbestimmungen aufgrund von vergleichbaren Normen heutiger Verfassungs- und Rechtsprechungspraxis in einer Folgestunde dienen **(M 3, M 4)**. Während das Grundgesetz stärker als die altbabylonische Quelle die Grundnormenproblematik zum Ausdruck bringt, geht das Strafgesetzbuch ebenfalls stärker auf Einzelfälle ein und gibt ein Strafmaß vor, wodurch es dem Kodex Hammurabi vergleichbar wäre. Doch fehlen hier wiederum Aspekte, die auf die prinzipielle Problematik abzielen, die vor dem Hintergrund einer an den Richtlinien orientierten Erziehung wünschenswert wären. Daher wird hier vorgeschlagen, nach exemplarischen Prinzip dem babylonischen Gesetzesauszug entsprechende Bestimmungen aus beiden Rechtsbereichen gegenüberzustellen, wobei die Schüler bereits aus dieser Differenzierung ihre Schlüsse ziehen könnten.

Bei einer Hinzuziehung der Bestimmungen des heute gültigen StGB **(M 3)** könnte der Ansatzpunkt die auch für Schüler der Sekundarstufe I spürbare Zeitbedingtheit des § 234 sein. Die darin enthaltenen Beschreibungen von Straftaten im Zusammenhang mit Sklaverei, Leibeigenschaft oder Schiffsdiensten (Galeerensklaven!) könnten mittels der Focus-Methode (Grzesik 1990, 214 ff.) zu einer genaueren Betrachtung der historischen Entstehungsbedingungen des StGB führen. Daran könnte sich ein Vergleich mit einigen Grundgesetzartikeln **(M 4)** anschließen, um über die Unterschiede die differierenden strukturellen Ebenen herauszuarbeiten.

Das hier vorgeschlagene Verfahren eignet sich m. E. für jeden Gesetzestext, der durch seine historische Distanz und seinen Zuschnitt für Verhältnisse, die sich von unseren heutigen Vorstellungen unterscheiden, bei den Schülern auf Unverständnis stoßen muß. Als ein Beispiel wäre der Rechtskanon des Koran zu nennen, dessen Behandlung nach dem hier gezeigten Muster durch das Aufzeigen der Entstehungsbedingungen einen wichtigen erzieherischen Aspekt hat. Einige der Bestimmungen erscheinen uns heute ähnlich unangemessen wie die Gesetze Hammurabis. Die Rückführung auf die historischen und gesellschaftlichen Entstehungsbedingungen zeigt die Rationalität der Regelungen auf und fördert auf diese Weise eine vorsichtigere Beurteilung uns fremdartig anmutender Gesetze.

Bei einem gänzlich anderen Stundenaufbau als dem hier vorgestellten könnte die Focus-Methode auch auf den Kodex Hammurabi angewendet werden. Statt mit den Schülern vor der Texteingabe die historischen Bedingungen in Gesellschaft, Ökonomie und Politik bereits zu behandeln, wäre es möglich, über die §§ 53 und 54 die historischen Umstände zu erarbeiten. Die Reihenfolge der Unterrichtsschritte verliefe dann über die Texteingabe, Verständnisklärung, Analyse und Umformulierung in den eigenen Sprachgebrauch hin zur Erarbeitung historischer Tatsachen, an dessen Ende die Schüler einen Text darüber verfassen könnten, wie sie sich das Leben in Babylon vorstellen.

Eine weitere Möglichkeit des Themeneinstiegs bietet eine erfundene Geschichte, die die Auswirkungen des Kodex Hammurabi in einer Alltagssituation zeigt. Als Beispiel sei hier auf die Geschichte „Nach dem Gesetz des Hammurabi" (Parigger 1994, 37–39) verwiesen, die auch als Muster für eine selbsterfundene Konfliktsituation dienen kann. Pariggers Mustergeschichte dreht sich um einen Dieb, der aus seinem Versteck verfolgt, wie der Geschädigte vom Gemeindevorsteher das entwendete Gut ersetzt bekommt. Als er entdeckt wird und der Kläger den Dieb angreifen will, schreitet der Vorsteher ein, da die Bestrafung nur durch den Richter erlaubt sei. In der Geschichte ist sowohl das Haftungsprinzip durch die Allgemeinheit als auch die Ablösung der persönlichen Rache durch eine am Gesetz orientierte Rechtsprechung exemplarisch dargestellt. Je nach Vorkenntnissen der Lerngruppe bietet dieser erzählende Einstieg eine gute Möglichkeit, zur weiterführenden Beschäftigung anzuregen.

IV. Literaturhinweise für die Unterrichtsvorbereitung

1. Quellen

Lautemann/Schlenke (Hrsg.): Geschichte in Quellen. Bd. 1: Altertum. Bearb. v. W. Arend. 2. Aufl. München 1975. [zit. GiQ]

Loseblatt-Sammlung Schönfelder: „Deutsche Gesetze. Textsammlungen. Ordnungsnummer 85 (StGB). Fassung vom 10. 3. 1987. Letzte Ergänzungslieferung Stand: Dez. 1993

Grundgesetz für die Bundesrepublik Deutschland. Koblenz. Stand 1985

2. Sekundärliteratur

bsv-Geschichte 1 N. Hrsg. v. K.-H. Zuber u. H. Holzbauer. Bd. 1: Von der Vorgeschichte bis zur Dreiteilung der Mittelmeerwelt. Von J. Cornelissen u. a. München 1984

Die Bibel von A–Z. Das aktuelle Lexikon zur Bibel. Salzburg o. J. [zit.: Lexikon z. Bibel]

Durant. Kulturgeschichte der Menschheit. Hrsg. von W. u. A. Durant. Bd. 1: Der alte Orient und Indien. Frankfurt a. M., Berlin, Wien 1981 [zit.: Durant I]

Fischer, Rudolf: Babylon. Stuttgart 1985 (Edition Erdmann: Entdeckungsreisen in die Vergangenheit)

Fischer Weltgeschichte, Bd. 2: Die altorientalischen Reiche I, Vom Paläolithikum bis zur Mitte des 2. Jahrtausends. Hrsg. v. Elena Cassin, Jean Bottero, Jean Vercoutter. Frankfurt a. M. 1965

Fragen an die Geschichte. Geschichtliches Arbeitsbuch für die Sekundarstufe I im gymnasialen Bereich. Hrsg. v. H. Schmid. Bd. 1: Weltreiche am Mittelmeer. Frankfurt a. M. 1975

Geschichte und Geschehen I. Geschichtliches Unterrichtswerk für die Sekundarstufe I. Von F. Jahr u. a. Stuttgart 1991

Geschichtliche Weltkunde. Hrsg. v. W. Hug. Bd. 1: Von der frühen Zeit der Menschen bis zur Ausbreitung des Islam. Frankfurt a. M., Berlin, München 1980

Geschichtsbuch 1. Die Menschen und ihre Geschichte in Darstellungen und Dokumenten. Neue Ausgabe. Hrsg. von J. Martin u. N. Zwölfer. Bd. 1: Von der Urgeschichte bis zum Beginn des Mittelalters. Berlin 1992

Klengel, Horst: König Hammurapi und der Alltag Babylons. Zürich 1991 (Lizenzausgabe für die Wissenschaftliche Buchgesellschaft 1992)

Kohlberg, Lawrence: Eine Neuinterpretation der Zusammenhänge zwischen der Moralentwicklung in der Kindheit und im Erwachsenenalter. (Original: Continuities in Childhood and Adult Moral Development Revisited, 1973). In: Entwicklung des Ichs. Hrsg. v. R. Döbert, J. Habermas u. G. Nunner-Winkler. Königstein/Ts. 2. Aufl. 1980. S. 225–252. (NWB 90).

Lehrerbegleitband zu „Fragen an die Geschichte“. Geschichtliches Arbeitsbuch für die Sekundarstufe I im gymnasialen Bereich. Hrsg. v. Heinz Dieter Schmid. Bd. 1: Weltreiche am Mittelmeer. Lehrerbegleitband bearb. v. Heinz Dieter Schmid, Manfred Lampl, Dieter Rothenhöfer. Frankfurt a. M. 1975

Parigger, Harald: Geschichte erzählt. Von der Antike bis zum 20. Jahrhundert. Frankfurt a. M. 1994

Turiel, Elliot: Die Entwicklung sozial-konventionaler Konzepte (Original: The Development of Social Conventional and Moral Concepts, 1980). In: Perspektivität und Interpretation. Beit. z. Entwickl. des sozialen Verstehens. Hrsg. v. W. Edelstein u. M. Keller. Frankfurt a. M. 1982. S. 146–187

2 Thukydides: Geschichte des Peloponnesischen Krieges [Der Attische Seebund]

Themengeleitete Verarbeitung von Textinformation (Variante 1)
Emotionales Erleben (Variante 2)

Inhalt des Kapitels

Verzeichnis der Materialien zu diesem Kapitel

I. Didaktisch-methodischer Kommentar

Historischer Kontext und Autor

Thukydides (um 460–400 v. Chr.) war griechischer Politiker und Stratege. Nach der athenischen Niederlage gegen Sparta bei Amphipolis (424) wurde er für 20 Jahre aus Athen verbannt.

Sein ursprünglich ohne Titel überliefertes Werk „Der Krieg zwischen den Peloponnesiern und den Athenern" schildert den „Peloponnesischen Krieg", d. h. die sich von 431 bis 404 v. Chr. hinziehenden Auseinandersetzungen zwischen Athen und Sparta bzw. deren Bundesgenossen.

Wie Thukydides ausführt **(M 4)**, geht es ihm um die möglichst objektive Darstellung jenes Krieges, den er für das bedeutendste Ereignis der Epoche hält. Dementsprechend stellt er zunächst die gesamte griechische Geschichte bis zum Kriegsbeginn knapp dar, um auch die tieferen Ursachen des Konfliktes herauszuarbeiten. Insgesamt verweisen sowohl die gesamte Darstellung als auch die zahlreichen detailliert geschilderten Szenen paradigmatisch auf jene Instanz, die ihm als letzte treibende Kraft der Geschichte erscheint: die unveränderliche menschliche Natur. Indem die historische Darstellung diese menschliche Natur in ihren unterschiedlichsten Ausprägungen präsentiert, kann sie, nach dem Verständnis des Autors, über die Überlieferung des Gewesenen hinaus Orientierung für die Zukunft bieten.

Aufgrund des sehr anspruchsvollen Stils der Darstellung und der Methode der historischen Forschung ist Thukydides' Werk schon in römischer Zeit als vorbildlich angesehen worden. Seit seiner Wiederentdeckung in der italienischen Renaissance wurde Thukydides im England Humes und im Deutschland Niebuhrs und Rankes zum Ahnherrn einer mit wissenschaftlichen Methoden nach Objektivität strebenden Historiographie.

Themenspezifische Voraussetzungen

Für das Verständnis der Hintergründe, die zur Entstehung des Attischen Seebundes führten, ist die Vertrautheit mit den Auseinandersetzungen zwischen Griechen und Persern ebenso notwendig wie Kenntnisse über die Differenzierung zwischen Athenern und Spartanern. Es sollten also behandelt worden sein

- die politischen, kulturellen, sozialen und religiösen Divergenzen zwischen Griechen und Persern.
- die entsprechenden Unterschiede zwischen Athenern und Spartanern.
- die Perserkriege.

Sachlicher Gehalt der Quelle

Der Textauszug **(M 1)** bezieht sich auf jene 50 Jahre, die zwischen dem Sieg der Griechen über die Perser bei Plataiai und dem Beginn des Peloponnesischen Krieges lagen. Thukydides schildert die wichtigste Entwicklung jenes Zeitraums, den Aufstieg Athens zur politisch und kulturell führenden Macht Griechenlands mit Hilfe des Attischen Seebundes, der schon bald nach seiner Gründung in den Jahren 478/77 v. Chr. sich von einer gegen die Perser gerichteten Organisation kollektiver Sicherheit zu einem Instrument athenischer Hegemonie entwickelte.

Der Textauszug läßt sich in drei Teile gliedern. Der erste beschreibt die Gründung des Attischen Seebundes und die bei dieser Gelegenheit getroffenen Vereinbarungen, in denen sich schon Ansätze zu einer dominierenden Stellung Athens zeigen. Der zweite Abschnitt präsentiert die Maßnahmen, im Zuge derer die Athener ihre Position als erste unter Gleichen zu einer eindeutigen unumschränkten Herrschaft umfunktionierten. Schließlich werden die Gründe für diese Entwicklung aufgezeigt.

Thukydides' Darstellung ist sowohl klar als auch komplex; lange, hypotaktisch gegliederte Sätze zeugen von dem Bestreben, in größtmöglicher Eindeutigkeit alle Gründe und Bedingungen der beschriebenen historischen Abläufe zu berücksichtigen. Erkennbar auch ist das Streben nach Objektivität; allenfalls in einzelnen wertenden Formulierungen (die Abtrünnigen, Z. 21) könnte sich eine Neigung zur Position der Athener andeuten; dafür spricht auch die Tatsache, daß Thukydides konstatiert, die Verbündeten seien am Verlust ihrer Freiheit letztlich selbst schuld.

II. Methodenkonzepte für den Unterricht

Themengeleitete Verarbeitung von Textinformationen (Variante 1)

Begründung der Methodenwahl

Die Herausarbeitung historischer Kausalitäten ist ein zentrales Problem jeder Beschäftigung mit Geschichte. Die oft genug als drängend empfundene Frage „Wie konnte es dazu kommen?“ verführt freilich auch häufig zu vereinfachten, monokausalen Antworten, die Zwischentöne und Ambivalenzen vernachlässigen und die Gefahr ideologischer Erstarrungen bergen. Die Erkenntnis, daß Geschichte offen ist und die negativen Folgen offensichtlich positiver Entwicklungen nicht von vornherein einsichtig waren, muß ein zentrales Ziel des Geschichtsunterrichts sein.

Vor diesem Hintergrund erscheint die oben beschriebene Passage aus dem Werk des Thukydides **(M 1)** besonders gut geeignet für die Behandlung in der Unterstufe. In einer das Exemplarische andeutenden Knappheit schildert er, wie aus einem zunächst für alle Seiten durchaus vorteilhaft erscheinenden Abkommen genau das sich entwickelt, um dessen Verhinderung willen es abgeschlossen wurde.

Der Auszug aus Thukydides ist, was seine Struktur angeht, ein komplexer Text, der dem Verständnis der Schüler durchaus Schwierigkeiten entgegensetzt. Zum anderen aber ist der in ihm dargestellte Sachverhalt in seiner Kausalität relativ leicht nachzuvollziehen. Eben dieser Ambivalenz wegen ist die themenorientierte Verarbeitung des Textes im Unterricht angemessen. Die Schüler werden durch eine gezielte Fragestellung angeleitet, aus dem Text die wesentlichen Informationen herauszufiltern.

Verlaufstruktur

1. Betrachtung einiger ausgewählter Monumente der athenischen Kultur

Bei dieser Art der Einführung in das Thema kann es nicht um eine genauere Erörterung der kunsthistorischen Aspekte der athenischen Kultur gehen. Im Vordergrund steht vielmehr die – wenn nötig vom Lehrer zu formulierende – Frage nach den materiellen und politischen Voraussetzungen der evidenten kulturellen Blüte Athens. Insofern kann offen gelassen werden, welche Bau- und Kunstwerke konkret herangezogen werden; es dürften durchaus die in dem jeweils vorhandenen Lehrbuch präsentierten genügen.

2. Reflexion über die Ursachen der zentralen Stellung Athens

Verschiedene Schülervermutungen sind möglich: Der Verweis zum einen auf die einen ausgedehnten Handel begünstigende geographische Positions Athens; zum anderen auf die im persischen Krieg unter Beweis gestellte militärische Potenz dieser Polis. Da zuvor die Verfassung Athens besprochen wurde, ist es auch möglich, daß die Demokratie als Basis für eine florierende Wirtschaft genannt wird.

3. Lektüre des Textes

Durch die eingangs aufgerissene Frage ist die Behandlung des Thukydides-Textes perspektiviert; stärkere, an eigenständige Reflexion gewöhnte Lerngruppen können somit ohne Leitfragen mit der Quelle konfrontiert werden.

Für stärkerer Lenkung bedürftige Lerngruppen bieten sich folgende – durch Unterstreichen der entsprechenden Passagen zu beantwortende – Leitfragen an:

<table>
<tr><th><u>Was tun die Athener?</u></th><th><u>Was tun die Bundesgenossen?</u></th></tr>
<tr><td>Sie bekommen die Führung.</td><td>Sie stimmen über Athens Führungsrolle ab.</td></tr>
<tr><td colspan="2">Sie setzen übereinstimmend fest, welche Städte Geld und welche Schiffe gegen die Barbaren beisteuern sollen.</td></tr>
<tr><td>Sie verwüsten die Besitztümer des persischen Königs.
Sie richten eine Bundeskasse in Delos ein.</td><td></td></tr>
<tr><td>Sie breiten ihre Macht aus
– bei allen Streitigkeiten mit den Barbaren.
– gegen ihre widerspenstigen Verbündeten.
– gegen Sparta.</td><td></td></tr>
<tr><td>Sie unterwerfen
– Eion am Strymon
– die Doloper auf Skyros
– Karystos
– Naxos.</td><td>Sie fielen ab, indem sie
– mit ihren Beiträgen und Schiffen in Rückstand gerieten.
– die Heerfolge verweigerten.
– statt Schiffen Geldbeträge zur Verfügung stellten.</td></tr>
</table>

Erfahren wir aus dem Text, warum Athen eine solche Überlegenheit entwickeln konnte?

Gründe für die Überlegenheit der Athener:
- Sie richteten die Behörde der Schatzmeister von Hellas ein.
- Sie führten das Bündnis an.
- Sie führten Krieg bei allen Streitanlässen: gegen die Perser, gegen Sparta und auch gegen die eigenen Verbündeten.
- Sie unterwarfen selbst ihre vormals selbständigen Verbündeten.
- Sie trieben ihre Beitragssummen streng ein und vergrößerten dadurch ihre Flotte.

4. Bewertung

Nachdem die Sachverhalte festgestellt worden sind, läßt sich die Frage anschließen, ob man aus dem Text erkennen könne, wie der Autor das Verhalten der Athener bzw. der Bundesgenossen beurteilt.

Thukydides' Bewertung des Verhaltens der Athener
- „... kriegführend und zupackend bei allen Streitigkeiten ...“ (Z. 9 f.)
- „... die Athener trieben die Summen streng ein ...“ (Z. 18)
- „... mit Härte brauchten sie jeden Zwang gegen die Städte ...“ (Z. 18f.)

– „... nicht mehr beliebt als Herrscher...“ (Z. 19 f.)
– „... nicht mehr Kriegsgefährten gleichen Ranges...“ (Z. 21)

Thukydides’ Bewertung des Verhaltens der Bundesgenossen
– „... die Abtrünnigen...“ (Z. 21)
– „... das war der Verbündeten eigene Schuld...“ (Z. 22)
– „... ungerüstet und unerfahren...“ (Z. 26)

Abschließend sollen die Schüler selbst die beschriebene Entwicklung beurteilen. Dabei ist der Konnex zum Einstieg leicht herzustellen: Wenn die Athener sich zu Despoten aufschwangen, wie es in ihrer politischen und wirtschaftlichen Macht wie auch in der kulturellen Blüte zum Ausdruck kommt, so wurde diese Entwicklung nicht zuletzt auch durch ihre allzu bequemen Bundesgenossen mit gefördert.

Emotionales Erleben / (Variante 2)

Begründung der Methodenwahl

Ein Anliegen des Unterrichtes in der Sekundarstufe I sollte die Schulung des emotionalen Erlebens der Schüler sein. Sie sollten lernen „an die Stelle diffuser, pauschaler, unangemessener und unreflektierter Emotionen [...] klare, differenzierte, genau an der jeweiligen Sachlage orientierte und in vielfältige Verbindungen gesetzte Emotionen“ [Grzesik 1990, 284] zu setzen. Natürlich kann nicht vorausgesetzt werden, daß der Auszug aus Thukydides von sich aus emotionale Reaktionen bei den Schülern hervorruft. Durch ein vorgeschaltetes Rollenspiel können die Schüler jedoch dazu veranlaßt werden, sich mit einer der in dem Text präsentierten Parteien zu identifizieren und somit Anteil an deren weiterem Schicksal zu nehmen.

Verlaufsstruktur

1. Vorbereitung einer Spielsituation

Man befindet sich auf einer griechischen Insel in der Zeit um 460 v. Chr. Die Klasse repräsentiert die Volksversammlung der dortigen Polis. Ein Schüler oder eine Schülerin – vielleicht die Klassensprecherin oder der Klassensprecher – hat den Vorsitz und soll die anstehenden Verhandlungen führen. Nachdem diese Präliminarien geklärt sind, tritt der Lehrer auf und stellt sich als athenischer Gesandter vor, der begehrt, vor der Versammlung sprechen zu dürfen (natürlich kann auch ein schauspielerisch besonders begabtes Mitglied der Klasse nach entsprechender Vorbereitung diesen Part übernehmen). Der athenische Gesandte hält nun eine Rede **(M 2)**, mit der er die Versammlung zum Eintritt in den Attischen Seebund bewegen möchte.

2. Befragung des Gesandten

Im Anschluß an die Rede des Gesandten erhalten die Schüler Gelegenheit, den Gesandten näher nach den Einzelheiten des Bundes zu befragen.

3. Erörterung der Vor- und Nachteile eines Beitritts

Auf der Grundlage der Kurzfassung der Artikel des Attischen Seebundes **(M 3)** sollen die Schüler sodann untereinander diskutieren, ob sie für oder gegen den Eintritt stimmen sollen. Die Abstimmung erfolgt abschließend unter der Leitung des Klassensprechers/der Klassensprecherin.

4. Lektüre der Quelle

Das kollektive Rollenspiel, das leicht eine Unterrichtsstunde in Anspruch nehmen kann, hat die Schüler für die Problematik des Themas sensibilisiert. Der ihnen nun präsentierte Text **(M 1)** kann somit unter dem Aspekt gelesen werden, ob die in der Abstimmung getroffene Entscheidung richtig oder falsch ist, ob Athen seine Versprechungen einlöst und ob die Erwartungen der Bundesgenossen erfüllt werden. Die Bearbeitung des Textes kann, wie in Variante 1 beschrieben, vorgenommen werden.

Die Schüler sollen erkennen, daß
- Ideologie und Praxis des Attischen Seebundes kollidieren
- substantielle Veränderungen vertraglicher Verhältnisse sich oft unmerklich vollziehen
- die kulturelle Vormachtstellung Athens auf rein machtpolitischen Operationen basierte
- Vertragsbedingungen kritisch zu reflektieren sind.

III: Erweiterungs- und Vertiefungsmöglichkeiten

Die Beschäftigung mit dem Thukydides-Text kann zum Anlaß genommen werden, grundlegende Fragen zur Objektivität oder Parteilichkeit historiographischer Quellen zu reflektieren. Unter Einbeziehung des Methodenkapitels [Peloponnesischer Krieg, I 20–22] **(M 4)** kann dargelegt werden, inwiefern Thukydides in seiner Darstellung dem Prinzip der Unparteilichkeit verpflichtet bleibt. In enger Anlehnung an seine eigenen Ausführungen ließe sich seine Auffassung von der Aufgabe des Geschichtsschreibers wie folgt charakterisieren:

Die Aufgabe des Geschichtsschreibers (nach Thukydides)
Nicht
- „jedem ersten besten Zeugnis zu trauen“ (Z. 1)
- „alle Nachrichten von Früherem . . . gleich ungeprüft annehmen“ (Z. 2 f.)
- „bei den herkömmlichen Meinungen“ bleiben (Z. 4)

sondern
- Wiedergabe von Reden in Anlehnung an die Wirklichkeit (Z. 5–9), nicht allein durch wörtliche Genauigkeit (Z. 6)
- genaue Prüfung von Selbsterlebtem und Nachrichten (Z. 11 f.) statt Befolgung von Auskünften des ersten besten oder nach eigenem Dafürhalten (Z. 10 f.)
- klare Erkenntnis des Gewesenen im Blick auf Künftiges, das „gleich oder ähnlich sein wird", nutzen (Z. 15–17).

Eine Diskussion über die Aufgaben und Vorgehensweisen der Historiker und den Sinn historischer Forschung überhaupt schlösse sich zwanglos an (vgl. hierzu auch Kapitel 3).

IV. Literaturhinweise für die Unterrichtsvorbereitung

1. Quellen

Thukydides, Geschichte des Peloponnesischen Krieges, übersetzt und mit einer Einführung und Erläuterungen versehen von Georg Peter Landmann, München 1991

2. Sekundärliteratur

Bayer, E.: Griechische Geschichte, Stuttgart 1968

3 Der Grabstein des Marcus Caelius

Integration von unterschiedlichen Informationsquellen

Inhalt des Kapitels

Verzeichnis der Materialien zu diesem Kapitel

I. Didaktisch-methodischer Kommentar

Historischer Kontext und Quellenlage

Im Zentrum dieses Vorschlags steht ein Sachüberrest (Brandt 1980, 58), der durch die namentliche Nennung der kriegerischen Auseinandersetzungen des römischen Statthalters Varus in Germanien („bello Variono“, **M 2**) einzigartig ist. Der Grabstein des Centurios Marcus Caelius stellt die einzige archäologische Quelle dar, die eine eindeutige Beziehung zu den durch die römischen Autoren überlieferten Berichten des Kriegsgeschehens im Teutoburger Wald hat. Dies muß um so stärkere Beachtung finden, wenn berücksichtigt wird, welche archäologischen Anstrengungen in der Vergangenheit unternommen worden sind, um die Varusschlacht genauer zu lokalisieren. Hinsichtlich der Bedeutung des eigentlichen Ereignisses gehen die Meinungen auseinander. Die Auseinandersetzung um den Ort der Ereignisse wurde aber auch deshalb ungewöhnlich intensiv geführt, weil die Schlacht in der Stilisierung germanischen Selbstbewußtseins und Freiheitswillens durch spätere Fiktionen eine große Rolle spielte. Die Projektion eigener Wünsche auf die Ereignisse im Germanien der Römerzeit verstellte z. T. den nüchternen Blick der Untersuchungen früherer Historiker und Archäologen sowie die Betrachtungen der um eine Lokalisierung bemühten Amateurforscher. Es wurden 700 Hypothesen zur Lokalisierung der Varusschlacht gezählt (Böcking 1974, 53 f.). Daneben tritt der Einfluß durch die volkstümlich geprägte Rezeption der Ereignisse, für die als Beispiel nur an das Hermannsdenkmal und das Volkslied „Als die Römer frech geworden...“ hier erinnert sei (Müller 1990, 79–82).

Einerseits wird das Ergebnis der Schlacht in seiner Bedeutung für die römische Expansionspolitik relativ gering eingeschätzt, zumal den Germanen selbst nicht unterstellt werden kann, daß sie im Sieg des Arminius eine nationale Befreiungstat gesehen hätten (Müller 1990, 79). Andererseits wird dem Sieg des Arminius zugebilligt, Widerstandskräfte in Germanien freigesetzt zu haben, die den Erfolg einer römischen Expansionspolitik von einem erheblich höheren Aufwand abhängig gemacht hätten, als er seitens des Imperiums zu betreiben gewesen ist. Insofern war das sich durch das militärische Debakel vergrößernde Risiko einer erneuten Niederlage, wenn man die Eroberungspolitik ohne entscheidende Verstärkung der Mittel fortzusetzen gedacht hätte, für die innere Stabilität der neuen monarchischen Ordnung zu groß. Die Vorentscheidung für Tiberius' endgültige Abkehr von der weiteren Eroberung des germanischen Raumes bis zur Elbe war mit der Varusschlacht gefallen (Dahlheim 1989, 90). Der offizielle Verzicht auf alle weiteren Ambitionen in Germanien im Jahre 16 n. Chr. beendete 20 Jahre mühseliger Kämpfe und Feldzüge. Abgesehen von Gebieten im Alpenvorland und in der Schweiz war man damit bei dem von Caesar Erreichten stehengeblieben (Bengtson 1995, 237). Außerdem spielt für die Beurteilung der Varusniederlage eine Rolle, daß die Germanen ihre Chance nicht zu nutzen wußten, die sich aus dem Untergang der Hälfte der Rheinarmee ergab. Am Rhein stand damals etwa ein Viertel des gesamten römischen Heeres, doch die Bündnistreue des Markomannenfürsten Marbod verhinderte katastrophale Folgen, die bei einer konsequenten Kriegsführung der Germanen möglich geworden wären. Statt sich mit dem siegreichen Arminius zu verbünden, sandte Marbod das Haupt des Varus, das ihm gemeinsam mit einem Bündnisangebot des Cheruskerfürsten zugegangen war, nach Rom zu Augustus (Kunow 1987, 44). Theodor Mommsen hat diese Übersendung des römischen Feldherrnhauptes als den Ausdruck eines Bewußtseins interpretiert, das alle Germanen veranlassen sollte, die eigene gemeinsame Freiheit in einem vereinigten Ansturm gegen den „Erbfeind" zu erringen (Mommsen VI, 1984, 62).

Die Unsicherheiten, die über die Abläufe und genauen regionalen Verhältnisse entstanden, sind mitbegründet in der nur lückenhaften Dokumentation der Ereignisse auf dem Schauplatz Germanien durch die römische Geschichtsschreibung. Das mag daran liegen, daß eine ausführliche Schilderung nur dann erfolgte, wenn Mitglieder des engeren Kaiserhauses an den Unternehmungen beteiligt waren (Polenz 1985, 27). Mit der Beteiligung römischer Feldherrn aus Roms höchster Führungsschicht kommt ein weiterer Aspekt ins Spiel, der für die Beurteilung der Bedeutung der Varusschlacht mitberücksichtigt werden muß. In den Jahren vor der Varusschlacht unternahm Tiberius mehrere Feldzüge, mit denen die Unterwerfung der Kannanefaten, Chattwarier, Brukterer und Cherusker gelang. Dabei wurde die Weser überschritten und ein Feldzug im Jahre 5 n. Chr. geplant, der sich gegen die Chauken und Langobarden richten sollte, wozu das gemeinsame Vorgehen von Landtruppen und Flottenverbänden in einem präzise geplanten Manöver an der Elbe vorgesehen war. Damit sollte die Entscheidung gegen Marbod, einen Führer der nach Böhmen gezogenen Markomannenfürsten, herbeigeführt werden, um diesen als Machtfaktor auszuschalten. Marbod verfügte offensichtlich über eine Streitmacht von 74 000 Mann, die Tiberius mit zwölf Legionen in einer großen Zangenbewegung schlagen wollte, um damit die Entscheidung für die römische Provinz „Germania transrhenana" herbeizuführen. Der Pannonische Aufstand (betroffen waren große Gebiete im heutigen Ungarn und auf dem Balkan) verhinderte eine Entscheidung kurz vor der Feindberührung, da die römischen Legionen umzukehren gezwungen waren. Die Niederwerfung des Aufstandes nahm die drei folgenden Jahre in Anspruch, und nach diesem Erfolg wurde Tiberius aus Germanien abgerufen. Ihm folgte P. Quinctilius Varus nach, der nach einem Friedensvertrag zwischen Marbod und den Römern die Aufgabe hatte, das Land zu romanisieren und die Provinzwerdung in die Wege zu leiten (Kunow 1987, 40–42).

Nachdem Tiberius selbst nach der Varusschlacht in Germanien nur kleinere Unternehmungen durchgeführt hatte, unternahm sein Neffe Germanicus, der ihm im Jahre 12 n. Chr. im Amt nachgefolgt war, einen zwei Jahre dauernden Feldzug (15–17 n. Chr.), in dessen Verlauf er auch das letzte Schlachtfeld, auf dem die Legionen des Varus vernichtet worden waren, betrat **(M 12)**. Diese Aktivitäten des Germanicus werden der persönlichen Initiative und Überzeugung dieses Feldherrn zugeschrieben, der selbst erklärte, den Feldzug auch deshalb zu unternehmen, um die durch den Thronwechsel in Unruhe geratenen Armeen mittels eines Feldzuges disziplinieren zu wollen. Außerdem konnte ein Feldzug als Treuebeweis des Germanicus gegenüber dem neuen Kaiser gedeutet werden. Zumindest ist die enge verwandtschaftliche Bindung zum Herrscherhaus dahingehend gedeutet worden, daß der Vorstoß nicht getadelt worden ist. Bei der Einschätzung dieser Unternehmungen mag auch eine Rolle gespielt haben, daß die Monarchie auf das militärische Prestige und den unbedingten Erfolg in besonderer Weise angewiesen war. Insofern konnte sich Rom nicht einfach mit einer militärischen Niederlage abfinden, die immerhin zur Folge hatte, daß die in der Varusschlacht untergegangenen Regimentsnummern 17, 18 und 19 niemals wieder benutzt wurden (Mommsen VI, 1984, 54 f., 61; Dahlheim 1989, 90; Übersicht zum julisch-claudischen Kaiserhaus: dtv-Atlas 1977, 96). Nachdem der weitere Feldzug nur bedingte Erfolge brachte, befahl Tiberius, die Offensive abzubrechen (Kunow 1987, 48–51). Die erzielten Ergebnisse sind ohne Spuren in der weiteren Germanienpolitik geblieben, sondern die Grenzen wurden endgültig an Rhein und Donau entlang festgelegt.

Die römischen Autoren selbst messen der Niederlage eine große Bedeutung zu, auch wenn ihre Beurteilung stärker von verletztem Ehrgefühl mitbeeinflußt sein mag. Velleius Paterculus hält beispielsweise die Ereignisse für so gewichtig, daß er zur Auseinandersetzung damit ein eigenes Werk ankündigt **(M 4)**, das uns allerdings nicht überliefert ist. Tacitus hielt in seinen Annalen die Niederlage schon deswegen für ungewöhnlich, weil sie das römische Imperium in seiner höchsten Blüte traf **(M 7)**. Sueton geht in seiner Lebensbeschreibung von Augustus sogar so weit, in dem militärischen Ereignis eine Bedrohung des Reiches zu sehen **(M 8)**. Dabei muß berücksichtigt werden, daß die Autoren durch die unterschiedliche Intention in ihren Berichten und den zeitlichen Abstand zum Geschehen eine voneinander abweichende Sichtweise haben.

Die Verzerrung historischer Wirklichkeit mittels durch politische Wunschvorstellungen vorgegebenen Idealbildern läßt sich an der Varusschlacht mustergültig demonstrieren, z. B. an der Errichtung des Hermannsdenkmals bei Detmold. Spätestens die finanzielle Beteiligung des Deutschen Reiches an einer ursprünglich privaten Initiative brachte die Rezeption der antiken Ereignisse auf die Interessenlinie der tagespolitischen Bedürfnisse, deutlich ablesbar an der zunächst nicht geplanten Denkmalsausrichtung nach Westen gegen Frankreich (Müller 1990, 79–82).

Diese nationale Bedeutung, die durch die Rückprojektion eigener Wertvorstellungen auf die Ereignisse im Jahre 9 n. Chr. entstand, hat auch dazu geführt, daß mit anhaltendem Interesse versucht wurde, die Varusschlacht trotz der ungenauen Angaben der antiken Autoren zu lokalisieren. Erst in jüngster Zeit haben umfangreiche Neuentdeckungen archäologischer Funde in der Umgebung von Kalkriese (bei Bramsche, 20 km nordöstlich von Osnabrück am Nordrand des Wiehengebirges) die Diskussion über die Lage des Schlachtfeldes erneut angeregt (Rost u. Wilbers-Rost 1992, 4 f.).

Themenspezifische Voraussetzungen

In der römischen Eroberungspolitik wurde durch Augustus eine Neubewertung vorgenommen, die eine Forcierung der militärischen Aktivitäten ab 16 v. Chr. in Germanien zur Folge hatte. Der Verzicht auf die Eroberung Mesopotamiens und die Findung eines Ausgleichs mit den Parthern auf diplomatischem Wege hatte langfristige Konsequenzen für die römische Geschichte. Die Kaiser konnten für eine lange Periode im griechischen Osten auf Ordnungsmaßnahmen verzichten und somit ihre Kräfte auf Mittel- und Nordeuropa konzentrieren. Vor diesem Hintergrund werden die Kriege auch in Germanien erst möglich. Daneben traten innenpolitische Überlegungen, deren Ziel es war, die römischen Legionen durch Aufgabenstellungen an den Grenzen des Reiches daran zu hindern, ihre Kraft gegen die wiedergewonnene innere Ordnung zu richten (Dahlheim 1989, 86–89). Diese Eckpfeiler der Politik der römischen Kaiser sollten zumindestens in der Reduzierung auf die wechselnden Schwerpunkte ihres Hauptinteresses den Schülern bekannt sein, damit die Unterbrechungen und die sich ändernden Kräfteverhältnisse verständlich gemacht werden können.

Aus der Sicht eines mit zeitlicher Distanz beurteilenden Betrachters gehört die Niederlage als ein singuläres Ereignis in eine Kette römischer Unternehmungen, die eine Ausdehnung des Einflusses bis hin zur Elbe anstrebten. Die Ereignisse im Teutoburger Wald trugen dazu bei, daß diese Eroberungspläne aufgegeben wurden. Damit blieben die Germanen frei, und ihre Nachfahren konnten später die Stoßkraft entwickeln, die für ihre Besitzergreifung der römischen Grenzlande an Rhein und Donau notwendig war (Wahle 1982, 130). Der Ablauf und die Vorgehensweise der Römer bei ihrer Okkupationspolitik sollte mit den Schülern thematisiert worden sein. In den meisten Gebieten der heutigen Bundesrepublik bietet sich an, auf die noch heute zu findenden und den Schülern möglicherweise oberflächlich bekannten Überreste aus römischer Zeit einzugehen, um dann am Beispiel des Grabsteins von Marcus Caelius eine exemplarische Auseinandersetzung in intensiverer Weise zu versuchen. Die Überreste römischer Herrschaft gehen auch auf die Jahre unmittelbar vor der Varusschlacht zurück. Augustus' Stiefsöhne Tiberius und Drusus befestigten die Rheingrenze mit einer Reihe von Kastellen, deren Hauptstützpunkte die Doppellegionslager Mogontiacum / Mainz und Castra Vetera / Xanten darstellten, und errichteten die Provinzen Raetia und Noricum. Bis zum Jahr 9 v. Chr. wurden die Pannonier unterworfen, so daß die Einflußzone bis zur mittleren Donau reichte. Gleichzeitig führte Drusus in den Jahren 12–9 v. Chr. vier Feldzüge zur Eroberung des rechtsrheinischen Gebietes bis zur Elbe durch, die nur Teilerfolge zeitigten und mit dem Unfalltod des Feldherrn vorzeitig abgebrochen wurden. Den zweiten Versuch zur Ausdehnung des römischen Machtbereichs unternahm Tiberius durch seine militärischen Unternehmungen: Unterwerfung der Sugambrer, der Chatten und Brukterer. Zur Sicherung dieser Erfolge machte er die Chatten und Brukterer zu Bundesgenossen (Polenz 1985, 10–13; Karte zu den Feldzügen: dtv-Atlas 1977, 96).

Speziell zu archäologischen Funden sollten die Schüler Vorstellungen darüber haben, welche Sachüberreste zu finden sind und mit welchen geringen Spuren die Forscher auskommen müssen, um daraus ihre Schlüsse zu ziehen. Im Fall der Varusschlacht müssen mehrere Faktoren berücksichtigt werden. Die Germanen waren gewöhnlich vergleichsweise leicht bewaffnet, so daß sie kaum archäologisch verwertbare Spuren hinterlassen haben. Außerdem haben sie als Sieger in der Schlacht ihre Toten bestattet, so daß dabei auch ihre Ausrüstungsgegenstände vom Schlachtfeld mitgenommen worden sein dürften. Möglicherweise hatten Teile der Germanen nicht nur Erfahrungen im Umgang mit den Römern wie auch Arminius selbst, sondern verfügten auch über Waffen und Rüstungsteile aus römischen Beständen, so daß ein Beweis der Anwesenheit von Germanen nur schwer zu führen ist. Die Grabungen an der Kalkrieser-Niewedder Senke stehen mit ihrer Fundzusammensetzung exemplarisch für die Ausgangssituation der Forscher auch nach ergiebigen Funden. Die Überreste aus der Kalkrieser-Niewedder Senke weisen eindeutig nur die Existenz eines römischen Verbandes nach. Die geborgenen Reste von Angriffs- und Schutzwaffen sowie Trachtbestandteilen und zweier Inschriften lassen Rückschlüsse darauf zu, daß es sich um einen Eliteverband des schwerbewaffneten Fußvolks gehandelt haben muß. Die Germanen sind nur über die vorgefundenen Überreste der Wehranlagen im Bereich des späteren Obereschs nachweisbar, da die geographischen Gegebenheiten die Anlage als römischen Standort ausscheiden lassen. Eine Kontrollmöglichkeit ist von diesem Platz unmöglich, für einen Hinterhalt in einer engen Senke hingegen war er gut gewählt. Die Fundmöglichkeiten werden durch die in früheren Zeiten sich an einen Sieg anschließenden üblichen Plünderungen weiter vermindert (Schlüter 1993, 36–41). Dabei sollte den Schülern verdeutlicht werden, welchen Wert in damaliger Zeit nicht nur Metall, sondern auch besonders zu Waffen und Armierungsgegenständen verarbeitetes Metall für die Germanen hatte. Die Zusammensetzung und die Größe des Fundmaterials (90 % sind Kleinteile oder Gegenstände, für die die Germanen keine Verwendung hatten wie medizinisches Gerät) deutet jedenfalls an, daß eine ausgiebige Plünderung durch die Germanen stattgefunden hat (Schlüter 1992, 327).

Sachlicher Gehalt der Quellen

Den Ausgangspunkt der Beschäftigung bildet der Grabstein des in der Varusschlacht gefallenen Centurios Marcus Caelius, der das bedeutendste römische Denkmal des Rheinischen Landesmuseums in Bonn darstellt. Der Tote ist als Halbrelief mit vielen Ehrenzeichen, bis zur corona civica, zwischen Darstellungen seiner beiden Freigelassenen abgebildet (Hilgers 1987, 382). Der Tote gehörte somit zu den 59 Centurionen einer Legion, die unterhalb von sechs Militärtribunen und dem Legionslegaten als Kommandanten die in 60 Centurionen aufgeteilten Kampfverbände einer Legion führten. Eine Legion zählte ca. 5500 Mann, die in eine 1000 Mann starke erste Kohorte und neun weitere je 500 Mann starke Kohorten unterteilt war. Letztere waren in je drei Manipel mit jeweils zwei Centurien unterteilt. Die sechs Centurien der ersten Kohorte hatten eine höhere Personalstärke.

Marcus Caelius war also Befehlshaber eines Kampfverbandes, der aus mindestens 80 Legionären bestand. Diese waren Berufssoldaten mit einer Dienstverpflichtungszeit von zwanzig Jahren, wozu noch fünf Jahre als Veteran zu rechnen sind. Die mit ihm beigesetzten Freigelassenen, die gleichfalls auf dem Grabstein dargestellt sind, bieten mit ihrer Verbundenheit über den Tod des ehemaligen Herrn hinaus ein Beispiel, das für die Verhältnisse in Rom typisch war. Freigelassene (liberti) blieben durch materielle Verpfichtungen und die herrschende Gesellschaftsmoral an ihren ehemaligen Besitzer gebunden. In dieser Beziehung sind sie nicht mit den Freigeborenen (ingenui) gleichgestellt (Dahlheim 1992, 257 f.; Bengtson 1995, 265 f.).

Der Grabstein, der in der Nähe von Xanten gefunden worden ist, stellt Marcus Caelius in einem metallenen Offizierspanzer dar, der am unteren Rand und an den Oberarmen mit schmalen Lederlaschen versehen ist. Außerdem trägt der Römer um den Hals ein gerolltes Tuch sowie auf den Schultern und über dem Panzer runde Scheiben, auf denen wilde Menschen- und Tierfratzen dargestellt sind. Es handelt sich hierbei um Orden für Tapferkeit und besondere Verdienste, die auf einem gitterartigen Gestell befestigt sind. Die Orden sollen Unheil von dem Träger abwehren (Holzhausen 1973, 5 f.).

Um Platz auf dem Stein zu sparen, wurden in Rom für viele Worte standardisierte Abkürzungen benutzt, so daß der größte Teil der Inschrift für heutige Leser vervollständigt werden muß **(M 2, M 3)**. Der Hinweis im Zusammenhang mit den Freigelassenen läßt vermuten, daß Privatus und Thiaminus erst später bei ihrem ehemaligen Herrn beigesetzt worden sind. Die Nennung des Stimmbezirks kann als Hinweis auf das Bürgerrecht der Brüder Marcus und Publius verstanden werden. Die Bezugnahme auf die Varusschlacht kommt ohne Abkürzungen aus, die ersten Buchstaben des Satzes fielen lediglich einer Beschädigung des Steins zum Opfer. Zieht man die Darstellungen römischer Autoren hinzu, so ergibt sich ein disparates Bild der historischen Ereignisse und vor allem der wertenden Einschätzungen sowohl der beteiligten Persönlichkeiten als auch der Folgen für die römische Politik. Im Allgemeinen betonen die römischen Quellen die Bedeutung der verlorenen Schlacht, auch wenn ihre Einschätzung stärker von verletztem Ehrgefühl mitbeeinflußt sein mag (vgl. **M 4, M 7** und **M 8**).

Sueton (um 70–140 n. Chr.) betrachtet die Ereignisse und die daraus erwachsenden Folgen aus der Perspektive des Nachgeborenen, während Velleius Paterculus praktisch Zeitgenosse der Ereignisse gewesen ist. Er war im Jahre 15 n. Chr. nach mehreren anderen Ämtern Prätor, seine „Historia Romana“ ist auf das Jahr 29 n. Chr. datierbar. Tacitus (um 55–120 n. Chr.), Florus (um 70–140 n. Chr.) und Dio Cassius (um 155–235 n. Chr.) berichten wiederum aus der Distanz einer späteren Generation (Böcking 1974, 38). Im Vergleich mit den anderen Quellen ist bei Velleius noch zu berücksichtigen, daß er selbst lange Jahre als Stabsoffizier und Legat (Legionskommandant) in Germanien gedient hat. Er kannte nicht nur Caesar und Tiberius, er durfte auch mit Ehren gekrönt im Triumphzug des letzteren mitziehen. Allerdings darf die Zeitgenossenschaft des Velleius nicht zu einer im Vergleich zu den anderen Darstellungen unkritischen Betrachtung seiner Variante der Geschehnisse führen. Die Familie war über zwei Generationen hinweg den Claudiern treu ergeben, und diese Tradition war auch die Grundlage für Velleius’ Bindung an Tiberius (Giebel 1992, 366 f.). Während Velleius selbst bis zur Elbe gekommen war, kannte Cassius Dio **(M 5, M 11)** Germanien nicht, obwohl er in seiner Erzählung genauere Ortsangaben (Weser, Land der Cherusker) angibt als Velleius (Böcking 1974, 50). Von dem nachgeborenen Sueton ist bekannt, daß er als Kanzleichef Hadrians Zugang zu geheimen Staatsschriften hatte, über die beispielsweise andere Historiker nicht verfügen konnten (Schmitz 1988, 196 f.).

Als die Tacitus-Annalen 1505 in Corvey entdeckt wurden, begannen sehr bald die Spekulationen darüber, wo die Schlacht zwischen Varus und Arminius stattgefunden haben könnte. Dabei spielen die Angaben, die Tacitus beispielsweise in seinem Bericht über das

Auffinden des Schlachtfeldes sechs Jahre nach den Kämpfen gibt, eine Rolle (**M 12**; Böcking 1974, 49–51). Aber die Angaben der antiken Autoren reichen nicht aus, um eine genaue Feststellung des Kampfplatzes vorzunehmen. Velleius Paterculus (**M 4**) läßt zumindest eine zeitliche Einordnung zu, da er eine Beziehung zum pannonischen und dalmatischen Krieg herstellt. Er weist Varus die Schuld für das Debakel zu, weil er die Situation in seiner grundsätzlichen politischen Konzeption falsch eingeschätzt habe. Diese war weniger auf Waffengewalt sondern mehr auf Verwaltungs- und Rechtstätigkeiten ausgerichtet. Daneben erscheint Velleius der römische Statthalter zu sorglos, und er unterstellt ihm grobe Fahrlässigkeit. Die negative Beurteilung gipfelt in der Schilderung, daß Varus sogar die Gegenwehr seiner Soldaten habe bestrafen lassen. Diese Fehleinschätzung ist aber nicht Varus persönlich anzulasten, sondern der römischen Politik. Schon die Wahl eines Statthalters, der offenkundig Verwaltungsfachmann war, deutet einen politischen Denkfehler auf höherer Ebene an (Bengtson 1995, 236 f.; Polenz 1985, 39). Möglicherweise ist die Beurteilung durch Velleius auch deswegen so negativ ausgefallen, weil er selbst als Offizier in Germanien tätig gewesen ist und daher die Vorgänge primär aus soldatischer Sicht beurteilte. Außerdem mag bei ihm als Zeitgenossen der Schock der Niederlage nachhaltiger gewirkt haben als bei den anderen Autoren. Vergleicht man die Schilderung von Cassius Dio (**M 5**) damit, so ergeben sich gewisse Akzentverschiebungen. Auch bei ihm bleibt Varus nicht ohne Schuld, doch wird das betrügerische Vorgehen der Germanen in den Vordergrund gestellt. Die angedeutete Kritik, Varus habe seine Soldaten nicht zusammengehalten, obwohl dies angesichts des Aufenthalts im Feindesland angebracht gewesen wäre, vermag nicht vollständig zu überzeugen. Schließlich gerieten offensichtlich drei vollständige Legionen in den Hinterhalt, so daß auch die Geschlossenheit und Vollständigkeit der Streitmacht nicht als entscheidendes Kriterium dafür akzeptiert werden kann, daß die Schlacht für die Römer verloren ging. Vielmehr gelang es den Germanen durch ihre militärische Strategie der Einschnürung an einem Engpaß, eine Entwicklung der vollständigen militärischen Wirksamkeit der gegnerischen Truppen zu verhindern (Schlüter 1993, 36 f.). Cassius Dio relativiert seine Kritik selbst, wenn er in seiner Schilderung des Kampfverlaufes die von Varus nicht zu verantwortenden natürlichen Widrigkeiten des Geländes und der Wetterlage schildert. Auch die Beschreibung der Schwierigkeiten, die sich aus der Mitführung eines Trosses ergaben, entlasten den verantwortlichen Feldherrn. **M 11** enthält die entsprechenden Passagen aus Cassius Dio in anderer Übersetzung und, verglichen mit **M 5**, in ausführlicherer Form.

Die Schilderung über ein Treffen der Brüder Arminius und Flavus, die Tacitus in seinen Annalen wiedergibt (**M 6**), ermöglicht eine genauere Beurteilung der persönlichen Verhältnisse des germanischen Gegenspielers. Auch wenn die Perspektive aus römischer Sicht, deutlich ablesbar an den geschilderten lateinischen Einflüssen bei Arminius, eine wertende Darstellung vermuten läßt, so wird doch der Konflikt der Germanen zwischen Widerstand und Zusammenarbeit mit den Besatzern deutlich. Der wiedergegebene Dialog hebt die aus heutiger Sicht irrationalen Argumente der militärischen Ehrgewinnung hervor. Sowohl Arminius als auch Flavus betonen den ehrenhaften Charakter ihrer jeweiligen Tätigkeit. Daneben treten auf seiten des Flavus praktische Erwägungen für seine

Familie, während umgekehrt Arminius die Familienbande ins Feld führte, um den Bruder vom Verräterischen seines Handelns zu überzeugen. Der Hinweis auf die ererbte Freiheit sowie die Erwähnung der heimischen Götter zeigt die Spannung, in der ein Germane sich befand, wenn er zur römischen Seite überlief. Der Bruch mit den überkommenen Wertvorstellungen erfaßt somit alle Bereiche seines Denkens. Die emotionale Betroffenheit wird auch mit der Schärfe der Auseinandersetzung der beiden Streitenden demonstriert, die nur durch den Fluß an einem bewaffneten Bruderkampf gehindert werden. Der Hinweis auf Arminius' eigene Dienstzeit in einem römischen Feldlager liefert einen Fingerzeig darauf, warum er in der Lage war, einen erfolgversprechenden Plan gegen die Legionen des Varus auszuarbeiten. Ohne Kenntnisse der militärischen Strategie seiner römischen Gegner hätte er sich möglicherweise auf eine offene Feldschlacht eingelassen, in der die schwerbewaffneten Fußsoldaten die Möglichkeit gehabt hätten, ihre volle Kampfkraft zu entfalten.

Über das weitere Schicksal des Arminius gibt Tacitus etwas später in seinen Annalen Auskunft **(M 7)**. Auch der Sieg über den römertreuen Marbod, der ein germanisches Bündnisangebot mit Zusendung des Varushauptes abgelehnt hatte, indem er den Kopf des römischen Feldherrn nach Rom weitergab, sicherte Arminius keine dauerhafte und unumstrittene Position als Führer aller Stämme. Tacitus bewertet hier die Vorgänge in einer sehr weiträumigen historischen Perspektive, wenn er den Stellenwert der Niederlage vor allem damit begründet, daß Rom in der höchsten Blüte gestanden habe. (Analog bewertet Tacitus auch die Bedeutung des „Pyrrhus-Sieges“ für den Aufstieg Roms, vgl. auch Bengtson 1995, 46–49.)

Ein ähnliches Verfahren wählt Sueton in seiner Augustus-Vita, auch wenn er sich mit seiner Perspektivierung auf den germanischen Raum beschränkt, indem er auf Vorgänge im Jahre 16 v. Chr. anspielt. Die von Caesars Feldzügen geschwächten germanischen Stämme hatten sich soweit wieder erholt, daß sie von der Lippe aus einen großangelegten Vorstoß auf die linksrheinischen Gebiete vornehmen konnten. Marcus Lollius, Statthalter der „Belgica comata“ (östliches Gallien) wurde dabei mit der fünften Legion in die Flucht geschlagen. Als Folge davon entwickelte Kaiser Augustus dann den Plan, Germanien bis zur Elbe hin zu erobern, um eine Grenze von der Nordsee bis zum Donauknie herzustellen. Augustus ging selbst in die angegriffene Provinz, und die Feldzüge sowohl des Tiberius als auch des Drusus nahmen von dieser Konzeption ihren Ausgang, so daß auch die Varusschlacht indirekt damit in Verbindung steht (Böcking 1974, 16; Mommsen VI, 1984, 33; Bengtson 1995, 235). Sueton bringt die militärischen Rückschläge allerdings nur ins Spiel, um die beiden einzigen Niederlagen des Augustus zu nennen. Die anschauliche Schilderung der Reaktion des römischen Kaisers enthält nicht nur die bekanntgewordene Aufforderung an den toten Varus, Augustus die Legionen zurückzugeben, sondern zeigt die Wirkung der Vorgänge in Germanien auf dreierlei Weise: Die Aufstellung der Wachen und die Verlängerung der Befehle für die Provinzstatthalter zielt auf eine Beruhigung der innenpolitischen Lage des Reiches. Das Versprechen, Spiele zu Ehren Jupiters durchzuführen, ist ein Hinweis auf die religiöse Dimension im Denken des römischen Herrschers. Die geschilderte Vernachlässigung seiner äußeren Erscheinung deutet die persönliche Betroffenheit von Augustus an.

Der kurze Auszug aus Suetons „Tiberius“ **(M 9)** ermöglicht eine Einordnung der Ereignisse in Germanien in den unmittelbaren historischen Kontext. Die Konflikte in Illyricum und Pannonia verhinderten, daß Tiberius in Germanien Marbod militärisch besiegen konnte. Kurz vor einem Aufeinandertreffen der Streitmächte mußte Tiberius umdisponieren und zunächst den süd-ost-europäischen Raum unterwerfen. Die Verhältnisse in Germanien wurden auf diplomatischem Weg gelöst (Friedensvertrag mit Marbod), und Varus löste Tiberius ab. Das Zitat des Florus **(M 10)** enthält wieder eine sehr grundsätzliche, in großen Maßstäben beurteilende Einschätzung der Varusschlacht. Es spielt auf die Entscheidung des Tiberius an, Germanicus mit seinen Vorstößen bis zur Elbe hin zurückzurufen und auf eine weitere Expansion in Germanien zu verzichten. Im Zusammenhang mit diesen Vorstößen betrat Germanicus sechs Jahre nach dem Kampfgeschehen eine der Hauptkampfstätten der Varusschlacht, wovon Tacitus in seinen Annalen berichtet **(M 12)**. Abgesehen von der auch aus der historischen Distanz abschreckenden Beschreibung des Anblicks, der sich Germanicus und seinem Heer bot, enthält die Schilderung einen Hinweis auf Marcus Caelius. Da er Centurio ersten Ranges in der achtzehnten Legion war, müßte er eigentlich zu den Unglücklichen gehört haben, die nach Tacitus' Beschreibung auf den Altären der Germanen den Tod gefunden hatten.

Ziele des Unterrichts

Mittels der Integrationsmethode sollen die Schüler veranlaßt werden, Zusammenhänge zwischen unterschiedlichen Quellen herzustellen. Dieses Verfahren wird notwendig, da die Ausgangsquelle für sich allein keine hinreichenden Informationen für eine historische Einordnung enthält. Sie gibt allerdings für die Zuordnung eine wichtige Information, die sie mit weiteren Quellen verbindet, nämlich die Angabe, daß Marcus Caelius im Krieg des Varus gefallen sei. Damit können die Schüler eine Fragestellung herleiten, unter der sie die weiteren Quellen betrachten und in ein Gesamtbild integrieren können. Der Vorteil liegt bei diesem Beispiel darin, daß die Schüler einerseits das Vorgehen der Archäologen und Historiker an einem Modellfall selbst erarbeiten können, andererseits die Perspektivierung von einem anschaulichen Sachüberrest ausgeht und sich auf organische Weise ergibt. Das Einzelschicksal des Centurios Marcus Caelius fungiert dabei als Paradigma für römische Legionäre, die fern der Heimat auf den zahllosen Feldzügen der römischen Expansionspolitik den Tod im Dienste eines Feldherrn gefunden haben. Der Gegenspieler des Varus steht als Exempel für den Germanentyp, der sich selbst trotz seiner Ablehnung römischer Herrschaft nicht dem römischen Einfluß entziehen kann.

Die Schüler werden mit Überresten römischer Geschichte häufig in Gestalt von Grabsteinen und Inschriften konfrontiert; als exemplarisches Beispiel für die Alltagsgeschichte sowie deren Bedeutung können die Schüler an diesem Beispiel die historischen Hintergründe detailliert erarbeiten; dabei läßt sich besonders gut einsichtig machen, daß Geschichte ein Konstrukt ist, das erst durch die Beschäftigung mit dem jeweiligen Gegenstand entsteht. Außerdem lassen sich den Schülern methodische Fähigkeiten vermitteln, die eine gezielte Auswertung weitgefaßten Materials von ihnen verlangt. Die unterschiedlichen und z. T. stark wertenden Urteile aus den zugrundegelegten Quellen machen eine eigene Auseinandersetzung unumgänglich, an deren Ende die Entscheidung darüber begründet werden muß, welcher Version und Wertung der Ereignisse man Glauben schenken will.

II. Methodenkonzept für den Unterricht

Begründung der Methodenwahl

Grzesik weißt darauf hin, daß die Grenzziehung zwischen Textimmanenz und -transzendenz als äußerliche Entscheidung für die eigentlichen Denkprozesse unbrauchbar ist. Dem Außenverhältnis von Texten kann nur eine Methode gerecht werden, die über Zusammenhänge zwischen Textsinn und außertextlicher Information sowie die beim Zusammenbringen derselben erforderlichen Denkoperationen aufklärt. Als Konsequenz dieser Betrachtung verwirft Grzesik sowohl die Aneinanderreihung isolierter Textbetrachtungen als auch die Instrumentalisierung von Texten als Informationsquellen für Sachfragen (Grzesik 1990, 347). Das hier vorgestellte Unterrichtsmodell vermeidet m. E. die kritisierten methodischen Unzulänglichkeiten. Durch die sich aus dem Sachüberrest ergebende Perspektive werden die Texte organisch miteinander verbunden. Die Gegenüberstellung verschiedener, auch für Schüler deutlich ablesbarer subjektiver Perspektiven erzwingt die Herstellung von Bezügen zwischen den Materialien. Bereits die Informationen des Grabsteins zu Beginn der Bearbeitung des Themas sind auch für Schüler der Sekundarstufe I zu unvollständig, als daß sie sich damit zufrieden geben könnten. Auch die Hinzuziehung der vervollständigten lateinischen Inschrift sowie der Übersetzung geben keinen weiteren Aufschluß über den eigentlichen historischen Zusammenhang, sondern präzisieren nur die Fragestellungen, durch die sich die anderen Materialien mit dem Sachüberrest verbinden lassen. Erst die Integration der Quellen von zumindest Velleius Paterculus und Cassius Dio klärt den historischen Sachverhalt, allerdings unter Erzeugung einer kognitiven Dissonanz, weil beide Texte eine unterschiedliche Interpretation der Ereignisse liefern. Ausgehend von diesen Widersprüchen ergeben sich die weiteren Fragestellungen, die beispielsweise auf eine Beurteilung der Bedeutung der Niederlage oder der an den Ereignissen beteiligten Personen abzielen. Grzesik beschreibt als ein Methodenziel die Möglichkeit, eine Transformation in den Modus der Leseabsicht vorzunehmen, eine Variante, die mit der weiteren Arbeit an der Varusschlacht möglich wird. Als ein Beispiel nennt er die Überprüfung des Wahrheitsgehaltes einer Geschichtsquelle. Diese Absicht verbindet die hier präsentierten Materialien, die sich unter- und gegeneinander in Denkoperationen verbinden lassen. Die bei den Textuntersuchungen gewonnenen Informationen sind dabei in zwei Richtungen verwendbar: einerseits können sie auf den Ausgangstext bezogen werden (Caelius starb durch eine Fehlentscheidung seines Feldherrn Varus), andererseits können sie auf die zusätzliche Erkenntnisquelle projiziert werden (Velleius Paterculus gibt Varus ungerechterweise die Alleinschuld für die Niederlage). Das zweite Ziel dieser Methode – Textsinn für den größeren Zusammenhang zu erschließen – bleibt dabei unberührt, so daß am Ende ein Kontextmodell entsteht (Grzesik 1990, 347 f.).

Verlaufsstruktur

1. Einstieg und sukzessive Entwicklung des Erkenntnisinteresses

Der Schüler wird mit der Abbildung eines römischen Grabsteins **(M 1)** konfrontiert, der für ihn zunächst in seiner Bedeutung nicht einzuschätzen ist. Der für heutige Verhältnisse hohe Grad an Verzierungen erinnert eher an ein Denkmal als an einen Grabstein.

Es sollte zunächst mit einer Bildbeschreibung begonnen werden, damit die Betrachtung mit der nötigen Intensität vorgenommen wird.

Im Sinne einer steigenden Progression folgt dann eine Phase, in der die Schüler aufgefordert werden, dem Beobachteten einen sinnvollen Rahmen zu geben. Die erkennbaren Rüstungsteile, das deutliche Hervortreten des mittleren Mannes vor den beiden anderen Dargestellten sowie die unterschiedliche Genauigkeit in der Darstellungsweise lassen dabei auch Hypothesen zu, die den Stein für das Denkmal zu Ehren eines besonders tapferen oder verdienten Soldaten, vielleicht sogar Feldherrn, halten. Die Uniform sowie die erkennbaren Schriftzeichen weisen den Stein als Relikt aus der Römerzeit aus.

Je nach Kenntnisstand der Lerngruppe ergeben sich unterschiedliche Anschlußmöglichkeiten: Schüler mit Lateinkenntnissen werden mit ihren Hypothesen natürlich der Wahrheit näherkommen als Lerngruppen, bei denen Römer nur über die Lektüre von „Asterix“-Heften bekannt sind. Erstere werden möglicherweise ohne weitere Informationen den Hinweis auf den Krieg des Varus entschlüsseln können.

Aber auch Schüler mit profunden Lateinkenntnissen werden die Inschriften wegen der verwendeten Abkürzungen nicht vollständig lesen können, so daß die Eingabe der vervollständigten Inschrift **(M 2)**, ggf. bereits mit der Übersetzung **(M 3)** ein sich organisch anschließender Unterrichtsschritt ist. Die Entschlüsselung des Hinweises auf die Varusschlacht ist spätestens nach der Eingabe dieser Informationen für jede Lerngruppe möglich. Auf entsprechende Rückfragen der Schüler über beispielsweise die Orden oder die Freigelassenen müßten vom Lehrer zusätzliche Informationen gegeben werden. Damit das Ziel nicht aus den Augen verloren wird, sollte aber eine Beschränkung auf die notwendigen Informationen durchgehalten werden.

Es ergeben sich an dieser Stelle weitere Anknüpfungsmöglichkeiten an die Vorkenntnisse aus Museumsbesuchen, bei denen die Schüler bereits römische Steinüberreste gesehen haben, vielleicht ist auch das Lied „Als die Römer frech geworden...“ oder der Ausspruch des Augustus über die verlorengegangenen Legionen bekannt. Aber auch hier besteht die Gefahr, daß die Zielgerichtetheit durch weitschweifige Schülerberichte über Erfahrungen oder Kenntnisse hinsichtlich der Römerzeit verwischt wird.

Anknüpfend an die spärlichen Informationen des Steins wird in einer Problematisierungsphase das Fragmentarische der bisher gewonnenen Kenntnisse zu verdeutlichen sein, damit sich daraus die Perspektive für die weiteren Unterrichtsschritte ergibt.

2. Nutzung externer Informationen. Ereignis und Wertung

Es ergeben sich zwei Möglichkeiten des Anschlusses. Entweder erfolgt die Eingabe der Quellen von Velleius Paterculus und Cassius Dio nacheinander oder es wird durch eine Änderung der Sozialform (Gruppenarbeit) eine parallele Eingabe möglich. Der Vorteil der zweiten Vorgehensweise liegt nicht nur darin, daß die Schüler der jeweils anderen Gruppe den Inhalt ihres Textes vorstellen müssen, sondern daß sich die unterschiedlichen Perspektiven und die daraus resultierende unterschiedliche Bewertung des Geschehens auf die Lerngruppe übertragen. Beide Faktoren können eine intensivere Auseinandersetzung mit den eingegebenen Materialien initiieren.

Der Bearbeitungsauftrag könnte auch mit der Anweisung verbunden werden, die wesentlichen Aussagen in Stichworten festzuhalten. Damit könnte der Gefahr vorgebeugt werden, daß die Schüler zwar ihren eigenen Text kennen, aber das Ergebnis der jeweils anderen Gruppe nicht mit der gewünschten Intensität wahrnehmen.

Am Ende könnte dabei ein Tafelbild stehen, das durch die optische Präsentation alle Schüler auf einen gemeinsamen Kenntnisstand bringt. Ein Tafelanschrieb auf der Basis von **M 4** und **M 11** könnte etwa folgendermaßen aussehen:

Tafelanschrieb:

Velleius Paterculus	Cassius Dio
– <u>Zeit:</u> pannonischer u. dalmatischer Krieg	– <u>Zeit:</u> Statthalterschaft des Varus in Germanien
– <u>Ereignis:</u> Tod des Varus sowie von drei Legionen, Reitergeschwader u. sechs Kohorten	– <u>Ereignis:</u> Hinterhalt der Germanen, Unwetter, Behinderung durch den Troß; Selbstmord des Feldherrn aus Verzweiflung, Selbstmord und Selbstaufgabe des Heeres in auswegloser Lage
– <u>Varus:</u> milder Charakter; aus bekannter, weniger vornehmer Familie; sorgloser Feldherr, der Warnungen keinen Glauben schenkt	– <u>Varus:</u> ahnungslos, vertraut den Germanen;
– <u>Arminius:</u> vornehme Abkunft; tapfer; rasche Auffassungsgabe; geniale Klugheit	– <u>Arminius:</u> täuscht die Römer, führt seine Männer in Überzahl und zum Beutemachen gegen die Römer
=> Stumpfheit des Feldherrn + geniale Klugheit des Barbaren: Täuschung gelingt => Katastrophe für das beste Heer	=> Täuschungsmanöver + schlechtes Wetter + Behinderung durch den eigenen Troß: Tod ohne Fluchtmöglichkeit

Ausgehend von der Fixierung der wesentlichen Quellenaussagen könnte dann eine erste Wertung erfolgen. Das Ziel der Reflektionen ist dabei auf die Feststellung der thematischen Schwerpunkte der Texte gerichtet, um so zu einer weitergehenden Perspektivierung des weiteren Vorgehens zu kommen. Diese Festlegung von Schwerpunkten ist aus Gründen der Übersichtlichkeit bereits im oben abgedruckten Tafelbildvorschlag enthalten. Sie könnte im Anschluß an die Vorstellung der Analyseergebnisse durch die Schüler erfolgen.

3. Problematisierung und Bewertung

Als Abschluß dieser „Minimallösung" zur Varusschlacht stände eine Problematisierungsphase, deren Ziel die Feststellung der Subjektivität der Quellen ist. Diese Quellenkritik sollte in einem eigenen abgesetzten Unterrichtsschritt erfolgen, damit die Lerngruppe erkennt, daß sich ihr Erkenntnisziel und damit einhergehend ihre Fragestellung verändert hat. Es bietet sich an, die wesentlichen Ergebnisse in einem eigenen Tafelanschrieb festzuhalten, um die Ereignisse zu dokumentieren und den selbständigen Charakter dieser Überlegungen einsichtig zu machen. Obwohl es sich um Übersetzungen handelt, könnten in einem weiteren Schritt die Wertungen beider Texte aufgestellt werden, da sie sich am lateinischen Original orientieren, darüber hinaus durch den Gesamtkontext bestätigt werden:

Tafelbild zur Quellenkritik:

Meinung von Velleius Paterculus	Meinung von Cassius Dio
Varus => an Körper und Geist wenig regsam; ans Nichtstun gewöhnt; Stumpfheit des Führers	Varus => denkt an nichts Schlimmes; verübt als Verwundeter Selbstmord
Germanen => führten zum Schein Rechtshändel; Tücke des Feindes	Germanen => verleiten Varus zum Glauben, er sei in befreundetem Land; geben vor, die Bundesgenossen zu holen; metzeln alles ohne Scheu nieder
Ereignis => furchtbare Katastrophe	Ereignis: --

In der Abschlußbewertung sollte nicht nur der subjektive Blickwinkel der römischen Autoren zur Sprache kommen, sondern auch ein Rückbezug auf den Grabstein des Marcus Caelius stattfinden. Durch Lehrerinformationen über die Ausrichtung der römischen Chronisten auf die Amtszeiten der Kaiser (als Beispiel: **M 9**) sowie längerfristige Abläufe wie ihn z. B. der pannonische Aufstand darstellt könnte eine genauere Datierung des Steins vorgenommen werden.

Am Ende der Überlegungen sollte eine reflektierte multiperspektivische Sichtweise der Ereignisse von den Schülern für ihre eigene Meinung favorisiert werden. Dabei kann die instinktive Ablehnung hilfreich sein, die die Charakterisierung der Germanen durch die

Römer als Barbaren auslöst. Diese Kennzeichnung, auch wenn sie noch nicht mit der heutigen negativen Semantik versehen war, könnte ein hilfreicher Ansatzpunkt sein, um die Subjektivität der Quellen zu erarbeiten. Da die römischen Quellen in dieser Wertung gemeinsam eine deutliche Meinung demonstrieren, ist die Frage nach individuellen Schwerpunktsetzungen und einer tendenziösen Berichterstattung naheliegend.

III. Erweiterungs- und Vertiefungsmöglichkeiten

Ausgehend von den Strukturierungen der Quellenauswertungen zu Velleius Paterculus und Cassius Dio kommen weitere Möglichkeiten der Unterrichtsgestaltung und der weitergehenden Auseinandersetzung in den Blick.

Die alternative Eingabe einer anderen Übersetzung eines Auszuges der Schilderung, die Cassius Dio von den Ereignissen **(M 5)** gibt, könnte zur grundsätzlichen Auseinandersetzung mit der Übersetzungsproblematik benutzt werden. Überlegungen in diese Richtung korrespondieren mit den Schwierigkeiten, die abgekürzte Inschrift des Grabsteins lesen zu können. An diesem Beispiel könnte mustergültig die Frage diskutiert werden, wie heute überhaupt Aussagen über historische Epochen möglich sind, die zeitlich eine vergleichsweise große Distanz zur Schülerwirklichkeit haben.

Die zwielichtige Charakterisierung des Cheruskerfürsten Arminius eröffnet die Möglichkeit, sich mit seiner Bedeutung und Bewertung auseinanderzusetzen. Die von Tacitus überlieferte Schilderung eines Treffens mit seinem Bruder **(M 6)** läßt sich einerseits heranziehen, um die römische Perspektive der Germanen unter die Lupe zu nehmen. Andererseits läßt sich der Textauszug verwenden, um – weit über die eigentliche Charakterisierung eines germanischen Anführers hinausgehend – die Problematik aufeinandertreffender Kulturen zu problematisieren. Dieses Beispiel zeigt eindrucksvoll, wie die Veränderung der kulturellen Zugehörigkeit eine Familie in zwei feindliche Lager spaltet und mit welcher Schärfe die Auseinandersetzung geführt wird.

Umgekehrt böte sich auch an, nach der römischen Identität zu fragen. Vordergründig könnte die Einschätzung der Bedeutung der Niederlage am Anfang dieses Schwerpunktes stehen. Damit könnte der Zusammenhang eines Einzelereignisses mit den großen Linien der Politik angerissen werden. Über die von Tacitus (**M 7**: „Pyrrhus"), Sueton (**M 8**: „Lollius") und Florus **(M 10)** ins Spiel gebrachten Langzeitbetrachtungen wäre hier auch ein Einstieg in den Problemkreis „Selbststilisierung eines Weltreiches" o. ä. möglich. Die knappe Stellungnahme des Florus könnte als stummer Impuls benutzt werden, um die Schüler zu einer eigenständigen Wertung der Varusschlacht zu veranlassen.

Der Bericht von Tacitus über den Besuch des Germanicus auf dem Schlachtfeld sechs Jahre nach der Niederlage läßt sich für die beiden zuletzt genannten thematischen Fortführungen heranziehen. Die Beschreibungen der offenkundig schon für die römischen Legionäre abstoßenden Funde wirft ein weiteres Licht auf die Gestalt des Arminius und zeigt ihn in der Machtstellung, aber auch in der Verantwortung eines Feldherrn. Die römische Selbstsicht kommt mit der Betonung menschlichen Leidens und der nicht mehr auszumachenden, aber auch gegenstandlos werdenden Zugehörigkeit der Opfer zu den jeweils gegnerischen Seiten deutlich zum Ausdruck. Die Beschreibung des Martertodes der Centurionen bietet die Möglichkeit, das in der Geschichte fast alltägliche Schicksal des Marcus Caelius zumindest ein Stück aus der Anonymität herauszuholen.

Eine gut als Abschlußimpuls zu verwendende karikierende Postkarte von A. Thiele aus dem Jahr 1929 (**M 13**: Entdecken und Verstehen I, 1993, 90) stellt die Römer als ahnungslose, etwas hochnäsige Soldaten mit preußischem Einschlag dar, die unter Musik durch einen Wald in Richtung Teutoburger Wald ziehen. Grinsende Germanen beobachten sie hinter Bäumen versteckt. Damit läßt sich die Instrumentalisierung historischer Sachverhalte problematisieren.

IV. Literaturhinweise für die Unterrichtsvorbereitung

1. Quellen

Bilderbogen aus dem RLMB (Rheinisches Landesmuseum Bonn): 2 – Die Römer am Rhein. Bonn o. J.

Lautemann/Schlenke (Hrsg.): Geschichte in Quellen. Bd. 1: Altertum. Bearb. v. W. Arend. 2. Aufl. München 1975.

Entdecken und Verstehen. Bd. 1: Von der Urgeschichte bis zum Beginn der Neuzeit. Hrsg. v. H.-G. Oomen. Berlin 1. Aufl. 1993

Tacitus, Annalen I–IV. Übersetzung, Einleitung und Anmerkungen von Walther Sontheimer. Stuttgart 1964 (Reclam 2457)

C. Suetonius Tranquillus: Augustus. Übersetzt und herausgegeben von Dietmar Schmitz. Stuttgart 1988 (Reclam 6693)

Das Mittelalter. Materialien für den Geschichtsunterricht. Bd. 3. Begr. v. Wolfgang Kleinknecht u. Herbert Krieger. Hrsg. v. Herbert Krieger. Frankfurt/M. 4. Aufl. 1972

Velleius Paterculus: Historia Romana. Römische Geschichte (Lateinisch/Deutsch). Übersetzt und hrsg. v. Marion Giebel. Stuttgart 1992 (Reclam 8566)

2. Sekundärliteratur

Bengtson, Hermann: Römische Geschichte. Republik und Kaiserzeit bis 284 n. Chr. (Sonderausgabe: Vollständiger Text ohne Anmerkungen und Literaturverzeichnis) München 7. Aufl. 1995

Böcking, Werner: Die Römer am Niederrhein und in Norddeutschland. Ludwigsburg 1974

Brandt, Ahasver von: Werkzeug des Historikers. Stuttgart, u. a. (Kohlhammer, Urban-TB Bd. 33) 9. Aufl. 1989

Dahlheim, Werner: Geschichte der römischen Kaiserzeit. (Oldenburg: Grundriß der Geschichte Bd. 3) München 1989

Dahlheim, Werner: Die griechisch-römische Antike. Bd. 2: Rom. Stadt und Imperium: Die Geschichte Roms und seines Weltreichs. (UTB 1647) Paderborn 1992

Giebel, Marion: siehe Velleius Paterculus

Hilgers, Werner: Stichwort „Rheinisches Landesmuseum Bonn“ in: Die Römer in Nordrhein-Westfalen. Hrsg. v. Heinz Günter Horn. Archäologischer Teil. Stuttgart 1987

Holzhausen, Hansjürgen: Rheinisches Landesmuseum Bonn – Wir entdecken die Römer. (Katalog zur Aktion „Ferien im Museum“) Bonn 1973

Kunow, Jürgen: Die Militärgeschichte Niedergermaniens. In: Die Römer in Nordrhein-Westfalen. Hrsg. v. Günter Horn. Stuttgart 1987. S. 27–109

Mommsen, Theodor: Römische Geschichte. Vollständige Ausgabe in acht Bänden (dtv). München 3. Aufl. 1984

Müller, Wolfgang: Als die Römer frech geworden ... – ein Lied und ein Denkmal erinnern an die Schlacht im Teutoburger Wald (9 n. Chr.). In: Spurensuche Geschichte Bd. 1. Von der Vorgeschichte zum Frühmittelalter. Hrsg. von P. Knoch. 1. Aufl. 1990. S. 79–81

Rost, Achim/Wilbers-Rost, Susanne: Der Ort der Varusschlacht. In: Geschichte Lernen. Heft 29 (IX 1992) S. 4–6

Schlüter, Wolfgang: Archäologische Zeugnisse zur Varusschlacht? Die Untersuchungen in der Kalkrieser-Niederwedder Senke bei Osnabrück. Mit Beiträgen von Frank Berger u. a. Sonderdruck aus Germania 70, 2. Halbband. Frankfurt, Mainz 1992. S. 307–329

Schlüter, Wolfgang: Die archäologischen Untersuchungen in der Kalkrieser-Niederwedder Senke. In: Kalkriese – Römer im Osnabrücker Land. Archäologische Untersuchungen zur Varusschlacht. Im Auftrag des Landschaftsverbandes Osnabrück e. V. hrsg v. Wolfgang Schlüter. Osnabrück, Bramsche 2. Aufl. 1993. S. 13–15

Wahle, Ernst: Ur- und Frühgeschichte im mitteleuropäischen Raum. Gebhardt: Handbuch der deutschen Geschichte (dtv) Bd. 1. Hrsg. v. Herbert Grundmann. 9. Aufl. Stuttgart 1970

4 Der Koran

Vorstellungs- und Urteilsschulung

Inhalt des Kapitels

Verzeichnis der Materialien zu diesem Kapitel

I. Didaktisch-methodischer Kommentar

Historischer Kontext

Der Koran gilt als direkt von Allah – Gott – in arabischer, d. h. der heiligen Sprache herabgesandtes Buch, dessen Worte sich dem Propheten Mohammed (um 570–632) offenbarten. Die Offenbarungen wurden nicht von ihm verfaßt, sondern von ihm weitergegeben. Für den Muslimen sind sie Worte Gottes, die die abschließende und alles umfassende Wahrheit beinhalten. Mohammeds Anhänger lernten seine Offenbarungen auswendig und schrieben sie auf. Eine Zusammenstellung erfolgte erst nach Mohammeds Tod, eine allgemein akzeptierte Fassung wurde unter dem Kalifen Othman (644–656) geschaffen. Der Glaube, daß der Koran Gottes Wort sei, schließt für Muslims die Übersetzung in eine andere Sprache grundsätzlich aus. Eine Ausnahme bildet die türkische Übersetzung von 1924. Die arabische Sprache gewann auf diese Weise eine große Bedeutung, sie verbindet alle Völker, die den islamischen Glauben annahmen. Gleiches gilt für die arabische Schrift.

Themenspezifische Voraussetzungen

Grundkenntnisse über die Entstehung des Christentums und die Kennzeichen des christlichen Glaubens gehören zu den wesentlichen Voraussetzungen. Die Herausbildung des christlichen Abendlandes im Übergang von Spätantike zum Mittelalter könnte den größeren Zusammenhang für die Beschäftigung mit dem Koran bilden, da die Begründung der islamischen Religion aus abendländischer Sicht in die Zeit des frühen Mittelalters fällt. Im Zusammenhang mit der Bedeutung des Christentums für die Menschen des Mittelalters ergäbe sich in der religiösen Durchdringung aller Lebensbereiche eine wesentliche Parallele zwischen den beiden Kulturen. Diese Parallelität erstreckt sich in der Zeit des Mittelalters auch auf den Bereich der Politik, da Herrschaft religiös legitimiert wurde. Die Religion diente darüber hinaus sowohl bei der Ausbreitung des islamischen Reiches als auch bei der territorialen Ausdehnung der Herrschaftsgebiete christlich-mittelalterlicher Monarchen als Motiv und Rechtfertigung. In der Gegenwart resultieren die Probleme islamischer Staaten aus den Versuchen, in einer weitgehend säkularen Welt die religiöse Orientierung in Staat und Gesellschaft zu konservieren oder wieder neu zu begründen. Die Wandlungsprozesse von der religiösen zur weltlichen Ausrichtung vollzogen sich im Abendland ab dem Zeitalter der Aufklärung.

Da ein Vergleich der Größe des islamischen Herrschaftsbereiches mit dem Perserreich Alexanders und dem Römischen Weltreich vorgenommen wird, müßte beides im Unterricht bereits behandelt worden sein.

Sachlicher Gehalt der Quelle

Die sieben Suren (Kapitel) **(M 1)** sind exemplarisch ausgewählt, da wegen seines Umfangs nicht der gesamte Koran Gegenstand des Unterrichts sein kann. Sie belegen die fünf bindenden Vorschriften für den gläubigen Moslem: Glaubensbekenntnis, fünfmaliges tägliches Gebet, Fasten im Ramadan (dem Monat der Herabsendung des Koran), Almosengabe und Pilgerfahrt nach Mekka. Sie gelten als die fünf Säulen des Islam. Zudem dient eine Koranstelle als Beleg für die Auswirkung der Religion auf die Lebensordnung, eine weitere beinhaltet das politische Ordnungsprinzip.

1. Glaubensbekenntnis: **„Allah – Es gibt keinen Gott außer ihm, dem Lebendigen, dem Ewigen. (Sure 3,1) Und Mohammed ist der Gesandte Allahs."**

Diese Formel stellt das Bekenntis zu dem einen Gott dar und ist Ausdruck des monotheistischen Glaubens, zu dessen Verkünder Mohammed wurde. Dieses Bekenntnis unterstreicht seine Stellung in dieser Religion. Die Bekenntnisformel dient, vor Zeugen gesprochen, als Übertrittsformel zum Islam. Eine Taufe oder einen ähnlichen Ritus gibt es nicht. Dies machte eine Konvertierung auch bei den unterworfenen Völkern einfach und erleichterte die weite Verbreitung des Islam. Der Monotheismus löst den Polytheismus der arabischen Stämme in vorislamischer Zeit ab.

2. Fünfmaliges Gebet: **„Das Gebet ist für die Gläubigen eine Vorschrift, die für ganz bestimmte Zeiten festgesetzt ist." (4. Sure, 104 gekürzt)** Der Islam legt fünfmaliges Beten (vor Tagesanbruch, nach Mittag, am Spätnachmittag, nach Sonnenuntergang, am späten Abend) fest. Der Betende steht aufrecht in Richtung Mekka, verneigt sich und berührt dann kniend mit der Stirn den Boden. Diese Gebete greifen in den Alltag der Gläubigen stärker ein als beispielsweise der einmalige Besuch eines Gottesdienstes der Christen.

Ergänzt wird dieser Satz durch folgende Textstelle: **„O ihr, die ihr glaubt, wenn ihr hintretet zum Gebet, so waschet euer Gesicht und eure Hände bis zu den Ellbogen und wischet eure Häupter und eure Füße bis zu den Knöcheln ab." (5. Sure, 8)** Dieser Ritus betont die Reinheit; Wasser nimmt im Islam eine große Bedeutung ein (vgl. z. B. das Vorhandensein von Brunnen und Wassergräben in Moscheen), auch das Paradies wird als fruchtbar und wasserreich gepriesen. Diese Wertschätzung ergibt sich aus dem klimatischen Zustand der Länder, in denen der Islam seinen Ursprung hat. Er ist gekennzeichnet durch Wüste, Wasserarmut, spärlichen Pflanzenbewuchs. Medina, die zweite Wirkungsstätte Mohammeds, war eine Oasensiedlung.

3. Fasten im Monat Ramadan: **„In der Nacht des Fastens esset und trinket, bis ihr einen weißen Faden von einem schwarzen Faden in der Morgenröte unterscheidet. Alsdann haltet streng das Fasten bis zur Nacht." (2. Sure, 183, gekürzt)** Das Fasten bedeutet eine asketische Übung der Buße wie bei Juden und Christen, zudem ein Bekenntnis zum Islam, das zur gleichen Zeit alle Muslime auf der ganzen Welt miteinander verbindet. Im Monat Ramadan (dem 9. Monat im islamischen Kalender) sandte Allah Mohammed die Offenbarung. Daran erinnert das Fasten. In der Nacht kann eine Mahl-

zeit eingenommen werden. Die Festlegung des Beginns des Fastens mit Hilfe eines Fadens erlaubt ohne Schwierigkeiten überall die Feststellung des richtigen Zeitpunkts. Da der islamische Kalender auf dem Mondjahr basiert – die Zeit zwischen zwei Neumonden ist ein Monat, der abwechselnd 29 oder 30 Tage haben kann –, fällt der Ramadan in verschiedene Jahreszeiten des Sonnenkalenders, was die Länge des Fastentages und damit auch die Härte der Askese bestimmt.

4. Almosengabe: **„Die Almosen sind nur für die Armen und Bedürftigen und die, welche sich um sie bemühen, und die, deren Herzen gewonnen sind, und für die Gefangenen und die Schuldner und den Weg Allahs ... Das ist eine Vorschrift von Allah.“ (9. Sure, 60)**

Neben der freiwilligen Wohltätigkeit des einzelnen Gläubigen bestimmt der Koran eine pflichtmäßige Almosen-Steuer für die Bedürfnisse der Gemeinde. Die Empfänger der Almosen sind genau festgelegt: Arme und Bedürftige, die Verwalter der Almosenabgaben, Neubekehrte („die, deren Herzen gewonnen sind“), Sklaven, die sich von ihren Herren loskaufen wollen („Gefangene und die Schuldner“), und die Pilger. Im Islam konnte, anders als z. B. im Römischen Weltreich, Sklaverei mit Hilfe der Gemeinde beendet werden.

Die Höhe der Abgaben betrug etwa fünf bis zehn Prozent der Ernteerträge. Die Steuer wurde von den Muslims entrichtet, während Andersgläubige in den unterworfenen Gebieten eine Grund- und Kopfsteuer entrichten mußten, die höher war. Die Almosenabgabe kann daher als eine Art Sozialleistung angesehen werden.

5. Die Pilgerfahrt nach Mekka: **„Und verkündige den Menschen die Pilgerfahrt. Laß sie zu dir kommen zu Fuß und auf allen schlanken Kamelen, ankommend aus allen tiefen Talwegen.“ (22. Sure, 28)**

Mekka ist als Geburtsort Mohammeds und Ort seiner Offenbarungserfahrung heilige Stätte der Moslems. Die Kaaba war in vorislamischer Zeit ein Stammesheiligtum, das von Mohammed umgedeutet wurde.

6. Eine Sure soll über die Lebensregeln des Islam Auskunft geben. **„Für die, welche schwören, sich von ihren Weibern zu trennen, seien vier Monate Wartezeit festgesetzt. Geben sie dann ihr Vorhaben auf, siehe, so ist Allah verzeihend und barmherzig.“ (2. Sure, 226)** Ergänzt wird diese Regel durch folgende Stelle: **„Und den Geschiedenen sei eine Versorgung nach Billigkeit festgesetzt; dies ist eine Pflicht für die Gottesfürchtigen.“ (2. Sure, 242)**

Obwohl im Islam dem Mann eine Vorrangstellung eingeräumt wird, bedeutet diese Verpflichtung zur Versorgung einer geschiedenen Ehefrau einen Fortschritt gegenüber vorislamischer Zeit. Der „Frauenüberschuß“ in der damaligen Zeit, bedingt durch Kriegführung und damit einhergehende Verluste, garantierte einer Frau nicht unbedingt eine Ehe und damit eine Versorgung.

7. Auch die politische und rechtliche Ordnung wird in ihren Grundzügen vom Koran geregelt: **„O ihr, die ihr glaubt, gehorchet Allah und gehorchet dem Gesandten und**

denen, die Befehl unter euch haben. Und so ihr in etwas uneins seid, so bringet es vor Allah und den Gesandten, so ihr an Allah glaubt und an den Jüngsten Tag. Dies ist die beste und die schönste Auslegung.“ (4. Sure, 62)

Die Autorität im Staat wird dem Vorsteher der Gemeinschaft von Gott verliehen, der Gläubige muß ihm genauso gehorchen wie Allah und dem Propheten. Die islamische Regierungsform stellte eine Theokratie dar. Als Regierungschef fungierte der Kalif, der als Nachfolger Mohammeds Stellvertreter Gottes war. Eine Ergebenheit des Moslem in die staatliche Hierarchie und in seine Untertanenrolle wurde durch den Koran vorbestimmt.

Koransuren wurden als Quelle herangezogen, da sie zu Lebzeiten Mohammeds aufgezeichnet und gesammelt worden sind. Der Inhalt der Textstellen gibt Auskunft über die historische Situation seiner Entstehungszeit.

Ziele des Unterrichts

Die historische Perspektive in der Beschäftigung mit den religiösen Grundsätzen des Islam im Geschichtsunterricht ergibt sich daraus, daß in dieser Religion der geistliche und der weltliche Bereich untrennbar miteinander verknüpft sind. Mohammed begründete nicht nur eine Weltreligion, deren Gläubigenzahl heute etwa auf eine Milliarde Menschen geschätzt wird (zum Vergleich: ca. 944 Mio. gehören der römisch-katholischen Kirche an), sondern auch ein politisch organisiertes Weltreich im arabischen Raum. Das Beispiel seines Wirkens demonstriert die Geschichtswirksamkeit historischer Persönlichkeiten.

Die religiöse Legitimation staatlicher Politik zeigt sich in der Gegenwart z. B. im Iran oder in Libyen, Probleme mit religiösen Fundamentalisten zeichnen sich zunehmend in Algerien oder der Türkei ab. Für die Weltpolitik ist von entscheidender Bedeutung, daß über die Hälfte der Erdölvorräte weltweit in Staaten des Islam liegt (Saudi-Arabien, Kuwait, Arabische Emirate, Iran). Der Golfkrieg 1990/91 unterstreicht die Abhängigkeit der Industrienationen von den erdölfördernden Staaten und die Notwendigkeit einer Zusammenarbeit.

Anhand der ausgewählten Textstellen soll die islamische Kultur aus sich selbst heraus verstanden werden. Sie lassen Feststellungen über das soziale, politische, gesellschaftliche und alltägliche Leben der Moslems zu. So unterstreicht die Almosengabe die Verpflichtung der Gemeinde für die schlechter gestellten Gemeindemitglieder und die Sorge für die Sklaven. Im politischen Bereich gewinnen die Kalifen als Stellvertreter Gottes und Nachfolger des Propheten eine herausgehobene Bedeutung als Herrscher des islamischen Reiches. Die Vorschriften über die Versorgung geschiedener Ehefrauen geben Auskunft über die gesellschaftliche Stellung von Mann und Frau im Islam, der oberflächlich beurteilt eher dem Mann eine bevorzugte Stellung einzuräumen scheint.

Da bei uns eine Trennung von Staat und Kirche selbstverständlich geworden ist, erscheint uns heute diese Kultur fremd.

Andererseits gehen die Schülerinnen und Schüler mit Gegenständen oder Begriffen um, die in der kulturellen Tradition des Islam stehen: mit arabischen Ziffern, dem Rechnen in Dezimalzahlen; sie verwenden Namen für Gewürze (Muskat, Safran), Obst (Aprikose, Orange), Stoffe (Damast, Musselin, Satin) oder chemische Substanzen (Alaun, Alkali). Diese Lehnwörter verweisen auf die Bereiche, die im Abendland vom Islam beeinflußt worden sind. Dazu zählt auch das Geld- und Bankwesen (Scheck, Tarif).

Die Beschäftigung mit einem fremden Kulturkreis ermöglicht nicht nur, die Fremdheit abzubauen und Verständnis für andere Werte und Regeln zu wecken, sondern führt auch zu einem besseren Verständnis der eigenen Kultur und ihrer Relativität.

Eine fächerübergreifende Zusammenarbeit mit den Religionslehrern bietet sich an, da der Geschichtsunterricht Kenntnisse aus dem Religionsunterricht ergänzt und vertieft.

II. Methodenkonzept für den Unterricht

Begründung der Methodenwahl

Die Entscheidung für die Vorstellungs- und Urteilsschulung gründet sich auf die angestrebte Zielsetzung: das Erkennen der eigenen Relativität und das Wecken von Toleranzbereitschaft. Ein Bewußtsein für das Entstehen von Voreinstellungen zu schaffen, kann über eine Vorstellungs- und Urteilsbildung erreicht werden.

Die ausgewählten Koranstellen bilden eine relativ kleine, überschaubare Textgrundlage. Sie erfüllen damit eine der für die Vorstellungs- und Urteilsschulung notwendigen Voraussetzungen (vgl. Grzesik 1990, 237), da die Schüler nicht nur eine bestimmte Vorstellung/ein Urteil bilden, sondern nach Möglichkeit darüber reflektieren sollen. Gerade diese Reflexion erlaubt im Hinblick auf die hier angestrebte Erkenntnis, Voreinstellungen gegenüber dem Islam – beispielsweise aufgrund persönlicher Erfahrungen (Urlaubsreisen, muslimische Mitschüler) oder aus Unwissenheit entstanden – zu relativieren bzw. abzubauen. Sie dominiert gegenüber der Darstellung größerer Zusammenhänge von textverstehenden Urteilen.

Des weiteren dient diese Methode der Einübung in die kontrollierte Gewinnung von Textinformationen und legt damit gerade in den unteren Klassen der Sekundarstufe I die Basis für spätere, anspruchsvollere Formen der Textarbeit.

Verlaufsstruktur

1. Einstieg: Unterrichtsgespräch über Vorwissen und Voreinstellungen

Eine Sammlung von Schüleräußerungen über ihre Erfahrungen mit der islamischen Kultur dient der Feststellung des Vorwissens und der Voreinstellungen. Die Vorkenntnisse können sich auf persönliche Eindrücke und Erlebnisse auf Urlaubsreisen, durch die Begegnung mit muslimischen Mitschülern, Vereinskameraden oder Nachbarn, oder aber auch auf Zeitungs- und Fernsehberichte gründen. Bewundernde Urteile beispielsweise über die Architektur in islamischen Ländern können neben abwertenden Äußerungen über Konflikte in oder zwischen islamischen Staaten stehen.

Die sich im Unterrichtsgespräch herausstellenden Probleme und Widersprüchlichkeiten verdeutlichen die Notwendigkeit, sich intensiver mit dem Islam zu beschäftigen.

2. Hinführung zum Text

Als Ausgangspunkt für die Einführung in die Geschichte des Islam bietet sich ein Lehrervortrag über die Biographie Mohammeds **(M 2)** an, um die wichtigsten Stationen der Religionsgründung zu seinen Lebzeiten darzustellen.

Die in der Erzählung auftretenden Begriffe wie „Offenbarung“, „Glaube an den einen Gott“ und „Erzengel Gabriel“ ermöglichen es, Bezüge zur christlichen Religion herzustellen, und sollten vor diesem Hintergrund erläutert werden. Als Offenbarung bezeichnet man grundsätzlich das Lüften seines Geheimnisses durch Gott selbst in Erscheinungen, Visionen oder durch das Sprechen. So zeigt sich Gott im Alten Testament noch unmittelbar oder durch Boten, wie z. B. den Erzengel Gabriel. Die Mosezeit mit den Ereignissen, bei denen Gott erscheint, spricht oder helfend eingreift, gilt als Offenbarungszeit schlechthin. Gerade die Geschichten von Moses dürften den Schülern aus dem Religionsunterricht bekannt sein. Die endgültige, umfassende Offenbarung Gottes geschieht in der Menschwerdung und im Wirken seines Sohnes und erreicht ihren Höhepunkt in der Auferstehung Jesu.

An dieser Stelle kann auch auf die Verbindungen zwischen Judentum, Christentum und Islam eingegangen werden. Mohammed selbst sah sich in der Tradition der Propheten seit Abraham, der auch im Judentum – als Stammvater Israels – und im Christentum eine zentrale Figur darstellt. Für den islamischen Glauben steht auch Jesus Christus in der Kette der Propheten. Der Hauptunterschied zum Christentum liegt im Bekenntnis zur Gottessohnschaft Jesu und zur Dreieinigkeit (Gott, Jesus, Heiliger Geist), die als Abweichung vom Glauben an den einen Gott angesehen wird.

Im Rückgriff auf Kenntnisse über den Polytheismus in Rom vor der Übernahme des Christentums kann hier außerdem parallel auf den Übergang vom Polytheismus in vormohammedanischer Zeit zum Monotheismus Mohammeds eingegangen werden. Schon in den Stammesreligionen vor Mohammed wurde die Kaaba in Mekka als Heiligtum verehrt, in dem sich Bilder zahlreicher Götter und Dämonen befanden.

3. Erarbeitung: Texteingabe und -aufnahme

Die Textaufnahme durch die Schüler erfolgt zur Schulung der Vorstellungsbildung direkt unter einem thematischen Zugriff, der die Aufmerksamkeit auf einen bestimmten Aspekt des Textes lenkt. Um die Aufgabe verstehen zu können, muß den Schülern der übergeordnete Begriff, zu dem die Textinformationen erschlossen werden sollen, bekannt sein (Grzesik 1990, 235).

4. Erarbeitung als Vorstellungsschulung

Beim ersten Auszug aus den Suren des Koran bietet sich als Aufgabenstellung die Frage nach den Eigenschaften an, die „Allah" zugewiesen werden:
- er ist der einzige Gott
- er ist lebendig
- er ist ewig
- er hat einen Gesandten, Mohammed (den die Schüler im Lehrervortrag **[M 2]** kennengelernt haben).

Diese Eigenschaften müssen in einer konkreten Vorstellung zusammengeführt werden. Dabei erweisen sich zwei – der **einzige** Gott zu sein und einen Gesandten zu haben – als unproblematisch, da sie relativ konkret auch von jüngeren Schülern der Sekundarstufe I vorgestellt werden können: keiner außer Allah darf Gott sein; sein Gesandter „arbeitet" für ihn in seinem Namen dort, wo er nicht sein kann oder noch nicht wirken konnte. Problematisch erweist sich hier allerdings der Begriff „Gott", da er mit bestimmten, auch bildhaften Vorstellungen von einem „höheren Wesen" belegt ist. Da aber aus der Verbindung dieser bekannten Bilder mit der Figur „Allah" keine „falsche" Vorstellung entsteht, kann diese Schwierigkeit vernachlässigt werden. Zu den Eigenschaften eines Gottes, die nicht im Text genannt sind, könnten die Schüler aus ihrer Vorstellung als typisch hinzufügen, daß Menschen ihn anbeten, um mit dessen Hilfe z. B. bestimmte Ziele zu erreichen.

Was aber ist an einem Gott „lebendig" und zugleich „ewig"? „Er stirbt niemals" wäre eine Übersetzung für ewig. Allerdings trifft dieses Attribut für Menschen nicht zu; deshalb kann er kaum ein Mensch sein. Als Einwand könnte vorgebracht werden, daß er ein besonderer Mensch ist, weil er ein Gott ist und somit auch ewig leben kann. Seine Lebendigkeit ließe sich bei dieser Vorstellung einfügen, allerdings sollte man als Lehrer darauf achten, daß nicht der Eindruck einer konkreten Person entsteht, die man sehen und berühren kann. Theologisch betrachtet unterstreicht diese Textstelle die Unbeschreibbarkeit ewigen Lebens.

Diese Sure ist, da sie in das Zentrum der Gottesvorstellung schlechthin führt, relativ anspruchsvoll. Sie veranlaßt die Schüler aber, in der oben skizzierten Form erschlossen, auch zu Urteilen, etwa über die Parallelität zum christlichen Gott und dessen Eigenschaften. In diesem Fall böte sich ein Vergleich zur christlichen Gottesvorstellung an (vgl. **M 3**).

5. Erarbeitung als Urteilsschulung

Die Schüler können zunächst Parallelen auf der Grundlage eigener Kenntnisse über die Eigenschaften des christlichen Gottes nennen (ewig, Schöpfer des Himmels und der Erde, Vater von Jesus). Diese werden durch die Eingabe weiterer Textbeispiele **(M 3)** ergänzt und erweitert. Neben dem Urteil über die Gemeinsamkeiten von muslimischer und christlicher Gottesvorstellung könnten sich auch Urteile über die Textarten ergeben: Die Suren als Kapitel des Koran entsprächen wegen ihres vorschreibenden Charakters den Zehn Geboten.

Der Lehrer kann als Ergänzung darauf hinweisen, daß das Aussprechen der Zeugnisformel **(M 1-1)** erste und zentrale Pflicht des Moslem ist. Mit ihr bekennt er sich zum Islam und wird in die Glaubensgemeinschaft aufgenommen. Darin liegt ein Unterschied zum Christentum, das zur Aufnahme in die Gemeinschaft das Sakrament der Taufe vorsieht.

6. Transfer der Vorstellungs- und Urteilsschulung auf weitere Beispiele

Exemplarisch soll an dieser Stelle die Vorstellungs- und Urteilsschulung anhand eines weiteren Beispiels aus dem Koran durchgeführt werden.

a) Vorstellungsschulung

Der Erschließung des fünften Auszuges aus dem Koran **(M 1)** wird als Aufgabenstellung die Frage „Für wen spenden die Moslems Almosen?“ vorangestellt. Eine genaue Textarbeit kommt zu folgenden Antworten:
- für die Armen
- für die Bedürftigen
- für die, welche sich um die Armen und Bedürftigen kümmern
- für die, „deren Herzen gewonnen sind“
- für Sklaven
- für den „Weg Allahs“.

Diese Befunde lassen sich in relativ konkrete Vorstellungen und in weiter zu erschließende Aussagen aufteilen. So müssen sich als Fragen anschließen:

„Was ist damit gemeint, wenn man Herzen gewinnt?“ Diese Formulierung dürfte bekannt sein und läßt sich mit „Zustimmung, Anhänger, Freunde finden“ übersetzen. Die neuen Gläubigen können demnach im Islam auch Unterstützung erwarten.

„Was stellen sich die Schüler unter dem Weg Allahs vor?“ Zum einen handelt es sich um den Weg Gottes, der davon geprägt ist, weitere Menschen in seine Gemeinschaft aufzunehmen und an seiner Barmherzigkeit teilhaben zu lassen. Andererseits kann darunter auch der Weg zu Allah verstanden werden, beispielsweise in Form der Pilgerfahrt nach Mekka. Die Almosen kommen also denjenigen zugute, die mittelbar den Weg Allahs gehen, d. h. denjenigen, die den Glauben unterrichten und verbreiten und deswegen keinen anderen Verdienst haben, sowie den Pilgern.

b) Urteilsschulung

Der thematische Zugriff auf Urteile der Schüler über die Spendenpflicht der gläubigen Moslems erfolgt über die Frage nach den Vor- und Nachteilen dieser Vorschrift. Die Gültigkeit des einen oder anderen Urteils muß von den Schülern begründet werden. Zur Begründung wird das Textverständnis herangezogen.

Der breite Verwendungszweck der Spenden läßt das Bild einer Gemeinschaft entstehen, die verschiedene Einrichtungen mit dem Geld der Gläubigen finanziert. Dabei kommt die Hilfe nicht nur Besitzlosen zugute, sondern dient auch zur Unterstützung missionarischer Arbeit, wenn beispielsweise Gläubige durch den Religionswechsel zum Islam mit Lebensbedrohung und Armut zu rechnen haben, weil sie aus ihrer alten Gemeinschaft ausgestoßen werden. Dies gilt darüber hinaus für Wallfahrer, die in Not geraten oder der Pflicht der Pilgerfahrt nach Mekka nur mit finanzieller Unterstützung nachkommen können. Die Almosen finanzieren außerdem Koranschulen und Vorbeter. Sie ermöglichen den Loskauf von Sklaven.

Diese Vorteile für den einzelnen bedeuten andererseits die Verpflichtung für jeden, einen Teil seines Einkommens abgeben zu müssen. Diese Abgaben basieren nicht auf Freiwilligkeit aus Nächstenliebe oder im Glauben an Gott. Sie sind daher eher einem modernen Steuerwesen vergleichbar. Zum anderen nehmen sie die ungleiche Sozialordnung hin, ohne eine Lösung für die Bedürftigkeit anzubieten.

Das Vorhandensein von Armut und Bedürftigkeit lenkt den Blick auf die soziale und wirtschaftliche Struktur in der arabischen Region zur Zeit Mohammeds. Die Menschen auf der arabischen Halbinsel lebten im 6. Jahrhundert entweder als verstreute Stämme in der Wüste oder als seßhafte Familienverbände in den wenigen Städten. Die Gemeinschaft des Stammes gab den Nomaden Schutz, die von der Viehzucht lebten und in den verschiedenen Jahreszeiten an wechselnden Orten ihre Herden weideten. Landwirtschaft konnte wegen des trockenen und heißen Klimas kaum betrieben werden, darüber hinaus war das Land rohstoffarm (Die Erdölvorkommen wurden erst sehr viel später erschlossen!).

Im Gegensatz dazu lebten die Städter vom Handel; Mekka gehörte zu den bedeutendsten Umschlagplätzen zwischen Syrien im Norden und dem Jemen im Süden. In den städtischen Oasen suchten auch die von Dürre und den daraus resultierenden Hungersnöten bedrohten Hirten häufig Schutz.

7. Zusammenführung und Ergebnis

Die durch die Vorstellungs- und Urteilsschulung erarbeiteten Vorstellungen und Urteile über den Islam müssen mit den Voreinstellungen und Vorkenntnissen aus der ersten Phase zusammengeführt werden. Dabei liefern die Ergebnisse aus der Textarbeit mit den Suren des Koran einen Einblick in die Lebensweise der Moslems, wie sie auch heute noch von den Schülern z. B. bei muslimischen Klassenkameraden beobachtet werden könnte. Durch den Vergleich mit christlichen Bräuchen und Regeln wird die Fremdartigkeit der Erscheinungsformen des Koran relativiert. Hilfreich wäre in diesem Zusammenhang ein Perspektivenwechsel: Welche Vorstellungen erhält ein Moselm, der beispielsweise an einem Gottesdienst mit Abendmahlsfeier teilnimmt? Für ihn stünde das Bekenntnis zur Dreieinigkeit im Gegensatz zum monotheistischen Glauben an einen Gott, das Essen des Leibes Christi bliebe ihm ohne weitere Erläuterung völlig unverständlich.

Hinweise auf Parallelen zwischen dem christlichen Mittelalter und den Erscheinungsformen des Islam in Staat und Gesellschaft ließen sich anschließen.

8. Reflexion über die Vorgehensweise

Je nach Fähigkeit und Altersstufe kann in einem Rückblick auf das Vorgehen bei der Quellenarbeit reflektiert werden. Dabei muß deutlich werden, daß die gebildeten Vorstellungen auf einer genauen Erarbeitung der im Text enthaltenen Informationen basieren und sich dadurch von flüchtigen Eindrücken unterscheiden.

Eine Reflexion auf das Verfahren bei der Urteilsbildung gestaltet sich schwieriger. Grundsätzlich ist die Überprüfbarkeit der gefällten Urteile mit Hilfe der Textinformationen hervorzuheben. Nur dann lassen sich unberechtigte Vorurteile aufdecken oder widerlegen.

III. Erweiterungs- und Vertiefungsmöglichkeiten

Einbeziehung weiterer Koranstellen

Die Bearbeitung der weiteren Koranstellen **(M 1 [2], [3], [4], [6], [7])** kann an dieser Stelle nur durch Vorschläge zum thematischen Zugriff skizziert werden:

1 Auf welche Weise kommen die Pilger nach Mekka? Welche Bedeutung wird der Pilgerfahrt dadurch eingeräumt? (vgl. dazu auch **M 5** und **M 6**)
2 Wie betet ein Moslem?
3 Wie fastet ein Moslem?
3 Wie ist eine Ehescheidung geregelt?
5 Wem schulden die Moslems Gehorsam? Welche Rückschlüsse können dadurch auf die Regierungsweise gezogen werden?

Nachbereitende Hausaufgabe

Die Schüler beschriften unter Zuhilfenahme eines Geographieatlasses eine Umriß-Karte **(M 4)** von der Verbreitung des Islam mit den Bezeichnungen der heute dort liegenden Länder. Bei der Besprechung der Hausaufgabe ergibt sich, daß der Islam sich in den heißen und trockenen, relativ bevölkerungsarmen Regionen Arabiens und des Nahen Ostens verbreitet hat. Die heiligen Städte Mekka und Medina liegen heute in Saudi-Arabien **(M 5)**.

Das Foto von der Kaaba in Mekka dient einerseits dazu, eine der fünf Säulen des Islam anschaulich zu vermitteln. Es aktualisiert aber auch die Koranstelle aus der Vergangenheit und verdeutlicht die Kontinuität der islamischen Gebote bis heute.

Mekka ist als Geburtsort Mohammeds und Ort seiner Offenbarungserfahrung heilige Stätte der Moslems. Die Kaaba war in vorislamischer Zeit ein Stammesheiligtum, das von Mohammed umgedeutet wurde.

Das Foto zeigt den Innenhof der Hauptmoschee von Mekka, der von Galerien umgeben ist. Hochhäuser im Hintergrund deuten auf die Aktualität des Bildes hin. Die Kaaba, ein 12 m langes, 10 m breites und 15 m hohes Gebäude in Würfelform, ist von knienden Pilgern umgeben, die den Kopf in Gebetshaltung der Kaaba zuneigen. Der Würfel selbst ist mit schwarzen Gebetsteppichen verhängt. Der Haddschar, ein schwarzer Stein, den die Gläubigen mit den Lippen berühren müssen, ist nicht zu erkennen.

IV. Literaturhinweise für die Unterrichtsvorbereitung

1. Quellen

Der Koran. Aus dem Arab. übertr. v. Max Henning. Stuttgart 1960 (RUB 4206)

Die Heilige Schrift des Alten und Neuen Testamentes. 29. Aufl. Aschaffenburg 1980

Martin/Zwölfer (Hrsg.): Von der Urgeschichte bis zum Beginn des Mittelalters. In: Geschichtsbuch 1. Die Menschen und ihre Geschichte in Darstellungen und Dokumenten. Berlin 1992

2. Sekundärliteratur

Dörr, Georg/Dörr, Margarete: Der Islam. In: Joachim Rohlfes: Geschichtsunterricht. Entwurf eines Curriculums für die Sekundarstufe I (Beiheft GWU 1978). S. 79–115

Endreß, Gerhard: Einführung in die islamische Geschichte. München 1982

Khoury, Adel-Th.: Einführung in die Grundlagen des Islams. Graz 1978

5 Die Straßburger Eide

Focusmethode

Inhalt des Kapitels

Verzeichnis der Materialien zu diesem Kapitel

I. Didaktisch-methodischer Kommentar

Historischer Kontext und Autor

Der fränkische Geschichtsschreiber Nithard (um 800–844) war der Sohn einer Tochter Karls des Großen und besaß somit schon aufgrund seiner Herkunft einen Einblick in die Geschichte des Fränkischen Reiches. Bei Ausbruch der Streitigkeiten innerhalb der karolingischen Herrscherfamilie schloß er sich dem jüngsten Sohn Ludwigs, Karl dem Kahlen, an. Von diesem Herrscher erhielt er den Auftrag, eine Geschichtsdarstellung zu verfassen, die dessen umstrittenen Herrschaftsanspruch rechtfertigen sollte. Die daraufhin entstandenen „Historiarum libri quattuor" schildern zunächst die Ereignisse unter der Herrschaft Ludwigs des Frommen (1. Buch) sowie die Kämpfe zwischen dessen Söhnen (2. Buch) bis zur Entscheidungsschlacht von Fontenoy am 24. 4. 841, an der der Autor selbst teilnahm. Obwohl Nithard das Werk damit zunächst beschließen wollte, fügte er noch zwei weitere Bücher mit der Schilderung der darauffolgenden Auseinandersetzungen an. Da der Autor, der, wie er in der Vorrede zum vierten Buch darlegt, aus Beschämung über die anhaltenden Streitigkeiten zwischen den Brüdern am liebsten aus der Welt geschieden wäre, und 844 in einer Schlacht fiel, endet das Werk mit der Beschreibung einer Mondfinsternis im März 843.

Themenspezifische Voraussetzungen

Obwohl die Karolingerzeit scheinbar – und im Bewußtsein der Zeitgenossen – eine Wiederaufrichtung des Römischen Imperiums darstellte, lag ihre eigentliche Bedeutung doch in der Begründung der Voraussetzungen für die Entstehung eines neuen, national gegliederten, aber doch religiös und kulturell bis zu einem bestimmten Grade einheitlichen Europa. Die Behandlung dieser Epoche im Rahmen des Geschichtsunterrichts in der Sekundarstufe I hat von dieser Tatsache auszugehen. Eine eingehende Kenntnis der endlosen, verwirrenden Auseinandersetzungen innerhalb der karolingischen Herrscherfamilie nach dem Tode Karls des Großen im Jahre 814 erscheint deshalb nicht notwendig. Vorausgesetzt werden müssen jedoch Kenntnisse über die Vorgeschichte der Straßburger Eide:

Dazu gehören u. a.

- die ethnische Gliederung des Europäischen Kontinents
- die Entstehungsgeschichte des Reiches Karls des Großen
- die Erbfolgeordnung der Karolinger
- die früheren Teilungspläne Karls des Großen und Ludwigs des Frommen.

Sachlicher Gehalt der Quelle

Ihre besondere Bedeutung besitzen die „Historiarum libri quattuor“ **(M 1+2)** nicht als wichtigste Quelle für die politische Geschichte der Jahre 830–843, sondern im Hinblick auf die Entwicklung der deutschen und vor allem der französischen Sprache. Nithard zitiert (Hist. I.III.5) ausführlich den Wortlaut eines Eides, den während der kriegerischen Auseinandersetzungen zwischen den Söhnen Ludwigs des Frommen (am 14. 2. 842) Ludwig der Deutsche und Karl der Kahle bzw. deren Mannen leisteten. Während der übrige Text in lateinischer Sprache verfaßt ist, werden die Eide der Gefolgsleute in deren Volkssprache überliefert. Aufgrund dieser Tatsache repräsentiert diese Passage eines der ältesten Dokumente des Althochdeutschen und das erste Denkmal altfranzösischer Sprache überhaupt.

Der Text dokumentiert zunächst eine bestimmte historische Situation: Das Bündnis zwischen Karl dem Kahlen und Ludwig dem Deutschen mit dem Ziel, die Aspirationen ihres Bruders Lothar auf die Wiedererrichtung des universalen Kaiserreiches zu bekämpfen.

Die Form, in der die beiden Schwüre abgeleistet werden, dokumentiert, daß dieses zunächst dem subjektiven Antrieb nach Erhalt und Ausbau der ererbten Machtposition entspringende Abkommen seine objektive Berechtigung besitzt: Die Heere der beiden Herrscher sprechen bereits deutlich unterschiedliche Sprachen: Eine substantielle Trennung hat bereits stattgefunden.

II. Methodenkonzept für den Unterricht

Begründung der Methodenwahl

Obwohl die erzählende Geschichtsschreibung nach wie vor (und wieder) im historischen Diskurs sich behauptet, hat eine eher an kulturellen Phänomenen orientierte Historiographie in den letzten Jahrzehnten weiter an Boden gewonnen. Strukturgeschichtliche Ansätze werden erkennbar auch in Deutschland immer stärker rezipiert, und dies nicht nur von Fachleuten, sondern auch von einem breiteren Publikum.

Da Schüler der hier relevanten Altersstufe Geschichte vornehmlich als Ereignisgeschichte zu verstehen pflegen, ist die wiederholte Korrektur dieses naiven Verständnisses eine wichtige Aufgabe des Geschichtsunterrichts. Zur Vermittlung der für eher strukturgeschichtlich orientierte Ansätze zentralen Erkenntnis, daß Geschichte nicht alleine oder auch nur vornehmlich aus politischen Ereignissen besteht, sondern sich auch auf anderen Ebenen innerhalb wesentlich größerer Zeiträume vollzieht, ist der die Straßburger Eide behandelnde Textausschnitt aus Nithards Chronik hervorragend geeignet **(M 1)**. Obwohl er primär von einem Ereignis berichtet, liegt seine Bedeutung als Quelle nicht in dem ‚Was‘ sondern im ‚Wie‘ des Berichtes. Die Auswertung der Passagen also zeichnet im Kleinen den Weg von der ereignisgeschichtlichen zur kulturgeschichtlichen Fragestellung nach.

Da in diesem Zusammenhang die in Althochdeutsch bzw. Altfranzösisch gehaltenen Passagen von zentraler Bedeutung sind, bietet sich für die Behandlung im Unterricht die focussierende Betrachtungsweise an. Die Aufmerksamkeit der Schüler wird ohnehin auf die aufgrund ihrer Sprachkenntnisse entschlüsselbaren Textbestandteile gerichtet sein. Die Analyse der Herkunft und Verschiedenheit beider Textfassungen bietet den Schlüssel zur Bewertung der Bedeutung der gesamten Quelle.

Verlaufsstruktur

1. Präsentation der fremdsprachigen Textstellen

Zunächst werden auf einem gesonderten Blatt oder einer OHP-Folie die althochdeutschen und altfranzösischen Passagen aus Nithard den Schülern präsentiert mit einer kurzen Lehrerinformation, die ungefähr diesen Inhalt hat:
Am 14. Februar 842 trafen in Straßburg Ludwig der Deutsche und Karl der Kahle zusammen. Von dem, was sie dort sprachen, ist in einer alten Quelle folgendes überliefert.

Zunächst sagte Ludwig:
„Pro Deo amur et pro Christian poblo et nostro commun saluament, d'ist di in auant, in quant Deus sauir et podir me dunat, si saluarai eo cist meon fradra Karlo et in aiudha et in cadhuna cosa, si cum om per dreit son fradre salvar dist, in o quid il mi altresi fazet; et ab Ludher nul plaid numquam prindrai, qui meon uol cist meon fradre Karle in damno sit.“

Dann sagte Karl:
„In Godes minna ind in thes Christianes folches ind unser bedhero gealtnissi, fon thesemo dage frammordes, sa fram so mir Got geuuizci indi mahd furgibit, so haldih thesan minan bruodher, soso man mit rehtu sinan bruodher scal, in thiu thaz er mig sosoma duo; indi mit Ludheren in nohheiniu thing ne gegango, zhe minan uuillon imo ce scadhen uuerhen.“

Sodann sprach eine Gruppe von Kriegern folgende Sätze:
„Si Lodhuuigs sagrament, quae son fradre Karlo iurat, conservat, et Karlus meos sendra de suo part non lostanit, si io returnar non l'int pois, ne to ne neuls, cui eo returnar int pois, in nulla aiudha contra Lodhuuuig nun li iuer.“

Daraufhin sprach eine andere Gruppe:
„Oba Karl then eid, then er sinemo bruodher Ludhuuuige geswur, geleistit, indi Ludhuuuig min herro, then er imo gesuor, forbrihchit, ob ih inan es iruuenden ne mag, noh ih noh thero nohhein, then ih es iruuenden mag, uuidhar Karle imo ce follusti ne uuirdhit.“

2. Erste entdeckende Annäherung an die Textpassagen

Bei sehr leistungsstarken Lerngruppen ist es möglich, daß die Schüler von sich aus versuchen, die Textstellen zu entziffern und schon bald Wörter zu sammeln beginnen, die ihnen bekannt erscheinen, ein Vorgehen, das durch die symmetrische Anordnung der Textpassagen **(M 1)** erleichtert wird. In diesem Falle erübrigt sich eine stärkere Lenkung durch den Lehrer.

Sollte sich jedoch zeigen, daß die Schüler dem Text weitgehend hilflos gegenüberstehen, können folgende Leitfragen vom Lehrer gegeben werden, die die Schüler zunächst in Stillarbeit zu beantworten versuchen.

a) Es handelt sich um ein und denselben Text in zwei verschiedenen Sprachen. Sucht Wörter heraus, die ihr erkennt.

[Nach einem ersten stillen Durchgang liest der Lehrer den Text laut vor, was den Schülern helfen wird, weitere Wörter an ihrem Klang zu identifizieren.]

Um ein Globalverständnis zu gewährleisten, müßten die Schüler zumindest die folgenden Wendungen im Althochdeutschen bzw. Altfranzösischen entschlüsseln:

Altfranzösisch	**Althochdeutsch**	**Neuhochdeutsch**
d'ist di in auant	von thesemo dage	von diesem Tage an
minan bruodher	meon fradra Karlo	mein Bruder Karl
si salvar dist	so man scal	wie man soll
mi altresi	mi sosoma	mich genauso
Ludher numquam	Ludheren in nohheiniu thing	niemals mit Lothar
sagrament	eid	Schwur
non lostanit	forbrihchit	bricht
nulla aiudha	follusti non uuirdhit	keine Hilfe

Ob die Schüler die Kernaussagen verstanden haben, läßt sich mittels folgender Leitfragen überprüfen:
b) Welches Versprechen legen Ludwig und Karl ab?
c) Was bedeutet der Schwur der beiden Heere?

3. Überprüfung des Globalverständnisses anhand des Textes M 2

Anhand des gesamten Textes können die Schüler das von ihnen Erarbeitete mit der Übersetzung vergleichen und ihre Hypothesen verifizieren. Die Ergebnisse werden zusammengetragen und in einem Tafelbild festgehalten, das die Spezifika einer mittelalterlichen Eidesformel repräsentieren sollte:
1. Berufung auf Gott
2. Bekräftigung des Versprechens
3. Benennung der gegenseitigen Pflichten
4. Die Beweiskraft der Eideshelfer oder -zeugen.

4. Bewertung der Quelle

In einem Lehrervortrag wird die weitere Entwicklung der Kämpfe zwischen den Brüdern bis zum Vertrag von Verdun skizziert. Es schließt sich die Frage nach der Bedeutung dieser Quelle an. Der Lehrer kann provozierend feststellen: „Dies ist eine der wichtigsten Quellen des Mittelalters!"

Vermutlich werden die Schüler zunächst Widerspruch oder Überraschung äußern. Der Einstieg jedoch mit seiner intensiven Beschäftigung mit den althochdeutschen und altfranzösischen Passagen wird dazu führen, daß sie die sprachgeschichtliche Relevanz des Textes und die rechtliche Relevanz der Textsorte erfassen.

Ein freies Unterrichtsgespräch über die Frage nach der Grundlage einer Nation kann sich anschließen. Angesprochen werden können folgende Aspekte:
- Eine Nation wird vor allem durch die gemeinsame Sprache gebildet.
- Eine Nation wird vor allem durch einen gemeinsamen Staat gebildet.
- Eine Nation wird vor allem durch eine gemeinsame Religion gebildet.

Die Schüler sollen erkennen,
- daß die zunächst unverständlichen Eidesformeln in einem altertümlichen Französisch bzw. Deutsch verfaßt sind.
- daß die vertragschließenden Parteien geographisch dem späteren Deutschland bzw. Frankreich nahestehen.
- daß der historische Wert der Quelle mehr in ihrer sprachlichen Form als in ihrem Inhalt liegt.

Die Schüler sollen problematisieren, inwiefern die Sprache Grundlage einer Nation ist.

III. Erweiterungs- und Vertiefungsmöglichkeiten

Eine Erweiterungsmöglichkeit wäre die Betrachtung des weiteren Weges zur Bildung eines deutschen Staates; hier erhielte die Quelle über die Reichsteilung von Verdun **(M 3)** sowie über den Bonner Vertrag **(M 4)** besonderes Gewicht. Der in Kombination mit einer entsprechenden Karte zu besprechende Vertrag von Verdun zeigt, daß die Trennung zwischen den Ländern althochdeutscher und altfranzösischer Sprache faktisch vollzogen wird; allerdings mit der Einschränkung, daß zwischen diesen Gebieten das Territorium Lothars sich erstreckt. Die Trennung zwischen Deutschland und Frankreich ist also angelegt, andere Entwicklungen – hin zu einer Dreistaatlichkeit – erscheinen aber denkbar.

Der Bonner Vertrag hingegen zeigt, welche Entwicklung schließlich Realität wurde. Wenn der – karolingische – Westkönig und der – einer autochthonen Dynastie entstammende – Ostkönig sich auf dem Rhein als gleichberechtigte Partner begrüßen, ist eine Grenze festgeschrieben, deren Umstrittenheit wie Gültigkeit ein historisches Faktum ist.

Im Anschluß an die Behandlung dieser mittelalterlichen Quelle bietet sich eine Vertiefung der Frage nach den Grundlagen einer Nation an. Mußte es angesichts der schon zum Zeitpunkt der Straßburger Eide zu konstatierenden sprachlichen Differenzen zwischen dem späteren Frankreich und dem späteren Deutschland zu der Herausbildung dieser beiden Nationen kommen? Waren also alle Versuche einer Restitution eines Gesamtreiches oder der Schaffung eines dritten funktionierenden Staates widernatürlich und deshalb von vornherein zum Scheitern verurteilt?

Diese Fragen können natürlich dem Alter der Lerngruppe entsprechend in der Sekundarstufe I nur in Ansätzen behandelt werden; dennoch erscheint es angesichts ihrer wieder wachsenden Aktualität sinnvoll, sie anzusprechen. Einen Denkanstoß kann der Text eines der Autoren bieten, der für die Theorie der Grundlagen von Nationalität zentrale Bedeutung gewann: Johann Gottfried Herder. Die kurze Passage **(M 5)** kann, nach einer kurzen historischen Einordnung durch den Lehrer, zur Diskussion gestellt werden.

Je nach Kenntnisstand und Interessen der Schüler können in diesem Zusammenhang aktuelle Beispiele für die Kongruenz von Sprache und Nation oder für deren Inkongruenz (Schweiz, Deutschland, Belgien) sowie die daraus entstehenden Probleme diskutiert werden.

Der historisch-politische Aspekt der Quellenbehandlung ließe sich vertiefen durch die Erörterung der von Jellinek formulierten Elemente des Staatsbegriffs: Staatsgebiet, Staatsvolk, volks- und gebietsbezogene Staatsgewalt. Damit dies den Schülern deutlich wird, könnte der Text aufgeteilt werden. Aus dem ersten Teil gehen Ludwigs und Karls Absichten hervor. Die zugrundeliegenden Probleme ließen sich an entsprechenden Karten der territorialen Stammesgliederung des Reiches seit Karl dem Großen erarbeiten. Die Eidesformel im zweiten Teil dokumentiert die (intendierte) machtpolitische Einheit in der sprachlichen Verschiedenheit.

IV. Literaturhinweise für die Unterrichtsvorbereitung

1. Quellen

Herder, Johann Gottfried: Briefe zur Beförderung der Humanität (1796). In: Sämtliche Werke, Band XVIII, hrsg. v. Bernhard Suphan, Hildesheim 1967

Lautemann/Schlenke: Geschichte in Quellen. Bd. 2: Mittelalter. Reich und Kirche, 2. Aufl. München 1978

2. Sekundärliteratur

Fleckenstein, Josef: Grundlagen und Beginn der deutschen Geschichte, 3., durchgesehene und bibliographisch ergänzte Auflage, Göttingen 1988

Kämpf, Helmut (Hrsg.): Die Entstehung des Deutschen Reiches. Deutschland um 900, Darmstadt 1980

Werner, K. F.: Vom Frankenreich zur Entfaltung Deutschlands und Frankreichs, Sigmaringen 1984

6 Der Absolutismus in den Memoiren Ludwigs XIV. und Emblemata des Barock

Themengeleitete Verarbeitung von Text- und Bildinformation (Variante 1)
Integrationsmethode (Variante 2)

Inhalt des Kapitels

Verzeichnis der Materialien zu diesem Kapitel

I. Didaktisch-methodischer Kommentar

Historischer Kontext und Autor

Die sogenannten Memoiren Ludwigs XIV. sind eine zentrale Quelle für die Selbsteinschätzung des Monarchen, der schon für seine Zeitgenossen wie kein anderer das absolutistische Königtum repräsentierte.

Der – spätere – Titel bezeichnet den Charakter dieser Quelle nicht ganz korrekt. Obwohl im wesentlichen eine chronologische Darstellung der frühen Regierungsjahre des Königs, ist die Schrift insgesamt ihrer Intention nach eher den Instruktionen, als politischen Testamenten, zuzurechnen, wie sie auch von anderen Herrschern – Karl V. oder Friedrich dem Großen (vgl. das folgende Kapitel) – bekannt und vor dem Hintergrund der historischen Entwicklungen der Epoche zu erklären sind. Die zunehmende Konzentration der Regierungsentscheidungen von den Behörden auf die Person des Herrschers stellte diesen vor die Notwendigkeit, um der Kontinuität seiner politischen Linie willen den einzigen potentiellen Fortsetzer der eigenen Politik – den Thronfolger – in die Prinzipien dieser Regierungsweise einzuführen.

Der persönliche Charakter dieser Textsorte ist auch in den Memoiren wahrzunehmen, wenn sie auch, strenggenommen, nicht der Hand des Königs entstammen: Die heute vorliegende Fassung ist von Ludwigs Sekretären verfaßt worden auf der Grundlage des königlichen Diktats sowie kleiner Notizzettel, sogenannter ‚feuillets', auf denen der König die Ereignisse festzuhalten pflegte. Da die Sekretäre sich jedoch „ängstlich an ihre Vorlage gehalten" haben (Fritz Hartung, L'état, c'est moi, in: HZ 169, 1959, 5), kann der Text dennoch als authentischer Ausdruck dessen gelesen werden, was Ludwig XIV. seinem Sohne an politischen Grundsätzen und zeitgeschichtlichen Kenntnissen übermitteln wollte. Der chronologische Teil des Werkes behandelt die wesentlichen außen- und innenpolitischen Maßnahmen des Monarchen der Jahre 1661, 1662, 1666, 1667 und 1668. Doch liegt der Wert dieser Darstellung nicht in den positiven Nachrichten, die sie präsentiert; deren Gehalt ist eher „dürftig" (Hartung, a. a. O. 6). Ihren Wert erhält sie dadurch, daß die in ihnen präsentierten allgemeinen Maximen und Ratschläge „die Staatsanschauungen Ludwigs" (Hartung, a. a. O. 5) explizit formulieren.

Themenspezifische Voraussetzungen

Mit dem Absolutismus beginnt ein neuer Abschnitt in der Geschichte der Neuzeit: Die um 1500 anhebenden grundlegenden, bis heute wirksamen Innovationen, die in Renaissance und Reformation zunächst vor allem auf dem Gebiete der Kunst, Wissenschaft und Religion stattfanden, werden mit dem Absolutismus auf das politische Gebiet übertragen: Vor allem in Frankreich, aber im Laufe des 17. und 18. Jahrhunderts auch in anderen Ländern West- und Mitteleuropas werden alte ständische Strukturen zerschlagen, und es entsteht der moderne Staat mit seiner bürokratischen, zentralistischen, rationalen Organisation. Die historische Tragweite dieser Zäsur ist angesichts der späteren Entwicklung hin zum modernen, immer mehr Bereiche der Gesellschaft berührenden Wohlfahrtsstaat evident. Die primär politikgeschichtliche Ausrichtung der hier vorgeschlagenen Quellenbehandlung steht also im weiteren Kontext eines auch kultur-, geistes-, sozial- und wirtschaftsgeschichtliche Gesichtspunkte berücksichtigenden Gesamtkonzeptes, das den Schülern immer wieder transparent gemacht und von diesen im Rahmen eingeschobener Zwischensicherungen reflektiert werden sollte.

Die adäquate Behandlung der absolutistischen Herrschaftsideologie und -praxis setzt also Kenntnisse sowohl über den politischen als auch den geistesgeschichtlichen Kontext voraus. Dazu gehören u. a.:
- das ständisch-feudale Herrschaftssystem des Mittelalters
- die Auflösung der mittelalterlichen universalen Ordnung durch die Reformation
- die Bauernkriege
- die konfessionellen Bürgerkriege in Europa vom Schmalkaldischen Bund bis zum Dreißigjährigen Krieg.

Für das Verständnis des engeren Kontexts der Quelle erscheint es notwendig, daß die Schüler zumindest in den Grundzügen mit der Geschichte Frankreichs im 16. und 17. Jahrhundert vertraut sind. Vor allem sollte ihnen bekannt sein, daß die Stellung des Königs von Frankreich zum einen immer wieder durch frondierende Adelsfamilien bedroht, zum anderen durch die herausragende Machtposition starker Premierminister, vor allem der beiden aufeinanderfolgenden Kardinäle Richelieu und Mazarin, begrenzt und auf eine weitgehend repräsentative Funktion reduziert wurde.

Sachlicher Gehalt der Quellen

Die Emblemata **(M 1)** sind verschiedenen Quellen entnommen, stammen aber beide aus dem siebzehnten Jahrhundert. Es handelt sich um französische Emblemata.

Das erste Emblem zeigt die charakteristische Dreiteilung dieser Gattung: Die (lateinische) Inscriptio gibt sentenzenhaft das Thema vor, die Pictura illustriert anschaulich die Lehre, die in der Subscriptio ausgeführt wird. Das zweite Emblem ist – sieht man von der fehlenden Inscriptio ab – ebenso aufgebaut.

Die thematische Analogie zwischen den beiden Emblemata erweist sich vor allem aus den Subscriptiones. Der Fürst wird mit der Sonne verglichen, freilich mit unterschiedlichem tertium comparationis. Bezieht sich das erste Emblem auf den Nutzen, den Sonne und Herrscher trotz ihrer unverrückbaren Entfernung den Menschen in ihrer Gesamtheit bringen, so betont das zweite die Gottes-Ebenbildschaft des guten Monarchen.

Der Auszug aus den Memoiren Ludwigs XIV. **(M 2)** schildert im wesentlichen die Maßnahmen, die der König nach dem Tode des Kardinals Mazarin am 9. März 1661 ergriff. Schon am 10. März brach der König mit der Tradition, indem er erklärte, ohne Premierminister regieren zu wollen. Innerhalb relativ kurzer Zeit folgten die weiteren im Text geschilderten Umwälzungen innerhalb der Staatsverwaltung.

Formal läßt sich der Auszug in vier Abschnitte gliedern: Erstens die Rechtfertigung der Abfassung des Textes; zweitens die Beschreibung der Situation vor der Übernahme der Alleinherrschaft durch den König, drittens die Darstellung der nach der Regierungsübernahme ergriffenen innenpolitischen Maßnahmen; abschließend wird die neuerworbene Position des Monarchen zusammengefaßt.

Zur Sprache kommen wesentliche Charakteristika der absolutistischen Herrschaft: Die Monarchie ist erblich, insofern ist der Adressat der Memoiren, der Sohn des Königs, bereits als zukünftiger Monarch anzusprechen und zu instruieren. Der Monarch besitzt schon allein durch das Faktum seiner exponierten Stellung die höchste Kompetenz für die Erteilung politischer Ratschläge.

Die in dem Text präsentierte absolutistische Ideologie spiegelt sich in der sprachlichen Gestaltung. Einundvierzigmal begegnet das Personalpronomen „ich", fünfundzwanzigmal das Possessivpronomen „meine".

II. Methodenkonzepte für den Unterricht

Themengeleitete Verarbeitung von Text- und Bildinformation (Variante 1)

Begründung der Methodenwahl

Seit der explosionsartigen Verbreitung des Mediums Computer und der rapiden Zunahme der Anzahl der zur Auswahl stehenden Fernsehsender ist die Konfrontation mit Bildern zu einer Grundsituation des modernen Daseins geworden. Aufgabe auch des Geschichtsunterrichts muß daher sein, den Schüler zu einem kritischen und bewußten Umgang mit diesen Bildmedien anzuhalten (vgl. Bernd Weidenmann, Psychische Prozesse beim Verstehen von Bildern, Bern, Stuttgart, Toronto 1988, 13 ff.).

Obwohl die lernfördernde Leistung von Bildern lange propagiert wird, ist eine methodisch bewußte Behandlung bildhafter Medien im Unterricht bislang nur in Ansätzen vorhanden. Vernachlässigt wird häufig die Tatsache, daß Bilder wie Texte „gelesen" werden müssen und daß die dementsprechende Fähigkeit der Übung bedarf. In diesem Zusammenhang ist eine Unterscheidung von Bedeutung, die Bernd Weidenmann in seiner Untersuchung vornimmt.

Weidenmann unterscheidet ökologische und indikatorische Formen des Bildverstehens. Ökologisches Bildverstehen zielt darauf ab, die dem Bild entnommenen Informationen mit den im Rezipienten vorhandenen Vorstellungsmodellen in Einklang zu bringen, die neugewonnenen Daten also zu normalisieren. Wesentlich hierbei ist also der Inhalt der jeweiligen bildlichen Darstellung.

Indikatorisches Bildverstehen baut auf dem ökologischen Bildverstehen auf, bezieht sich aber auf Wissensbestände, die den referentiellen Bezug des Bildes transzendieren, so den

Produktionsprozeß, die angewandten Techniken, den kommunikativen Kontext etc. (vgl. Weidenmann, a. a. O. 76 ff.).

Aufgabe der Behandlung von Bildern im Unterricht sollte sein, die Schüler fortschreitend zu indikatorischem Bildverstehen anzuleiten.

Vor diesem Hintergrund erscheint das Emblem als ein Medium, das, wohl aufgrund seines scheinbar rein historischen Charakters, in seiner didaktischen Relevanz bislang verkannt wurde. Wie die Emblemforschung des letzten Jahrzehnts nachgewiesen hat, ist das Emblem ein zentrales künstlerisches Medium des 16. und 17. Jahrhunderts. Seine triadische Grundstruktur – ein Bild, die Pictura, wird von einer Überschrift, der Inscriptio, sowie einem meist in Versen gehaltenen erläuternden Text eingerahmt – beherrscht unterschwellig nicht nur die lyrische, sondern auch dramatische Literatur dieser Epoche; zudem nehmen Emblemata eine gewichtige Position innerhalb der bildenden Kunst und der höfischen Feste der Zeit ein.

Das Emblem kann auf verschiedenen Ebenen didaktisch genutzt werden. Zum einen legt die für dieses Medium charakteristische Doppelung der Aussage in Bild und Sprache nahe, den Unterschied zwischen bildlicher und sprachlicher Informationsübermittlung zu thematisieren. Unter den von Weidenmann genannten Punkten sind vor allem zwei funktionale Unterschiede zwischen Bild und Sprache hier von Relevanz: Die Betrachtung der Emblemata zeigt, daß Bilder für sich allein kein Konzept darstellen können, z. B. nicht den Menschen (oder den Fürsten) als Gattungsbegriff zu präsentieren imstande sind. Zum zweiten ergibt sich aus der Analyse der Emblemata, daß der Bildproduzent die Verarbeitung seines Produktes nicht explizit kontrollieren kann. „Kein Bild erklärt sich selbst“ (Gombrich, zit. n. Weidenmann, a. a. O. 69).

Im Mittelpunkt einer auf indikatorischem Bildverstehen aufbauenden Behandlung des Emblems im Unterricht steht allerdings die Wirkungsabsicht des Bild- bzw. Emblemproduzenten. Daß diese nicht unbedingt von denen moderner Werbung stark abweichen muß, zeigt die eindeutig monarchistische Tendenz der beiden für den Unterricht ausgewählten Emblemata. Aufgrund der Fremdheit des Mediums Emblem ist der arbiträre Charakter der Zuordnung von Bild und Botschaft deutlicher erkennbar als in den analogen Medien der Gegenwart. So kann gerade durch die Konfrontation mit den Bildern die Fähigkeit zur indikatorischen Bildinterpretation geschult werden. Die „Füllung“ des erarbeiteten Bildinhaltes mit dem Inhalt einer sowohl ausführlicheren als auch konkreteren Textquelle dient der kritischen Überprüfung des Verhältnisses von Bild und Realität.

Angesichts dieser Überlegungen empfiehlt sich als eine Möglichkeit der Interpretation des Absolutismus die themengeleitete Interpretation von Bild- und Textquelle.

Die durch die Analyse der Emblemata geweckten Zweifel an der Plausibilität des Bildes und der Interpretation werden auf den Text übertragen, in dessen Zentrum letztlich dasselbe Bild steht.

Die Textquelle kann unter verschiedenen thematischen Schwerpunkten interpretiert werden. Zum einen im Hinblick auf die Legitimation von Herrschaft. Schon die beiden

Emblemata verweisen auf drei mögliche Formen der Herrschaftslegitimation: den Rekurs auf Gott, auf das Gemeinwohl und auf die Natur. In dem Auszug aus den Memoiren Ludwigs XIV. kommen beide Aspekte zum Ausdruck. Hieran kann sich die Frage anschließen, wie ein politisches System überhaupt zu legitimieren ist. In diesem Zusammenhang wäre auch zu überlegen, inwiefern ein Bild (die Sonne) durch seine scheinbare Plausibilität zur Verschleierung komplexerer und ambivalenter Sachverhalte dient.

Ein anderer Themenschwerpunkt wäre, konkreter, die Frage nach dem Nutzen der Konzentration von Herrschaft bzw. nach dem Verhältnis der verschiedenen Gewalten zueinander.

Verlaufsstruktur

1. Betrachtung der Bildquellen

Die Schüler werden mit den Picturae der beiden Emblemata konfrontiert. Zunächst sollen sie versuchen, die Abbildungen genau zu beschreiben und Vermutungen über ihre Bedeutung anzustellen.

Welche Assoziationen die Schüler bei der Betrachtung der Emblemata artikulieren, hängt natürlich von dem jeweiligen Wissensstand ab. So können sie z. B. angesichts der Darstellung der Sonne auf die Durchsetzung des heliozentrischen Weltbildes im 16. Jahrhundert rekurrieren; sie könnten auch versuchen, die abgebildeten Personen historisch zu lokalisieren. Vermutlich wird es aufgrund der in beiden Emblemata begegnenden Sonnensymbole keine Probleme bereiten, einen Zusammenhang zwischen den beiden Abbildungen herzustellen.

Daran schließt sich die Fragestellung an, welche Beziehungen sie zwischen den beiden Abbildungen herstellen zu können glauben.

2. Zuordnung der Subscriptiones

Die Subscriptiones werden gesondert – in der deutschen Übersetzung – präsentiert. Die Schüler sollen versuchen, sie den einzelnen Abbildungen zuzuordnen, eine Aufgabenstellung, die zwangsläufig zu einer inhaltlichen Erschließung der Emblemata als semantischen Einheiten führt.

Es ist angesichts der semantischen Mehrdeutigkeit von Bildern sehr wahrscheinlich, daß die Schüler bei der Erfüllung dieses Auftrags zu divergierenden Ergebnissen kommen. Die hieraus resultierenden Schwierigkeiten können innerhalb dieser Phase thematisiert und problematisiert werden, so daß den Schülern die spezifische Differenz zwischen bildhafter und schriftlicher Informationsübermittlung zumindest in Ansätzen bewußt wird.

3. Reflexion über den Aussagewert der Quelle

Lehrerinformationen über das Emblem leiten über zu einer ersten Diskussion über den Aussagewert einer derartigen Quelle.

Bei der Diskussion sind folgende Leitfragen denkbar:
Warum ließ sich die Aussage des Emblems nicht allein anhand der Bilder feststellen?
Wie sind Personen und Gegenstände dargestellt?
Welche Beziehung besteht zwischen Bild und Text?
Ist das Bild schon erkennbar auf die Deutung angelegt?
Gewinnt der Text durch das Bild an Plausibilität?
Kennen wir ähnliche Verfahrensweisen in Politik oder Wirtschaftsleben der Gegenwart?

4. Analyse des Memoiren-Textes

Da der Text relativ lang ist und eine ganze Reihe möglicherweise unbekannter Wörter enthält, sollen die Schüler ihn zunächst still lesen, so daß im Anschluß daran fremde Termini erläutert werden können.

Die Schüler erhalten sodann folgende Arbeitsaufträge:
- Welche Situation beschreibt der König?
- Was tut der König?
- Wie begründet er seine Handlungen?
- Was fällt euch bei der sprachlichen Gestaltung auf? (Welche Wörter erscheinen am häufigsten?)

Die Schüler werden dazu angehalten, die verschiedenen Bereiche, auf die sich die Situationsbeschreibung bezieht, deutlich zu unterscheiden.

5. Sammeln der Ergebnisse

Die Ergebnisse werden zusammengetragen und in einem Tafelbild festgehalten, das etwa folgende Struktur bzw. inhaltliche Konkretisierungen repräsentieren sollte:

Situation:
Hof: Leute von Stand haben Anspruchshaltung gegenüber König.
Staat: Gouverneure sind schwer zu lenken.
Finanzen: sind erschöpft.
Justiz: Richterstellen werden durch Zufall und Ämterkauf besetzt.
Verbesserungen werden durch Unordnung verhindert.
- Die Lasten trägt das einfache Volk.

Maßnahmen des Königs:
König
- ernennt keinen Premierminister,
- läßt sich alle Schriftstücke vorlegen,
- schenkt jedem Untertanen Gehör,
- erteilt nur persönlich Gunstbezeigungen,
- kontrolliert Truppen selbst,
- leitet Außenpolitik,
- kontrolliert Finanzen selbst.

Begründung der Maßnahmen:
- der König hat nach dem Willen Gottes Sorge um das Wohl seiner Völker und Staaten zu tragen.
- Unordnung ist eine Schande.
- Die Mißstände bedrücken vor allem das einfache Volk.
- Der Rang eines Königs ohne seine Macht ist unwürdig.

Die Person des Königs beherrscht den gesamten Text. Am häufigsten erscheinen das Personalpronomen und das Possessivpronomen der ersten Person.

6. Versuch einer Synthese

Den Schülern wird ohne weiteren Kommentar die explizit sich auf das Emblem der Sonne beziehende Passage aus den Memoiren Ludwigs XIV. **(M 3)** vorgelegt. Die Schüler vergleichen sodann das in den Emblemen und der Textstelle präsentierte Ideal eines Herrschers mit der praktischen Politik Ludwigs XIV.

Zur Sprache kommen sollte, daß die Analogien zwischen Sonne und Fürst, wie Ludwig XIV. sie suggeriert, den propagandistischen Effekt der besprochenen Emblemata durch eine quantitative Häufung weiterer Korrespondenzen noch wesentlich verstärkt.

Integrationsmethode (Variante 2)

Begründung der Methodenwahl

Methodisches Ziel der Einbettung des vorliegenden Textes **(M 2)** in weitere Quellen **(M 4–6)** ist die Vermittlung der Erkenntnis, daß selbst Texte, die bis zu einem gewissen Grade aufgrund ihres textsortenspezifischen Charakters als authentisch zu gelten haben, in einen weiteren Kontext eingebettet und auf ihre Glaubwürdigkeit überprüft werden müssen. Die Schüler sollen erkennen, daß selbst eine Darstellung korrekter Fakten durch ihren selektiven Charakter die Wahrheit verschleiern kann.

Der Schüler wird durch die Konfrontation mit mehreren, synchron miteinander verknüpften Texten dazu veranlaßt, Zusammenhänge zwischen diesen Quellen herzustellen und deren Glaubwürdigkeit bzw. Relevanz zu überprüfen. Die aus solchem Vorgehen resultierende Erfahrung der Multiperspektivität historischer Phänomene und Bewertungen kann die politische Urteilsfähigkeit der Schüler fördern. Diese Methode ist im Hinblick auf die vorliegende Quelle besonders angebracht, da die beiden hinzugefügten Quellen ja keineswegs die Aussagen des Königs widerlegen; vielmehr bestätigen sie die Souveränität des Monarchen auf den Gebieten der Finanzen und der Justiz. Freilich zeigen sie gleichzeitig, daß die Konsequenzen dieser Machtkonzentration keineswegs in dem Maße dem Allgemeinwohl zugutekamen, wie der König in seinen Instruktionen zu suggerieren versucht.

Im einzelnen sollen die Texte belegen, daß
- die Neigung des Königs zur Verschwendung die größere Effizienz des absolutistischen Finanzsystems zunichte zu machen drohte.
- die auf dem Gebiet der Justiz wiederhergestellte Ordnung dazu führen konnte, daß einzelne Personen ohne Gerichtsverfahren gefangengenommen werden konnten.

Im Sinne der Multiperspektivität sollte allerdings bei der Auswertung der Quellen nicht ignoriert werden, daß
- die Selbstherrlichkeit des Königs immerhin noch eine verhältnismäßig offene Kritik wie die Colberts zuließ.
- die Verhaftung des Bürgers im Einverständnis mit seiner Familie erfolgte, also keinen Akt despotischer Willkür darstellte.

Der hiermit schon sich andeutenden Beurteilung des Absolutismus Ludwigs XIV. dient die letzte Quelle. Sie zeigt
- daß die Idee, das monarchistische Herrschertum durch den Verweis auf die Analogie zur Sonne zu legitimieren, schon früher aufkam.
- daß auch die Gefahr eines konfessionellen Bürgerkrieges zur Durchsetzung der Idee des Absolutismus beitrug.

Verlaufsstruktur

1. Vorgabe eines thematischen Aspektes

Das Thema wird angegeben. Der Lehrer kann dies mit einem stummen Impuls (Anschreiben des Satzes „L'état, c'est moi" oder „Sonnenkönig") oder durch die Verwendung des Emblems (vgl. Alternative 1) erreichen.

2. Lektüre des Memoiren-Textes

Die Lektüre kann in Stillarbeit erfolgen. Dabei sollten die Schüler versuchen, in einem ersten Zugriff einen Zusammenhang zwischen dem Text und dem eingangs besprochenen Begriff herzustellen. Hierbei wird sich voraussichtlich von selbst eine erste Beurteilung der Glaubwürdigkeit der Quelle ergeben, die zu den weiteren Texten überleitet.

3. Zusammenfassung der Ergebnisse unter dem thematischen Leitaspekt

Die Zusammenfassung kann mündlich, wenn möglich von einem Schüler vorgenommen werden.

<u>Ludwig – der Sonnenkönig</u>

(Ein Selbstporträt)
- seine menschliche Pflicht: seine Kinder durch Beispiel und Rat zu unterrichten
- seine öffentliche Verpflichtung: die Sorge für seine Völker und Staaten
- seine Betrachtung der Staatsangelegenheiten: mit den Augen des Gebieters
- sein Entschluß: die ganze Herrschermacht in seiner Person zu vereinigen

– seine Absicht: alle Angelegenheiten so geheim wie nur möglich zu halten und Gnadenbezeigungen nach eigener freier Wahl zu erteilen.

4. Analyse und Bewertung des Briefes von Colbert (M 4)

In diesem Fall sind einführende Bemerkungen zu Colbert und vorgreifende Informationen über seine Wirtschaftspolitik notwendig, die knapp durch den Lehrer gegeben werden können. Der Brief könnte unter der mehr allgemeinen Fragestellung nach dem Zusammenhang zwischen dem Memoiren-Text und diesem Brief still gelesen und dann gemeinsam besprochen werden. Doch liegt es näher, der Frage nachzugehen, wie – im Vergleich zum zuvor erörterten „Selbstporträt" Ludwigs XIV. – Colbert dessen Regiment beurteilt.

Als wichtigste Aspekte sollten festgehalten werden:
– Colbert beklagt, daß es ihm fast 6 Monate lang nicht gestattet war, den König über schwerwiegende Dinge, nämlich die Zerrüttung der Staatsfinanzen, zu informieren.
– Er fordert den König auf, selbst einmal zu überprüfen, wie viele unnütze Ausgaben (für Militär, Pensionen, Geschenke und dgl.) getätigt worden sind.
– Er prangert die verschwenderischen Ausgaben für Spiele, Feste, Gastmähler, außerordentliche Bankette an.

5. Lektüre eines „lettre de cachet"

Der Wortlaut sollte den Schülern zur Kenntnis gegeben werden mit dem Hinweis, daß aufgrund solcher Anordnungen ein Bürger auf unbestimmte Zeit eingesperrt werden konnte.

Als wichtigster Gesichtspunkt des anschließenden Unterrichtsgesprächs sollte festgehalten werden, daß die Ordnung des Rechtswesens durch den König letztlich dazu führen kann, daß die Willkür vieler durch die Willkür eines einzelnen ersetzt wird.

6. Bewertung

Im folgenden Schritt sollte eine Revision des Urteils über den Absolutismus – wie durch die Emblemata und Ludwigs Selbstdarstellung hervorgerufen – unter Einbeziehung der hinzugezogenen Fakten und Berücksichtigung ihres unterschiedlichen Quellencharakters zur Erörterung gestellt werden.

Die Schüler sollen erkennen,
– daß die Identifikation des Herrschers mit der Sonne im 17. Jahrhundert verbreitet war.
– daß die Übernahme der Alleinherrschaft durch Ludwig XIV. eine Veränderung der bisherigen Zustände in Frankreich bedeutete.
– daß Ludwig XIV. mit der Verschwendung staatlicher Geldmittel und der willkürlichen Festnahme von Bürgern partiell gegen die von ihm selbst propagierten Prinzipien verstieß.
– daß diese Mißbräuche eine Folge der Konzentration aller staatlichen Macht auf eine Person darstellten.

III. Erweiterungs- und Vertiefungsmöglichkeiten

Die Integrationsmethode legt die Einbeziehung weiterer Materialien nahe. Der Text von Bodin **(M 6)** leistet eine geistesgeschichtliche Einordnung der Quelle. Die Schüler erkennen, daß Ludwig XIV. mit seiner Argumentation auf älteres Gedankengut zurückgreift. Die ebenfalls auf die Sonnenmetapher zurückgreifende Passage aus Bodins Reflexion über die Vor- bzw. Nachteile der republikanischen, aristokratischen und monarchischen Staatsformen ist geeignet, die Bewertung des Absolutismus auf eine allgemeinere Ebene zu heben. Die kritische, auch historische Differenzen berücksichtigende Auseinandersetzung mit dem Argument, ein „starker Mann" an der Regierung wäre in der Lage, unbeeinflußt von den Stimmungen der Masse die objektiv richtigen Maßnahmen zu ergreifen, ist gerade in einer schwierigen gesamtpolitischen Lage ein wichtiger Beitrag zur demokratischen Erziehung der Schüler.

Hieran läßt sich eine Reflexion anschließen über die Frage, inwiefern der moderne demokratische Staat die Vorteile des Absolutismus bietet und seine Nachteile vermeidet. Der Übergang zur Herausbildung des modernen Parlamentarismus in England erschiene so organisch.

Es kann aber auch sogleich der Bezug hergestellt werden zum aufgeklärten Absolutismus Friedrichs II., wie er in dessen politischem Testament umrissen wird (vgl. folgendes Kapitel).

IV. Literaturhinweise für die Unterrichtsvorbereitung

1. Quellen

Bodin, Jean: Über den Staat (1583), Stuttgart 1976
Lautemann/Schlenke (Hrsg.): Geschichte in Quellen. Bd. 3: Renaissance, Glaubenskämpfe, Absolutismus. Bearb. v. F. Dickmann. München 1986
Ludwig XIV.: Memoiren, Autorisierte Übertragung von Leopold Steinfeld, Basel 1931
Schöne, Albrecht/Henkel, Arthur (Hrsg.): Emblemata. Handbuch zur Sinnbildkunst des XVI. und XVII. Jahrhunderts, Stuttgart 1967

2. Sekundärliteratur

Hartung, Fritz: L'état c'est moi, in: HZ 169, 1959, 1–30
Hinrichs, Karl: Zur Selbstauffassung Ludwigs XVI. in seinen Memoiren, in: Ernst Hinrichs (Hrsg.): Absolutismus, Frankfurt a. M. 1986, 97–115
Kunisch, Jochen: Absolutismus. Europäische Geschichte vom Westfälischen Frieden bis zur Krise des Ancien Regime, Göttingen 1986
Weidenmann, Bernd: Psychische Prozesse beim Verstehen von Bildern, Bern, Stuttgart, Toronto 1988

7 Friedrich II. von Preußen: Das Politische Testament von 1752

Themengeleitete Verarbeitung von Textinformation

Inhalt des Kapitels

Verzeichnis der Materialien zu diesem Kapitel

I. Didaktisch-methodischer Kommentar

Historischer Kontext und Autor

Die von Friedrich II. in seinem Politischen Testament von 1752 **(M 1)** formulierte Staatsauffassung steht im Spannungsverhältnis zwischen Aufklärung und Absolutismus. Während die Testamente seiner Vorgänger den Staat eher als Privateigentum der Herrscherfamilie betrachteten, verbinden sich hier die Gedanken der Aufklärung mit der absoluten Fürstenherrschaft. Friedrich II. systematisiert in rationalem Sinne die Staatsauffassung der absoluten Monarchie und weist insofern über sie hinaus. In der Bezeichnung seiner Schrift steht Friedrich II. nicht nur in der Tradition der preußischen Herrscher (vgl. **M 2**). Politische Testamente wurden als Ratschläge und politische Richtlinien für den jeweils nachfolgenden Kronprinzen verfaßt und geben als geheime Dokumente einen Einblick in die Ansichten der Verfasser. Sie dienen nicht nur als Rechtfertigung des politischen Handelns, sondern aufgrund der Erfahrungen des Verfassers auch als Leitfaden für den zukünftigen Herrscher. Friedrich II. griff bewußt auf den von Kardinal Richelieu verwendeten Titel „Testament politique“ **(M 5)** zurück, und insofern erhält sein Politisches Testament auch den Charakter einer Staatsschrift, während es sich in den anderen Fällen eher um eine politische Erörterung innerhalb eines privaten Testaments handelte (Dietrich 1981, 7).

Friedrich II. verfaßte sein erstes Politisches Testament **(M 1)** zwischen April und Juni 1752, sein zweites 1768. Er richtet sich ganz allgemein an die „Nachwelt“, um das, was er durch Erfahrung gelernt hat, zu übermitteln: „Mit der Abfassung dieses politischen Testaments verfolge ich ... keine andere Absicht, als einem Piloten gleich, der die stürmischen Zonen des politischen Meeres kennt, meine Erfahrungen der Nachwelt mitzuteilen.“ (Polit. Testament 1987, 3).

Der äußere Anlaß für die Abfassung zu diesem Zeitpunkt läßt sich nur bedingt ermitteln. Sein Gesundheitszustand – er hatte wenige Jahre zuvor einen Schlaganfall erlitten (Leuschner 1986, 19) – und die damit verbundenen Überlegungen, die den Tod einkalkulieren mußten, veranlaßten ihn unter Umständen dazu, zumal er auch ein privates Testament verfaßte (Most 1987, 170). Die Abfassung erfolgte nach dem 1. und 2. Schlesischen Krieg (1740–42 und 1744/45) zu einem Zeitpunkt, als Preußen sich territorialstaatlich auf Kosten Österreichs um wirtschaftlich und strategisch interessante Gebiete erweitert hatte. Diese expansive Politik gehörte für Friedrich zu den Hauptmaximen, die er seinem Nachfolger weitervermitteln wollte: „Hier will ich Euch nur überzeugen, daß der König von Preußen den Krieg unbedingt zu seinem Hauptstudium machen und den Eifer derer anfeuern muß, die den edlen und gefährlichen Waffenberuf ergriffen haben.“ (Polit. Testament 1987, 105) Von seinem ganz im Sinne des Absolutismus regierenden Vater, Friedrich Wilhelm I., hatte er einen Staat übernommen, in dem der Armee und der Monarchie als integrierenden Bestandteilen wegen der territorialen Zersplitterung eine besondere Bedeutung zukommen mußte. Die aufgrund dessen empfundene Schwäche veranlaßte bereits den „Soldatenkönig“, zur Stabilisierung des Gesamtstaates die Armee auszubauen und ihr eine übergeordnete Rolle zuzuweisen. Friedrich II. übernahm nach dem Tod seines Vaters 1740 eine absolutistisch regierte Militärmonarchie, die einen gut funktionierenden Regierungs- und Verwaltungsapparat besaß. Er änderte an diesen Prämissen nichts und übernahm in diesen Punkten die Ansichten des sonst so gegensätzlichen Vaters.

Ein weiterer Grund für die Abfassung könnte in der Frage der Thronfolge gelegen haben. Friedrich II. hatte selbst keine Kinder und bestimmte in seinem persönlichen Testament vom Januar 1752 seinen Bruder August Wilhelm als Erben. In einem mit dem Titel „Erziehung des Thronfolgers" überschriebenen Kapitel seines Politischen Testaments legte er seine Maximen einer Prinzenerziehung dar (Polit. Testament 1987, 139 f.). Diese bezogen sich auf die Söhne August Wilhelms, die späteren Könige Friedrich Wilhelm II. und Friedrich Wilhelm III.

Themenspezifische Voraussetzungen

Die Behandlung des Absolutismus in Preußen im Geschichtsunterricht der Sekundarstufe I kann als differenzierte Ergänzung zum Herrschafts- und Wirtschaftssystem Ludwigs XIV. angesehen werden. Ein Vergleich zum Absolutismus in Frankreich müßte sich auf die wesentlichen Gemeinsamkeiten und Unterschiede zu Preußen konzentrieren. Das würde ebenfalls für den Vergleich der Entwicklungen Preußens im 17. und 18. Jahrhundert mit den Entwicklungen in England und Amerika gelten, die den größeren, der Aufstieg Preußens zur Großmacht den engeren Zusammenhang bilden könnten. Als vergleichbar mit Frankreich wären die Wirtschaftspolitik (Merkantilismus) und – damit wegen der Notwendigkeit der Finanzierung in einem Begründungszusammenhang stehend – die Bedeutung des stehenden Heeres zu nennen. Der für den hier vorliegenden Unterrichtsvorschlag gewählte Schwerpunkt betont dagegen einen wesentlichen Unterschied zwischen dem höfischen Absolutismus Ludwigs XIV. und dem aufgeklärten Absolutismus Friedrichs des Großen: die Legitimation der Staatsführung durch den Herrscher. Dem Gottesgnadentum steht der Pflichtbegriff des preußischen Königs gegenüber (vgl. dazu Kapitel 6 in diesem Band). Aus der Herrschaftslegitimation im Sinne der Aufklärung ergeben sich als Folgen beispielsweise die Gewährung religiöser Toleranz und die Hinführung zum Rechtsstaat durch die Garantie der Rechtsgleichheit für die Untertanen, zwei Aspekte, die als Unterschiede zu Frankreich gesehen werden müssen.

Inhaltliche Voraussetzungen bilden die Tradition der Politischen Testamente preußischer Herrscher, so z. B. die Kenntnis des Politischen Testaments des Großen Kurfürsten Friedrich Wilhelm **(M 2)**. Im Unterschied zum Politischen Testaments Friedrichs des Großen beinhaltet es die Vorstellung des von Gott gegebenen Herrscheramtes (Z. 2/3), die konsequent die Orientierung des Monarchen an und auf Gott nach sich zieht. Die patriarchalische Stellung des Monarchen resultiert ebenfalls aus der göttlich gegebenen Ordnung des Verhältnisses zwischen dem Regenten und seinen Untertanen. Demgegenüber geht Friedrich II. ganz im Sinne der Aufklärung bereits in seiner Zeit als Thronfolger von einem Vertragsverhältnis zwischen König und Volk aus **(M 4)**. Die Untertanen hätten ihn zu ihrem Oberhaupt „erwählt" (Z. 22), er habe – ursprünglich als „Mitbürger" auf ihrer

Ebene stehend – dem Volk sein Herrscheramt zu verdanken. Er bezeichnet den Gedanken der Fürsten, aufgrund ihrer Größe von Gott in dieses Amt eingesetzt zu sein, als „Irrtum“ (Z. 7) und kritisiert die Fürsten wegen dieser Haltung, aus der das europäische Elend resultiere.

Sachlicher Gehalt der Quelle

Der vorliegende Auszug aus dem Politischen Testament Friedrichs II. **(M 1)** spiegelt die Staatsauffassung des preußischen Königs wider, prägnant ausgedrückt in dem Satz: „Der Herrscher ist der erste Diener des Staates.“ (Z. 23). Das Selbstverständnis des Herrschers geht nicht ausdrücklich von der Gottgegebenheit des Amtes aus. Der König fühlt sich nicht Gott als der einzigen über ihm stehenden Institution verpflichtet, wie es die Auffassung absolutistischer Herrscher war, so auch die des Großen Kurfürsten Friedrich Wilhelm **(M 2)**.

Die Konnotation des von Friedrich II. verwendeten Begriffs „Diener“, der eine Unterwerfung des Königs bzw. Fürsten unter den Staat bedeutet, findet sich auch an anderer Stelle in der Wortwahl, wenn vom „Berufe“ (Z. 16) des Fürsten gesprochen wird, der „werktätig ... arbeite“ (Z. 25) und dafür „gut besoldet“ wird (Z. 23f.). Die Anforderungen an den Monarchen entsprechen offenbar denen eines normal arbeitenden Untertanen. Insofern hat sein Tun Vorbildcharakter.

Das Dienen der Herrscher wird von Friedrich II. als Dienst am Volk verstanden, als Wirken „für das Glück ihrer Völker“ (Z. 16), „für das Wohl des Staates“ (Z. 25). In diesem Staatszweck unterscheidet sich Friedrich II. nicht von seinem Urgroßvater, auch er leitet aus dem Streben nach Wohlfahrt für seine Untertanen die Maximen für Wirtschafts-, Peuplierungs- und Rechtspolitik ab (vgl. **M 2**). An dieser Stelle wird der Einfluß der Aufklärung auf die politischen Ansichten des preußischen Königs deutlich, wie ein Vergleich mit dem Artikel „Société“ aus der „Encyclopédie“ ergibt **(M 3)**: Das Gemeinwohl verlange, daß „die Oberen die Rechte ihrer Untergebenen achten und ihre Herrschaft nur dazu ausüben, sie glücklicher zu machen“ (Z. 12–13). Jeder Obere habe seine Stellung „zum Glück und Frieden der anderen“ (Z. 15f.). Diese Fürsorge für das Volk wird von Friedrich II. ganz in diesem Sinne als Pflicht angesehen. Er wirft den von ihm negativ skizzierten Fürsten, charakterisiert als träge, vergnügungssüchtig und dumm, daher „Pflichtvergessenheit gegen ihre Völker“ vor (Z. 20). Diese Kritik an den Lastern und Nachlässigkeiten anderer Herrscher gehört wie die von ihm dafür verantwortlich gemachte Ursache, nämlich die Nichtbeachtung des Vertragsverhältnisses zwischen Fürst und Untertanen, seit seiner Zeit als Thronfolger zu den Grundlagen seiner Staatsauffassung **(M 4)**. Seine Pflichtauffassung soll demnach anderen Fürsten Vorbild sein und steht der absolutistischen Herrschaftsauffassung, auch in barocker Prachtentfaltung symbolisiert, gegenüber. Allerdings muß einschränkend gesagt werden, daß auch Friedrich II. dem König allein das Wissen zubilligt, worin Wohl und Glück des Volkes und des Staates liegen. Als Träger der Staatsgewalt darf nur er allein darüber bestimmen.

Die Staatsauffassung Friedrichs II. kann aber nicht nur in diesem eher positiv-bescheidenen Sinne gesehen werden. Auf abstrakte und sehr rationale Weise entwirft er das „System“ einer Staatsregierung. In diesem System leitet der Herrscher alle Geschäfte (Finanzen, Politik, Heerwesen, Innen- und Außenpolitik). Nach seiner Meinung ist er im Gegensatz zu Ministern dazu prädestiniert, weil sein Interesse identisch sei mit dem Staatsinteresse. Diese These wird an keiner Stelle weiter begründet, sondern lediglich durch eine weitere These ergänzt: „Ein System kann aber nur aus einem Kopfe entspringen; also muß es aus dem des Herrschers hervorgehen.“ (Z. 13–14) Dieser scheinlogische Schluß stellt kein überzeugendes Argument dar und nähert sich der absolutistischen Position zum Verhältnis zwischen Fürst und Staat: Statt „L`état c'est moi“ heißt es nun „Staatsinteresse gleich Herrscherinteresse“. Lediglich der stark dynastische Bezug in den Handlungsbegründungen wird im Vergleich zu Frankreich reduziert. Auch die Formulierung des politischen Ziels, des Staatszweckes – „Stärkung des Staates“ und „Wachstum seiner Macht“ – kann absolutistisch genannt werden. Unklar bleibt in seinem Politischen Testament, wie der König zu seinem Amt kommt: er werde „zu seinem hohen Rang erhoben“, „man“ habe ihm die höchste Macht anvertraut (Z. 21). Wird ein Mensch durch Zufall Fürst, durch Geburt oder doch aufgrund göttlicher Gnade? Die Antwort auf diese Frage bleibt er zumindest in diesem Textausschnitt schuldig. Ein Blick in seine Schrift „Betrachtungen über den gegenwärtigen politischen Zustand Europas“ von 1737/38 **(M4)** konkretisiert die oben zitierten Passagen. Friedrich geht eindeutig von einem zwischen Volk und König geschlossenen Vertrag aus, er ist der von ihnen erwählte, weil er sich durch seine Fähigkeiten dafür auszeichnet. Die Erhebung der Fürsten sei das Werk der Völker, sie statteten sie mit der höchsten Macht aus. Daß der Fürst diese Staatsgewalt nicht mißbraucht, ergibt sich für Friedrich II. gerade aus diesem Ursprung der Macht. Seiner Meinung nach artet die Herrschaft derjenigen Fürsten in Tyrannei, Ungerechtigkeit und Verbrechen aus, „die glauben, Gott habe aus besonderer Rücksicht für sie und eigens ihrer Größe, ihrem Glück und Hochmut zuliebe das Gewimmel der Völker geschaffen“, das sie als „Werkzeuge“ betrachteten. Demgegenüber ist die aufgrund eines Vertrages zustandegekommene Herrschaft ein Garant für „Recht und Gesetz“.

Fritz Hartung versteht unter aufgeklärtem Absolutismus eine „von der Philosophie, insbesondere von der Staatslehre der Aufklärung stark beeinflußte Regierungsweise“, und läßt die Reihe der aufgeklärten Absolutisten mit Friedrich dem Großen beginnen. Seine Überprüfung der praktischen Regierungspolitik an den Maßstäben der Aufklärung läßt ihn zu dem Schluß kommen, in der Regierung Friedrichs den Abschluß des monarchischen Absolutismus zu sehen (vgl. dazu Hartung 1961, 154, 160 und 165).

Ziele des Unterrichts

In der Beschäftigung mit der Staatsauffassung Friedrichs II. von Preußen soll sich der Prozeß vom Absolutismus zum aufgeklärten Absolutismus erschließen. Die Prozeßhaftigkeit historischer Entwicklungen soll gerade dadurch deutlich werden, daß hier mit der Staatsauffassung Friedrichs II. zwar neue Gedanken auf seiten des Herrschers hinzutreten, verbunden mit einem Generationswechsel auf dem Thron; eine Ablösung vom Absolutismus erfolgt aber noch nicht. Den Schülern soll deutlich werden, wie langsam und schrittweise sich Geschichte vollzieht und zu der Demokratie geführt hat, in der sie leben. In diesem Zusammenhang steht auch das Aufgreifen einiger Kennzeichen der Aufklärung, denn wesentliche Grundsätze, die für heutige Zeitgenossen selbstverständlich sind, den Schülern aber vielleicht gar nicht bewußt sind wie Toleranz, Bildungsfreiheit, Gleichheit der Menschen als vernunftbegabte Wesen, gehen auf diese Philosophie zurück.

II. Methodenkonzept für den Unterricht

Begründung der Methodenwahl

Der Auszug aus dem Politischen Testament Friedrichs des Großen ist von ihm selbst mit einer Leitfrage überschrieben worden: „Soll ein Fürst selbst regieren?“ Er gibt mit dem Titel dieses Abschnitts die von ihm intendierte zentrale Thematik vor. Es geht Friedrich II. um die Rechtfertigung, ohne Minister zu regieren, sämtliche Felder der Politik selbst zu bestimmen. Der Leser könnte aus dieser Frage wie auch aus ihrer Bejahung die Haltung eines absoluten Herrschers ableiten, der wie z. B. Ludwig XIV. die wichtigsten staatlichen Aufgaben in seiner Hand konzentriert (vgl. Kap. 6) oder sogar zu diktatorischen Maßnahmen neigen könnte. Die Beschäftigung mit dem genauen Wortlaut des Textes müßte ergeben, daß aufgrund des aufklärerischen Bezuges genau diese Auswirkungen nicht eintreten. Es muß demnach bei der Verarbeitung der Textinformationen darum gehen, nicht nur die Antwort auf diese Frage nachzuzeichnen, sondern den durch die in der Überschrift gestellte Frage erwarteten Inhalt des Textauszuges daraufhin zu untersuchen, wie der preußische König diese Selbstregierung begründet. Mit der themengeleiteten Verarbeitung von Textinformation wird folglich die Einsicht in die Argumentationsstruktur des Politischen Testamentes angezielt.

Bei Weglassen der Überschrift bestünde für die Schüler die Möglichkeit, die Leitfrage selbst zu finden.

Verlaufsstruktur

1. Hinführung zum Text

In einem Unterrichtsgespräch werden von den Schülern – je nach Aufbau der Unterrichtsreihe – die Vorkenntnisse über den Absolutismus Ludwigs XIV. (Kap. 6) und die Entstehung und Entwicklung Preußens zur Großmacht zusammengefaßt. Die beim Vergleich zutage tretenden Gemeinsamkeiten beziehen sich auf die Bedeutung des stehenden Heeres, die merkantilistisch organisierte Wirtschaftspolitik, eine expansive Außenpolitik, eine ausgebaute Verwaltung mit einer ausgebildeten Beamtenschaft, die

Reduzierung der politischen Einflußmöglichkeiten des Adels (in Preußen seit Friedrich Wilhelm I. in den Staat eingebunden in der Funktion als Offiziere) und die ständisch aufgebaute Gesellschaft. Unterschiede zu Frankreich ergeben sich hinsichtlich der ständischen Gliederung, da es in Preußen den Klerus als 1. Stand nicht gab. Das Fehlen einer staatlich vorgeschriebenen Religion und der statt dessen gewährten religiösen Toleranz markiert ebenso einen wesentlichen Unterschied wie die staatliche Schulpolitik anstelle einer kirchlichen Oberaufsicht über die Bildungseinrichtungen wie in Frankreich.

Die Herrschaftslegitimation des französischen Königs ist bereits bekannt, während dieser Aspekt für Preußen nun erarbeitet werden soll.

Diese Übersicht könnte von den Schülern auch in Form eines tabellarischen Vergleichs als Hausaufgabe vorbereitet werden **(M 7)**.

2. Texteingabe und Erarbeitung

Die Lektüre des Textauszuges erfolgt durch die Schüler in Stillarbeit. Je nach Entscheidung, den Text mit (a) oder ohne (b) Titelfrage vorzulegen, richtet sich die an die Lerngruppe zu stellende Aufgabe:

a) Wie beantwortet Friedrich der Große die gestellte Frage? Welche Argumente führt er an?
b) Welche Ratschläge gibt der preußische König seinem möglichen Nachfolger?

Die Antworten auf beide Fragen zielen zunächst auf den Textinhalt. Die Entscheidung des Lehrers für **a)** greift aber in die Findung der Grundthematik ein: Denn die Tatsache, daß diese Frage überhaupt gestellt wird und Teil des Textes ist, läßt Rückschlüsse auf die Gedanken des Verfassers zu.

Friedrich II. bejaht die von ihm selbst gestellte (rhetorische?) Frage. Die Selbstregierung erstreckt sich auf alle Bereiche der Politik. Die Argumente für diese Regierungsweise ließen sich in zwei Gruppen unterteilen: zum einen führt er einsichtige, angesichts realer Gegebenheiten leicht nachzuvollziehende Gesichtspunkte an (die besondere Situation Preußens, mögliche Nebenabsichten der Minister, das schlechte Beispiel anderer Fürsten). Zum anderen aber entwirft er das einem philosophischen Lehrgebäude ähnliche System der Staatsregierung und dabei steht die Rolle des Herrschers im Zentrum seiner Ausführungen. Dieser systematische Zugriff sollte auch im Unterrichtsgespräch verfolgt werden:

Ursprung des Systems:	Kopf des Herrschers
Ziel:	Stärkung des Staates
	Wachstum seiner Macht
Weg:	sorgfältige Leitung der Hauptgeschäfte
	werktätige Arbeit des Herrschers
	keine Verweichlichung

Aber auch der Herrscher ordnet sich einer weiteren Instanz unter: dem Staat und dem Staatsinteresse.
Entscheidet sich der Lehrer für die Variante **b)**, zielt die Aufgabenstellung im Sinne der

Absicht des Politischen Testaments auf die Empfehlungen, die dem Nachfolger gegeben werden. Die Zusammenstellung dieser Ratschläge führt zu den weiteren Fragestellungen, **warum** Friedrich II. diese Hinweise gibt und **wie** er sich ihre Umsetzung vorstellt. Auf diese Weise ergibt sich das Bild eines Fürsten, der eine klare Vorstellung von seiner Aufgabe, seiner Verantwortung und Verpflichtung hat und diese argumentativ zu rechtfertigen vermag.
Die abschließende Zusammenfassung der Ergebnisse wird durch die Eingabe der von Friedrich gewählten Überschrift „Soll ein Fürst selbst regieren?“ abgerufen.

3. Reflexion des Hauptaspekts

Der Vergleich der erarbeiteten Ergebnisse aus der Quellenanalyse mit der Tabelle über die Gemeinsamkeiten und Unterschiede zwischen Frankreich und Preußen **(M 7)** ermöglicht, die für das preußische Beispiel noch offenstehende Herrschaftsauffassung zu ergänzen. Dieser Aspekt müßte im Mittelpunkt des Unterrichtsgesprächs stehen. Dabei erkennen die Schüler, daß Ludwig XIV. und Friedrich II. ihre Position als Herrscher unterschiedlich legitimieren. Soweit bekannt, könnten die Schüler auch den Wandel der Herrschaftsauffassung preußischer Könige vom Großen Kurfürsten Friedrich Wilhelm **(M 2)** zu seinem Urenkel nachvollziehen.

In diesem Zusammenhang böte sich die Gelegenheit, zum Ausgangspunkt der Textarbeit, der von Friedrich dem Großen selbst gewählten Leitfrage, zurückzukommen und die Überlegung anzuschließen, warum sich diese Frage für die anderen Fürsten nicht stellt bzw. wieso sie sich für Friedrich II. stellt.

Ein weiterer Ansatzpunkt liegt in der Feststellung, daß er eine Bezogenheit zu Gott vollkommen außer acht läßt und diese für seine Argumentation, im Unterschied zu Ludwig XIV. und dem Großen Kurfürsten, überhaupt keine Rolle spielt. Auf der Basis ihres Vorwissens müßte die Lerngruppe erkennen, daß der Einfluß der Aufklärung im Denken des preußischen Königs spürbar wird.

4. Analyse eines Grundsatztextes zur Aufklärung (M 3)

Um diesen Einfluß konkret belegen zu können, wird der Auszug aus der „Encyclopédie“ **(M 3)** von den Schülern analysiert. Der Text beinhaltet neben den grundlegenden Aussagen zur Gleichheit der Menschen auch Ausführungen über die Herrschenden, ihre Aufgaben und die Gründe für ihre übergeordnete Position. Die Übereinstimmung mit der Argumentation Friedrichs II. gipfelt in der Auffassung von Herrschaft als „Verpflichtung“ gegenüber der Allgemeinheit (Z. 26f.).

5. Zusammenführung der Ergebnisse

Die Schüler erkennen, daß die Herrschaftsauffassung Friedrichs II., Pflicht gegenüber dem Staat und Wirken zum Wohl des Volkes, auf Gedanken der Aufklärung beruht und diese aufgreift. Damit geht sie über die bisher übliche Legitimation „von Gottes Gnaden“ hinaus. Da die Herrschaft aber in den Händen eines einzelnen Herrschers verbleibt, behält sie ihren absolutistischen Charakter, der aber im Sinne der Aufklärung in neuer Form gerechtfertigt wird.

III. Erweiterungs- und Vertiefungsmöglichkeiten

Als Einstieg wäre ein Lehrervortrag möglich, der die menschliche Seite Friedrichs II. hervorhebt: eingeleitet durch eine Musikeinspielung (z. B. Ausschnitt aus der Sinfonie D-dur von Friedrich II., Allegro assai, CD, Delta Music, 1985), würde die Vielseitigkeit Friedrichs II. sehr anschaulich und eindrucksvoll zu „Ohren" geführt. Ein Ausschnitt aus einem von Friedrich II. komponierten Flötenkonzert dient dazu, die epistemische Neugier der Schüler anzuregen. Ein Überraschungseffekt würde sich dadurch ergeben, daß auch heute noch die vom preußischen König komponierte Musik auf CD aufgenommen und verkauft wird. Zudem richtet sich die Musik an die emotionale, affektive Seite der Schüler, wenngleich nicht bei allen Schülern ein Interesse an klassischer Musik vorausgesetzt werden kann.

Das Wesen Friedrichs II. war geprägt von einer rätselhaften Doppelnatur: einerseits künstlerisch-musisch veranlagt sowie philosophisch interessiert und gebildet durch den Einfluß der Mutter, pflegt er als Erwachsener eine soldatische Lebensweise. Sie geht auf den Erziehungsstil des Vaters zurück, der Friedrich II. in wirtschaftlichen und administrativen Aufgaben und im Militärwesen unterwies. Friedrichs widersprüchlicher Charakter war das Ergebnis seines Lebensschicksals, das der strenge, sparsame Vater, Friedrich Wilhelm I., zu großen Teilen zu verantworten hatte (vgl. Ritter 1978).

Eine nachbereitende und ergänzende Hausaufgabe könnte unter Verwendung des Auszuges aus Friedrichs Schrift „Betrachtungen über den gegenwärtigen politischen Zustand Europas" **(M 4)** die im Unterricht erarbeiteten Erkenntnisse vertiefen. Die Schüler erhalten eine weitere Antwort auf die Frage nach der Legitimation der fürstlichen Herrschaft: sie basiert auf dem Vertragsverhältnis zwischen König und Untertanen, die ihm die höchste Macht anvertraut haben. Diesen Ursprung seiner übergeordneten Stellung erkennt Friedrich II. ganz im Sinne der Aufklärung an (vgl. **M 3**, Z. 29 f.). Er betrachtet den Staat demnach als Geschöpf des Volkes, er wäre dann als Diener des Staates gleichzeitig Diener des Volkes (Jellinek 1966, 674).

IV. Literaturhinweise für die Unterrichtsvorbereitung

1. Quellen

Auszug aus dem Politischen Testament des preußischen Königs Friedrich II., des Großen, von 1752, in: Friedrich der Große: Das Politische Testament von 1752. Bibliograph. ern. Ausg. Stuttgart 1987 (RUB 9723). Auch in: Geschichte in Quellen. Renaissance, Glaubenskämpfe, Absolutismus. Bearb. v. Fritz Dickmann. 2. Aufl. München 1976. S. 608

Auszug aus dem Politischen Testament des Großen Kurfürsten Friedrich Wilhelm von Brandenburg-Preußen, in: Geschichte und Geschehen II. Stuttgart 1991. S. 256. In: Geschichte in Quellen: Renaissance, Glaubenskämpfe, Absolutismus. Bearb. v. Fritz Dickmann. 2. Aufl. München 1976. S. 720

Auszug aus dem Artikel „Société" aus der „Encyclopédie ou Dictionnaire raisonné des sciences, des arts et des métiers" 1751 ff., Bd. 15: Geschichte in Quellen: Renaissance, Glaubenskämpfe, Absolutismus. Bearb. v. Fritz Dickmann. 2. Aufl. München 1976. S. 720

Lautemann/Schlenke (Hrsg.): Friedrich der Große: Betrachtungen über den gegenwärtigen politischen Zustand Europas, 1737/38 (Auszug). In: Geschichte in Quellen. Bd. 3: Renaissance, Glaubenskämpfe, Absolutismus. Bearb. v. Fritz Dickmann. 2. Aufl. München 1976. S. 600

Kardinal Richelieu: Testament Politique 1629–38 (Auszug). In: Der frühmoderne Staat. Von Joachim Rohlfes und Peter Völker. Stuttgart 1993. S. 133 (Historisch-Politische Weltkunde)

Grundgesetz für die Bundesrepublik Deutschland. Textausgabe. Stand: Oktober 1990. Bonn 1991

2. Sekundärliteratur

Dietrich, Richard (Hrsg.): Politische Testamente der Hohenzollern. München 1981 (dtv Dokumente)

Hartung, Fritz: Der aufgeklärte Absolutismus. In: Staatsbildende Kräfte der Neuzeit. Gesammelte Aufsätze. Berlin 1961. S. 149–177

Jellinek, Georg: Allgemeine Staatslehre. 3. Aufl. Bad Homburg v. d. Höhe u. a. 1966

Leuschner, Hans: Friedrich der Große. Zeit, Person, Wirkung. Gütersloh 1986

Most, Eckhard: Nachwort. In: Friedrich der Große. Politisches Testament von 1752. Stuttgart 1987. S. 149–181

Ritter, Gerhard: Friedrich der Große. Ein historisches Profil. Königstein/Ts. 1978

CD Friedrich II. „der Große": Flötenkonzerte und Sinfonien. Capriccio 1985 (Delta Music)

8 Der Prozeß gegen Ludwig XVI.

Darstellendes Vorlesen

Inhalt des Kapitels

Verzeichnis der Materialien zu diesem Kapitel

I. Didaktisch-methodischer Kommentar

Historischer Kontext und Autor

Das historische Kernproblem dieses Themas berührt die Frage nach dem Verhältnis von Macht und Recht, indem ein politischer Schauprozeß geführt wird, obwohl, von der Macht her gesehen, auch der Weg einer Exekution als weitestgehende Maßnahme der Exekutive anzusehen ist. Der Staat hat das Recht, ein politisches Gerichtsverfahren nach eigenem Ermessen zu eröffnen; nicht aber die Macht, es nach Belieben zu beenden. Denn die Nachwelt wird zum vergrößerten Forum und kann mit ihrem weiteren Horizont und ihrer schon durch die größere Objektivität schaffende Distanz die Plausibilität der Positionen prüfen. Das begründet die Möglichkeit der Revision, die Chance der Neubewertung, möglicherweise sogar der Rehabilitation (Demandt 1991, 277 f.). Eine Revolution, die einerseits auch um eine positive Außenwirkung gegenüber den Bürgern der Nachbarstaaten bemüht war, andererseits sich aber gleichfalls in einer eindeutigen Frontstellung gegenüber den anderen europäischen Mächten befand, hat nur einen kleinen Spielraum bei der Auseinandersetzung mit einem königlichen Gegner. Die postulierten Revolutionsideale der „Freiheit, Gleichheit und Brüderlichkeit" und die konkrete historische Situation sind weitere Aspekte, die für den Prozeßverlauf zu berücksichtigen waren und ebenso aus heutiger Perspektive eine Rolle spielen. Die Zeitgenossen hatten im Zusammenhang mit einer sich nach einer Revolution ereignenden Abrechnung das Beispiel Karls I. vor Augen. Der Beurteilende aus heutiger Sicht verfügt außerdem über die Kenntnis der Ermordung des russischen Zaren Nikolaus II., dem im Gegensatz zu den anderen beiden Herrschern kein Prozeß gemacht wurde, sondern der ohne Verfahren erschossen wurde.

Die Rolle, die Ludwig XVI. für die Französische Revolution gespielt hat, beginnt bereits vor ihrem Ausbruch. Seine Charaktereigenschaften werden mit zu den unmittelbaren Revolutionsursachen gezählt. Die Schuldenkrise Frankreichs, die ohne Heranziehen der finanziellen Leistungsfähigkeit der privilegierten Stände nicht mehr zu bewältigen war, konnte nicht gelöst werden. Die Bemühungen der Generalkontrolleure der Finanzen scheiterten auch an der schwachen Persönlichkeit des Königs. Das Ansehen des Königtums war zwar als Symbol der nationalen Gemeinschaft ungeschmälert, doch konnte sich Ludwig XVI. kein persönliches Ansehen erwerben, im Gegenteil, die Höflinge spotteten hinter seinem Rücken über ihn (Lefebvre 1989, 31). Die steigenden Kosten der aufwendigen königlichen Hofhaltung waren neben dem steigenden Zinsendienst, den Getreidekäufen im Ausland, der kostenträchtigen Außen- und Sicherheitspolitik ein Faktor der Staatsverschuldung, der eine persönliche Verantwortung Ludwigs über die politische Verantwortlichkeit hinaus andeutet. Die Zeitgenossen unterstrichen die Verschleuderung, wie sie sich in Geldgeschenken des Königs beispielsweise an seinen Bruder (14 Millionen Francs) ausdrückte (Markov/Soboul 1989, 47; Barudio 1989, 15).

Die Willensschwäche des Monarchen verhinderte außerdem, daß die Generalkontrolleure Robert Jacques Turgot (1775/76), Jacques Necker (1777–1781 und 1788/89), Charles-

Alexandre de Calonne (1783–1786) und Etienne-Charles de Loménie de Brienne ein Reformprogramm gegenüber den *Parlements* und den eigens zur Absegnung der Steuerreformen einberufenen Notablenversammlungen durchsetzen konnten. Der Konflikt verschärfte sich unter anderem wegen seiner Dauer, die den Gegnern die Möglichkeiten eröffnete, immer neue Vorstellungen zu entwickeln. Ausgehend vom Budgetrecht der Generalstände entwickelten die Sprecher der Privilegierten immer weitergehende Forderungen, mit denen aus Frankreich eine Aristokratie geworden wäre. Schließlich berief sich die Aristokratie sogar auf die Menschen- und Bürgerrechte, um ihre Vorrechte zu schützen und den König zur Abgabe eines Teils seiner absoluten Macht zu zwingen. Die Argumentationsweise hatte auch dazu beigetragen, daß viele Bürgerliche für die Sache der Parlamente eingetreten waren, obwohl die ministeriellen Reformen eher zugunsten des Dritten Standes gewirkt hätten.

Doch veränderte sich die politische Stimmung vollständig, als die Einberufung der Generalstände erfolgte. Der Streit um den Abstimmungsmodus (nach Köpfen oder nach Ständen) erzeugte eine neue Frontstellung zwischen den politischen Interessengruppen Dritter Stand, Privilegierte und König mit seinen Ministern. Nachdem am 23. September 1788 das Pariser Parlament darauf bestanden hatte, daß die Generalstände nach dem Modus von 1614 gebildet werden sollten, was eine gleich große Teilnehmerzahl pro Stand sowie eine Abstimmung nach Ständen bedeutete, standen sich Dritter Stand und Privilegierte feindlich gegenüber. Die Bestimmungen von 1614 waren gleichbedeutend mit der sicheren Überstimmung des Dritten Standes (eine Stimme) durch die Kleriker und Adeligen (zusammen zwei Stimmen), selbst wenn der Dritte Stand eine Verdoppelung seiner Teilnehmer hätte durchsetzen können. Damit wurde plötzlich Ludwig XVI. zum Idol des Bürgertums, da er sich nicht im Sinne der einen oder anderen Gruppe geäußert hatte. Die bürgerlichen Vorstellungen enthielten nicht nur eine Verdoppelung der Teilnehmer für den Dritten Stand, deren zahlenmäßiger Gleichstand mit den anderen beiden Ständen bei einer Abstimmung nach Ständen wiederum zunichte gemacht worden wäre, sondern sie kombinierten die neuen Zahlenverhältnisse mit dem Verlangen einer Abstimmung nach Köpfen (Lefebvre, 1989, 35, 55–58). Die königliche Regierung gewährte am 27. Dezember 1788 eine Verdoppelung der Vertreter, ließ aber die Frage nach dem Abstimmungsmodus offen, auch wenn Necker in seinem Bericht die Abstimmung nach Ständen befürwortete. Mit diesem Vorgehen geriet der König zwischen die beiden anderen Gruppen, die in der Abstimmungsfrage der königlichen Verfügung die jeweils gewünschte und gegensätzliche Interpretation unterschoben (Lefebvre 1989, 62 f.). Bereits vor der Eröffnung der Generalstände verscherzte sich der König mit protokollarischen Ungeschicklichkeiten, die den Vertretern des Dritten Standes als Beleidigungen erscheinen mußten, seine Stellung als über dem Streit stehender Monarch. Dieser Kurs wurde mit Eröffnung der Generalstände fortgesetzt, auch wenn der König und seine Minister bis zur Selbsternennung der Vertreter des Dritten Standes zur Nationalversammlung untätig blieben. Erst nachdem der Erste Stand einer Vereinigung mit der Nationalversammlung zugestimmt hatte, wurden Gegenmaßnahmen ergriffen. Kardinal Rochefoucauld erklärte das Abstimmungsergebnis der von ihm geleiteten klerikalen Ständekammer aufgrund eines Formfehlers für nichtig und bat den König, zu intervenieren. Doch verzögerte sich das Eingreifen der Krone mittels einer Verfügung. Es wurde lediglich eine indirekte Maßnahme ergriffen, als man am 20. Juni den Delegierten des Dritten Standes den Zutritt zu ihrem Sitzungssaal mit dem Hinweis auf unaufschiebbare Renovierungsarbeiten verwehrte. Es war keine eindeutige königliche Position vor der Öffentlichkeit formuliert worden, so daß die Nationalversammlung Zeit und Mut gewinnen konnte, den einmal eingeschlagenen Weg mit dem „Ballhausschwur" fortzusetzen. Schon die zuletzt beschriebenen Maßnahmen zeigen an, daß die Initiative dem König entglitten war. Als der König am 23. Juni seine Position deutlich aussprach (Befehl zur nach Ständen getrennten Tagung, Steuergleichheit unter Beibehaltung des Zehnten, feudaler sowie grundherrlicher Rechte und Pflichten) und bei Nichtbefolgung mit Konsequenzen drohte, war es bereits zu spät. Dies wurde deutlich, als in Anwesenheit des Königs der Dritte Stand den Versuch zurückwies, ihm Befehle erteilen zu wollen. In dieser offenen Konfrontation gab der König nach, und am 27. Juni forderte er nun selbst zur Vereinigung der drei Ständekammern auf. Der Versuch, Anfang Juli mit dem Zusammenziehen von Truppen im Großraum Paris, der Ernennung des Reformfeindes Breteuil zum Generalkontrolleur und des erzkonservativen Marschalls de Broglie zum Kriegsminister die Initiative zurückzugewinnen, löste die Volkserhebung mit dem Sturm auf die Bastille aus. Das Zurückweichen Ludwigs XVI. bei dieser Kraftprobe versetzte nicht nur dem Ansehen des Königtums einen schweren Schlag, sondern löste die erste Welle konterrevolutionärer Emigration aus (Markov/ Soboul 1989, 58–64). Die folgende Kraftprobe um die königliche Annahme der Augustdekrete, in denen die Privilegien aufgehoben und die Menschenrechte eingeführt wurden, endete für Ludwig damit, daß ihn der Zug Tausender von Frauen von Versailles zwangsweise nach Paris holte. Der König, der eine Flucht abgelehnt und sich unter den Schutz der Nationalgarde Lafayettes gestellt hatte, erntete für seine Folgsamkeit zwar Hochrufe der Volksmassen, aber seine Entmachtung war damit vollzogen (Schulin 1990, 79–81).

Die Nationalversammlung übte kraft ihres revolutionären Anspruchs die volle Souveränität mit diktatorischen Vollmachten aus, während die Stellung des Königs solange völlig ungesichert war, bis die neue Verfassung in Kraft getreten war. An diesem Zustand änderte sich bis zur Flucht Ludwigs XVI. nichts. Die Flucht am 20. Juni 1791 war von langer Hand vorbereitet. Die Einwilligung in die von Marie Antoinette seit längerem geschmiedeten Pläne gab der Monarch im Gefolge der Ereignisse am 18. April 1791: Volksmassen hatten eine Abreise der königlichen Familie nach St-Cloud verhindert (Mieck 1991, 191).

Bouillé, der Befehlshaber der Truppen in Lothringen sowie in den drei Bistümern Metz, Toul und Verdun, sollte die königlichen Kutschen mit Abteilungen seiner Husaren treffen. Der erste Treffpunkt war in Pont-de-Somme-Vesle um 3 Uhr nachmittags vorgesehen, doch Ludwig XVI. ließ häufig anhalten, die schweren Kutschen erforderten längere Wechsel der Pferde. Bouillés Zeitplan konnte nicht eingehalten werden, so daß die zum Schutz gedachten Truppen die vereinbarten Treffpunkte bereits verlassen hatten, als der Troß der königlichen Familie an den bezeichneten Stellen eintraf. Ohne militärischen Schutz wurde nun für das Gelingen des Fluchtunternehmens das Verhalten der Bevölkerung entscheidend, da die wenigen den Zug begleitenden Soldaten keinen ausreichenden Schutz bieten konnten. In Sainte-Ménéhould meinte der Posthalter Drouet den König erkannt zu haben. Er ließ zwar die Kutschen weiterfahren, initiierte aber die Entwaffnung des Begleitschutzes. Abends um 11 Uhr erreichte Ludwig Varennes. Wegen des langen Pferdewechsels konnte Drouet die Wagenkolonne überholen, die Stadtverwaltung alarmieren und die Brücke über die Aire sperren lassen. Der König war gefangen. Nachdem die Flucht offenbar geworden war, wurde Paris vom Zorn auf den Flüchtigen beherrscht, den die meisten vor ein Gericht stellen wollen. Außerdem verbreitete sich Angst vor den emigrierten Revolutionsgegnern und einer vom Ausland angezettelten Verschwörung. Die Nationalversammlung beschloß, die Exekutive nun auch de jure an sich zu ziehen. Sie schickte drei Kommissare, unter ihnen Pétion **(M 5)**, die den König nach Paris zurück begleiteten. Er kam am 25. Juni nach einer dreieinhalb Tage dauernden Fahrt, in der er sich fast ununterbrochen die Beschimpfungen der den Rückweg säumenden Bevölkerung hatte anhören müssen, in die Stadt und wurde von der Nationalversammlung des Amtes enthoben, die außerdem einen Untersuchungsausschuß zur Klärung der näheren Umstände einsetzte (Furet/Richet 1987, 180–185).

Dabei ging man zunächst von der These aus, der Monarch sei entführt worden. Dieser Versuch, den König vor Verratsvorwürfen zu schützen, war in der Rolle begründet, die die Nationalversammlung ihm in der neuen Verfassungsordnung zugedacht hatte. Eine konstitutionelle Monarchie – wie im Verfassungsentwurf der in Arbeit befindlichen Verfassung von 1791 vorgesehen – war ohne Ludwig XVI. nicht möglich. Als durch das von Ludwig bei Fluchtantritt zurückgelassene Rechtfertigungsschreiben jedoch kein Zweifel an der Fluchtabsicht des Monarchen selbst mehr bestand, entschied die Nationalversammlung, daß dem König dieses Schreiben abgepreßt worden sein müsse. In dieser politisch begründeten Argumentation zeigt sich deutlich, daß Ludwig als Funktionsträger in einer konstitutionellen Monarchie gebraucht wurde. Die als Reaktion einsetzenden republikanischen Demonstrationen wurden ebenso wie jede Agitation gegen den König und für die Republik von der Nationalversammlung verboten. Als die Cordeliers sich im Gegensatz zu den Jakobinern nicht beugten, kam es am 17. Juli zu den Ereignissen auf dem Marsfeld: Revolutionssoldaten schossen auf demonstrierende Bürger. Auch angesichts dieses Drucks entschloß sich Ludwig am 13. September, die zehn Tage vorher verabschiedete Verfassung und die ihm darin zugedachte Rolle zu akzeptieren. Bereits an diesen Auseinandersetzungen läßt sich ablesen, welche politischen Faktoren diese neue Position des Königs gefährden konnten. Die republikanischen Tendenzen flammten bei jeder Schwäche der gemäßigten Nationalversammlung neu auf. Auch die Ausübung des nach der neuen Verfassung dem König zustehenden Vetorechts mußte von den Radikalen als Provokation empfunden werden und zu einer Verschärfung der Situation führen. Diese potentielle Konfliktlage verschärfte sich nach den Wahlen im Sommer 1791 zur neuen Nationalversammlung durch starke Stimmengewinne der Radikalen. Die neue, vom König vorzunehmende Regierungseinsetzung verzögerte sich, so daß der Monarch in Verdacht kam, die neue Revolutionsordnung zu verraten. Die Vorwürfe hatten nicht den grundsätzlichen Charakter, mit dem Robespierre im Königsprozeß eine Hinrichtung forderte **(M 1)**, doch die konkreten Vorwürfe des Revolutionsverrats schlugen allmählich in eine antimonarchische Stimmung um.

Die Schwierigkeiten der gemäßigten Kräfte nahmen mit der Kriegserklärung am 20. April 1792 zu, da die militärischen Erfolge ausblieben. Die Jakobiner organisierten Demonstrationen, in denen sie einerseits die Girondisten, andererseits aber auch den König des Verrats bezichtigten. Als der König erneut von seinem Vetorecht gegen zwei Dekrete Gebrauch machte, stürmten aufgebrachte Volksmassen am 20. Juni die Tuilerien und bedrohten die königliche Familie. Dabei übte der König nur seine verfassungsmäßigen Rechte aus, doch die Berufung auf das Recht, vergleichbar de Sèzes Königsverteidigung **(M 2)**, waren angesichts der emotionalen Ursache der Angriffe wirkungslos. Am 10. August folgte eine zweite Erstürmung, die von den Jakobinern sorgfältig vorbereitet war. Zwischen beiden Ereignissen lagen politisch bewegte Wochen, in denen die Radikalen gegen König und gemäßigte politische Gegner agitiert hatten. In der aufgeheizten Atmosphäre wurde am 28. Juli ein Manifest des Herzogs von Braunschweig bekannt, in dem den Franzosen vom Befehlshaber der gegnerischen Truppen vorgeschrieben wurde, sich dem König zu unterwerfen. Im Weigerungsfalle wurde schlimmste Rache angeroht. Im Vergleich zur revolutionsfeindlichen Erklärung von Pillnitz (27. 8. 1791) durch die wichtigsten deutschen Herrscher waren die innenpolitischen Konsequenzen des Manifests erheblich gravierender. Dieses Dokument, das auf die Initiative von Marie Antoinette zurückging, machte die Position Ludwigs XVI. unhaltbar. Gleichgültig ob eine Mitbeteiligung oder eine Mitwisserschaft nachweisbar gewesen wäre, für die Öffentlichkeit war es unvorstellbar, daß der König nichts von dem Dokument gewußt haben sollte. Der Druck der radikalisierten Öffentlichkeit nahm so zu, daß am 10. August auch die Legislative, zu der Ludwig sich geflüchtet hatte, nachgeben mußte. Es wurde die vorläufige Absetzung des Königs beschlossen und die Wahl zu einer neuen Volksvertretung, dem Konvent, eingeleitet (Mieck 1989, 193–201).

Die zugrundegelegten Quellen, die unter Akzeptierung der durch die erste Revolutionsverfassung von 1791 geschaffenen Rechtszustände (also nicht monarchistische oder konterrevolutionäre Begründungen) argumentieren, stellen zwei konträre Positionen zum Verfahren gegen Ludwig XVI. vor. Grundsätzlich wird damit auf einen von den politischen Verhältnissen überholten Rechtszustand zurückgegriffen, denn der Konvent, der am 20. September erstmals zusammentrat, sollte nicht nur die Souveränität übernehmen, sondern auch eine neue Verfassung ausarbeiten (Furet/Richet 1987, 228).

Themenspezifische Voraussetzungen

Aus dieser Problemstellung ergeben sich themenspezifische Voraussetzungen, die über eine grobe Kenntnis des Revolutionsverlaufes bis zu diesem Zeitpunkt hinausgehen. Die Verfassung von 1791 muß den Schülern bekannt sein, um die Argumentationsweisen der Redner zu verstehen. Um die revolutionären und evolutionären Entwicklungen in ihrem Bedingungsgefüge einschätzen zu können, sollte der geistesgeschichtliche Hintergrund der Französischen Revolution, insbesondere Montesquieus Begründung der Gewaltenteilung, in Grundzügen bekannt sein, damit der gemäßigte, aber auch gleichzeitig der revolutionäre Charakter der Verfassung von 1791 gewürdigt werden kann. Vom Standpunkt der absolutistischen Monarchie aus ist die Verfassung revolutionär, so daß damit die zögerliche Zustimmung Ludwigs verständlich wird. Für eine angemessene Beurteilung der Schuld, die Robespierre Ludwig mit dem Hinweis auf das Unrecht des Ancien Régime zuweist, sind Kenntnisse von den finanziellen Problemen des Ancien Régime und dem sich daraus ergebenden Zusammentreten der Generalstände unerläßlich. Zur Konkretion der angeführten Ungerechtigkeit bietet es sich an, zumindest exemplarisch die Situation einzelner gesellschaftlicher Gruppen mittels der zu den Generalständen verfaßten *„cahier de doléance“* zu analysieren, um einen Maßstab für die Reformerwartungen zu gewinnen. Das Thema bringt es mit sich, daß die durch die Revolution geschaffenen verfassungsgeschichtlichen Neuerungen der Jahre 1789–1791 in ihren Folgen gemessen an den Erwartungen der revolutionären Gruppen durch die Schüler einschätzbar sein sollten. Daran könnten sich Überlegungen mit dem Ziel anschließen, herauszufinden, wer sich mit seinen Forderungen durchsetzen konnte. Das könnte als Vorüberlegung dafür sinnvoll sein, die in der Auseinandersetzung um den König und seine Stellung sich deutlich artikulierenden Stimmen der Radikalen im Gegensatz zu den gemäßigten Girondisten bereits von ihrem frühen Stadium an zu verfolgen. Vor diesem Hintergrund ist es dann sinnvoll, die neuentstandene politische Landschaft mit ihren Interessengruppen innerhalb und außerhalb der Nationalversammlung mit der abgeschafften ständischen Ordnung zu vergleichen. Insbesondere der Vergleich zwischen dem 1791 erreichten Verfassungsanspruch und den in den Beschwerdeheften genannten Zielen der einzelnen Gruppen hebt die verbleibende sowie die neuentstandene Problemlage hervor. Die fortschreitende Polarisierung und Radikalisierung der politischen Interessengruppen kann am Beispiel der Auseinandersetzungen um das Wahlrecht und die Entscheidung in bezug auf eine Kriegserklärung Frankreichs exemplarisch beleuchtet werden. Wegen der besonderen Bedeutung des Vetorechts für die Veränderung der Stellung Ludwigs XVI. in der Öffentlichkeit im Verlauf des Jahres 1792 böte sich dieser Aspekt in der Verfassungsdiskussion besonders an. Der Prozeß um die Hinrichtung Ludwigs XVI. ist ein weiterer wichtiger Abschnitt der Revolutionsgeschichte, an dem die Radikalisierung und die Neuerungen in besonders symbolträchtiger Weise zum Ausdruck kommen. Mehr noch als die Ausrufung der Republik bringt der Konflikt um das Schicksal des Königs die gegensätzlichen Positionen zum Fortgang der Revolution auf den Punkt.

Sachlicher Gehalt der Quellen

Während der Prozeß vor dem Konvent seinen Gang nimmt, ist der König im mittelalterlichen Turm der Klosterburg der Tempelritter, dem *Temple*, in Haft. Für seine Bewachung ist die radikale Commune verantwortlich, die mit immer strengeren Vorschriften die Gefangenen gängelt. Nachdem ein geheimer eiserner Wandschrank in den Tuilerien gefunden worden war, schien eine Verurteilung unumgänglich zu sein (Furet/Richet 1989, 231 f.). Das lag weniger an der Beweiskraft der sowohl am 10. August beschlagnahmten Dokumente, noch an den in dem eisernen Wandschrank vorgefundenen Papieren, sondern an dem psychologischen Effekt der letztgenannten Enthüllung. Wurde damit doch die in der Öffentlichkeit herrschende Vorstellung eines heuchlerischen, zum Verrat bereiten Monarchen genährt, offenkundig sogar bewiesen. Als Ludwig am 11. Dezember vor dem Konvent angab, er wisse nichts von einem geheimen Metallschrank, fand er mit dieser Aussage keinen Glauben. Wie jüngere Forschungen nachweisen konnten, hatte der mit der Entdeckung des Geheimverstecks vor den Konvent tretende Innenminister Roland den Einbau selbst veranlaßt. Roland wollte aus persönlichen Rachegründen eine Hinrichtung erreichen. Anlaß der Rachegefühle Rolands war seine Entlassung als Innenminister am 13. Juni 1792, die Ludwig wegen mangelnder Verfassungstreue des Ministers verfügt hatte (Mieck 1991, 201 f.). Damit wird vor der historischen Entwicklung geradezu ein absurder Zusammenhang hergestellt: Der Monarch hatte im Sinne einer von ihm ursprünglich abgelehnten Verfassung einen Minister entlassen, der ihn selbst jetzt unter dem Vorwurf des Verrats gegen eben dieselbe Verfassung anklagt.

Die ausgewählten Texte umgehen allerdings die Problematik, inwiefern Ludwig durch Konspiration mit dem Ausland Landes- bzw. Revolutionsverrat begangen hat. Die Texte zielen auf die grundrechtliche und rechtsstaatliche Seite des Prozesses **(M 2)** sowie auf eine fast geschichtsphilosophische Dimension **(M 1)**. Robespierre, der sich als Wortführer der Jakobiner noch im Juli 1791 dem Gesetz gebeugt hatte, so daß die Anhänger seines Kurses nicht unter den von Lafayettes Nationalgarde beschossenen Demonstranten auf dem Marsfeld waren, vertritt in der präsentierten Quelle eine neue Haltung, wenn er die Revolution über den Willen der Legislative stellt. Als Mitglied des Jakobinerclubs gehört er zu der bestorganisierten Gruppe der politischen Zirkel auf seiten der Revolutionäre. Auch wenn sich die Forschung noch nicht einig darüber ist, ab wann die republikanische Richtung im Club überwog, so läßt sich doch feststellen, daß die Jakobiner ihr Programm verwirklichen wollten, ohne auf den König Rücksicht zu nehmen (Schulin 1990, 88 f.).

Maximilien Robespierre (1758–1794) gilt als der konsequenteste und wirkungsvollste Theoretiker der jakobinischen Demokratie. Trotz seiner Rolle zur Zeit der Schreckensherrschaft gilt er seinen Biographen weniger als politischer Tat- und Machtmensch sondern eher als Versammlungs- und Schreibtischmensch, der die Entwicklungen im voraus zu reflektieren und zu steuern versuchte. Demzufolge läßt sich sein politisches Anliegen als Verfolgung langfristiger Strategien kennzeichnen, in dem die Zurückführung auf leitende Gesichtspunkte und an der Vernunft meßbaren Kriterien hohes Gewicht bekam. Statt auf pragmatische Zweckmäßigkeit abgestellte Entscheidungsgründe strebte er die Allgemeingültigkeit seiner Maximen an (Rohlfes 1981, 471 f.). In dieser Beziehung kann sein Plädoyer für eine Hinrichtung Ludwigs **(M 1)** als ein für Robespierre typischer Text gelten. Auch wenn die Rede als Debattenbeitrag vor dem Konvent gehalten wurde,wird die berufliche Herkunft des Redners, er war vor der Revolution Advokat in Arras, spürbar, denn sein Beitrag wirkt wie das Plädoyer der Anklage, in dem er den Fortgang der Revolution nur dann als gesichert ansieht, wenn Ludwig XVI. hingerichtet wird. Er bestreitet grundsätzlich die Möglichkeit, das weitere Schicksal des Königs überhaupt mit juristischen Mitteln zu entscheiden. Schon die rechtsstaatlich gebotene Unschuldsvermutung könne in diesem Fall nicht angewendet werden, womit nach seiner Auffassung bewiesen sei, daß eine Beurteilung des Falles allein auf die politische Entscheidung angewiesen sei. Auf diesem Feld sei durch die gewaltsame Beendigung der Herrschaft Ludwigs XVI. allerdings bereits eine Entscheidung für eine Hinrichtung gefallen. Allerdings steht Robespierre gemeinsam mit Saint-Just sogar innerhalb der Bergpartei mit dieser Position allein. Die Mehrheit der Abgeordneten verschließt sich zwar nicht den vorgebrachten Argumenten, lehnt aber die Schlußfolgerungen ab, da ein Prozeß sowohl wegen der französischen Öffentlichkeit als auch wegen des Auslands als unumgänglich angesehen wurde (Furet/Richet 1987, 232).

Er steht mit seiner Position allerdings exemplarisch für eine Polarisierung hinsichtlich der Frage, ob die Revolution weitergeführt werden müsse oder ob der Status quo stabilisiert werden solle. Diese grundsätzliche Auseinandersetzung spaltete schließlich alle revolutionären Kräfte einschließlich der Jakobiner selbst (Girondisten, Montagnards). Nach den Ausführungen Robespierres verloren die Girondisten, die den König retten wollten, an Boden.

Die Argumentation Robespierres beruft sich konsequent auf die Revolution als die legitimierende Kraft für politische Veränderungen. Daher bestreitet er den juristischen Charakter des Verfahrens, so daß er grundsätzlich dem König abspricht, als Angeklagter wegen persönlicher oder anderer zu verantwortender Vergehen verurteilt werden zu können. Robespierres Argumentation stellt Revolution und Monarchie als politische Prinzipien gegenüber, die miteinander nicht zu vereinen sind. Lediglich die politische Macht kann in einem Kampf entscheiden, wer von beiden Kräften im Recht ist. Mit der gleichen Konsequenz, mit der die absolutistische Monarchie ihre politischen Gegner allein aufgrund der Oppositionshaltung verurteilt hätte, fordert Roberspierre jetzt die Hinrichtung des Königs. Nach seinem Verständnis ist es letztlich der geschichtliche Ablauf, der Ludwig bereits gerichtet hat. Um die Unmöglichkeit eines juristischen Prozesses zu verdeutlichen, entwirft er das bei einem juristischen Prozeß sich aus einem möglichen Freispruch ergebende Szenario mit den daraus abzuleitenden politischen Konsequenzen. Nach seiner Beweisführung reicht allein die durch die rechtsstaatlichen Prinzipien gebotene Unschuldsvermutung aus, um zu zeigen, daß nur eine politische Entscheidung, die durch den Revolutionsverlauf schon gefallen ist, das weitere Vorgehen gegenüber Ludwig XVI. festlegen kann. Diese Logik gebietet die Hinrichtung des Königs, damit die Revolution weiterbestehen kann.

Romain de Sèze (1748–1828), ein zum Verteidiger des Königs bestellter Anwalt aus Bordeaux, beruft sich in seinem Plädoyer **(M 2)** dadurch auf die Revolution, daß er die Bestimmungen der Revolutionsverfassung von 1791 zur Richtschnur seiner Argumentation macht. Insofern liegt seiner Verteidigungsrede ein grundsätzlich anderer Ansatz zugrunde, da er sich nicht auf den historischen Prozeß, sondern auf einen durch diesen Prozeß herbeigeführten Zustand als Grundlage seiner weiteren rein juristischen Überlegungen bezieht. Als zusätzliches Problem kommt hinzu, daß das Gremium, vor dem diese Berufung auf einen Rechtszustand stattfindet, seinerseits dazu bestimmt ist, die nachfolgende Verfassung zu schaffen.

Die gespaltene Beziehung dieser neuen Repräsentation zu rechtsstaatlichen Prinzipien zeigte sich darin, welche Verteidigungsmöglichkeiten dem König eingeräumt wurden. Seit dem 12. August durfte er erst zu seiner Vernehmung vor dem Konvent sein Gefängnis verlassen. Er war bis dahin völlig von der Außenwelt abgeschnitten, so daß er nicht nur über alle politischen Vorgänge nicht informiert war, sondern auch keine Kenntnis davon besaß, daß er im Rahmen eines Prozesses um seinen Kopf vor dem Konvent erschien. Der Sekretär Mailhe verlas die Anklageschrift, die in insgesamt 44 Anklagepunkte aufgeteilt war, die in chronologischer Reihenfolge die vorgeworfenen Vergehen von der Sperrung des Sitzungssaales der Ständevertreter (20. Juni 1789; Auslöser des „Ballhausschwures") bis zu den blutigen Ereignissen am 10. August 1792 (Erstürmung der Tuilerien; blutige Verfolgung der Schweizergarde und des auffindbaren Schloßpersonals) auflisteten. Nach diesem ersten unvorbereiteten Verhör bat Ludwig um ein beratendes Verteidigergremium. Diese Bitte wiederum kam für den Konvent offensichtlich völlig unvorbereitet, der in z. T. tumultuarisch ablaufenden Diskussionen beschloß, dem Wunsch des Angeklagten entsprechen zu müssen. Nachdem mehrere Verteidiger aus unterschiedlichen Gründen abgelehnt hatten, übernahm schließlich Romain de Sèze die Aufgabe, in unzureichender Zeit die umfangreichen Akten mit den Vorwürfen durchzuarbeiten. Hatten die Radikalen zunächst versucht, dem Monarchen jeglichen Verteidigerbeistand zu verwehren, so konzentrierten sie sich nach ihrer parlamentarischen Niederlage darauf, der königlichen Familie das tägliche Leben mit Schikanen zu erschweren. Hinsichtlich des Prozesses wirkte sich das so aus, daß der Verteidiger sich einer intensiven Leibesvisitation mit Kleiderwechsel unterziehen mußte, obwohl der Konvent freien Verkehr zwischen Angeklagtem und Verteidiger zugesichert hatte. Erst nach einer heftigen Intervention des Konvents mußte die Commune einen angemesseneren und freieren Kontakt dulden. Das Resultat der Bemühungen de Sèzes war eine auf 17 engbedruckten Lexikonseiten niedergelegte Rede, die etwa zwei Stunden gedauert haben muß. Am 26. Dezember betrat Ludwig gemeinsam mit drei Verteidigern zum zweiten und letzten Mal den Konvent. Kurz nach dem Plädoyer verließen sie gemeinsam den Saal (Mieck 1991, 204–207).

Zu Beginn des Ausschnitts aus seiner Verteidigung spielt de Sèze auf eine Verfassungsbestimmung an, nach der es unmöglich war, Ludwig in seiner Eigenschaft als König zu verurteilen. In der Verfassung vom 3. 9. 1791, Kapitel II, Art. 2 hieß es: „Die Person des Königs ist unverletzlich und heilig ..." (G i Q 1981, 224). Nach der Verfassung von 1791 ist es ohnehin bestenfalls möglich, in genau umschriebenen Fällen den König zur Abdankung zu zwingen. Wird diese Bestimmung umgangen, indem man Ludwig als Bürger verurteilt, so müßten ihm zumindest die allgemeinen Bürgerrechte eingeräumt werden. Durch die gegen diese Rechte verstoßende Konzentration der juristischen Funktionen beim Nationalkonvent sei kein rechtsstaatliches Verfahren zu garantieren. Als Resultat dieser Beweisführung stellt de Sèze somit fest, daß die Revolution gegen die von ihr aufgestellten Grundsätze verstoße.

Als Konsequenz aus der Voreingenommenheit der Richter leitet er ab, daß ein den Grundsätzen der neuen Ordnung genügender Prozeß nicht zu führen sei. Da die juristischen Funktionen Ankläger, Richter und Geschworene von nur einer Gewalt, nämlich dem Nationalkonvent, wahrgenommen werden, kann kein rechtsstaatliches Verfahren mehr durchgeführt werden. Als Resultat dieser Beweisführung erscheint der König als der Willkür unterworfenes Opfer. Der Hauptvorwurf de Sèzes läßt sich somit in einem konstatierten doppelten Verstoß gegen von der Revolution aufgestellte Grundsätze zusammenfassen. Einerseits enthält der Nationalkonvent dem König die in der Revolutionsverfassung von 1791 verankerte Unverletzlichkeit vor, andererseits wird gegen das Gleichheitsprinzip verstoßen, weil dem König das jedem Bürger zustehende rechtsstaatliche Verfahren nicht gewährt wird.

Beide Quellenausschnitte befassen sich somit gar nicht mit der möglichen Schuld oder Unschuld des Angeklagten, sondern verweisen auf eine Problematik, die sich in erheblich grundsätzlicheren Bahnen abspielt. Die Texte treffen in der Frage zusammen, ob ein Monarch überhaupt verurteilt werden könne. De Sèze hält eine Verurteilung für verfassungsrechtlich unmöglich. Die zweite Option seiner Argumentation setzt schon den Rechtsverstoß des Konvents voraus. Robespierre hält eine Verurteilung für gegenstandslos, weil der König bereits durch den revolutionären Prozeß verurteilt sei.

Ziele des Unterrichts

Die beiden zentralen Quellen geben den Schülern die Gelegenheit, die Argumente in der Auseinandersetzung um das Verfahren gegen Ludwig XVI. in juristischer und politischer Hinsicht zu differenzieren und zu bewerten. Dabei zerfällt das Problem in mehrere Einzelaspekte, die beispielsweise in den grundsätzlichen, möglichen Schwierigkeiten eines Prozesses gegen den König bestehen, bei dem völlig unklar ist, welches Recht angewendet werden soll, zumal die Verfassung von wichtigen politischen Gruppen bereits als überholt betrachtet wurde. Daneben tritt das Problem, daß die einzige schriftlich fixierte Rechtsgrundlage eine Verurteilung des Königs, die über eine Amtsenthebung hinausgeht, nicht vorsieht. Zu dieser Denkgrundlage gesellen sich die beiden gegensätzlichen Positionen, wobei Robespierres Text über die bereits genannten Unwägbarkeiten den abstrakten Begriff der Revolutionsgerechtigkeit ins Spiel bringt. Diese Einzelperspektiven sollten in einer Bewertung der Quellenaussagen berücksichtigt und zusammengeführt werden.

An dem Beispiel läßt sich die Problematik, die sich aus dem Spannungsverhältnis zwischen politischen und juristischen Beurteilungen ergibt, ins Grundsätzliche übertragen. Die Frage nach der Beziehung zwischen Macht und Recht wird angesichts der außerordentlich schwachen juristischen Grundlage ebenso in den Blick kommen wie die Überlegung, inwiefern diese Grundzüge auf andere Prozesse übertragbar sind. Mögliche Fortführung könnte beispielsweise ein Hinweis auf die Gerichtsverfahren gegen die Herrschaftsschicht der ehemaligen DDR sein. Gerade anhand der Unterschiede läßt sich zeigen, daß es sich hier nicht um politische Abrechnungen handelt, die juristisch legitimiert werden. Das Verfahren gegen Erich Mielke bleibt mit seinem Gegenstand (Aufnahme eines Mordverfahrens, das bisher durch die frühere Stellung des Täters nicht aufzunehmen war), seinem Urteil (Anrechnung der Untersuchungshaft, vergleichsweise mildes Urteil) und den Durchführenden (normales Berliner Gericht) eindeutig im juristischen Feld. Der gelegentlich in der Öffentlichkeit geäußerte Unmut über dieses Verfahren läßt sich auch zum Teil damit erklären, daß die vergleichsweise gewichtigeren Vergehen Mielkes als verantwortlicher Minister für Staatssicherheit eben nicht Gegenstand eines regulären Prozesses sein können, weil eine juristisch saubere Bearbeitung der Probleme nicht mehr in der verbleibenden Lebenszeit des Angeklagten möglich ist. An diesem konkreten Beispiel heutiger Zeit läßt sich zeigen, daß politischer Unmoral mit juristischen Mitteln nicht beizukommen ist.

II. Methodenkonzept für den Unterricht

Begründung der Methodenwahl

Für die zentralen Texte bietet sich von ihrer historischen Kommunikationssituation an, auf das in Grzesiks Methodenkonzeption genannte „Darstellende Vorlesen" zurückzugreifen. De Sèzes Redeausschnitt ist weniger eine Parlamentsrede, sondern muß als Teil eines Plädoyers vor Gericht angesehen werden. Die enthaltenen juristischen Argumentationslinien lassen den besonderen Charakter des gesprochenen Wortes deutlich hervortreten. Die Situation nähert sich somit einer noch heute gängigen Gerichtssituation, so daß den Schülern bei aller durch die besonderen historischen Umstände entstehenden Ferne das Grundmuster geläufig ist. Die Reduzierung auf das Standardproblem, sich gegen Vorwürfe verteidigen zu müssen, ist auch für jüngere Schüler nachlebbar. Insofern erscheint der Kernauftrag, eine besonders überzeugende Gestaltung der Verteidigungsrede zu erarbeiten, als eine lösbare Aufgabe, die sich an eigene Erfahrungen anschließen läßt. Die Reflexion über die Steigerung der Überzeugungskraft führt zu einer zielgerichteten Textaneignung.

Die Umsetzung der Rede Robespierres ist vom Aspekt der Anknüpfungsmöglichkeit her gesehen schwieriger. Auch sie hat zwar den Charakter eines Plädoyers, doch denkt sie die Grundüberzeugungen eines Revolutionärs als Axiom so stark mit, daß eine Anknüpfung an Schülererfahrungen fast unmöglich erscheint. Daher ist die Betonung der Überzeugungsfunktion ein notwendiges Hilfsmittel, um das Verständnis des Redesinns zu erleichtern. Die stringente und logisch aufgebaute Argumentation Robespierres erleichtert die sich mit den Gehalten auseinandersetzende Aneignung. Daher ist die Betonung der Kommunikationssituation als Reduzierung auf den Wettbewerb zwischen zwei konkurrierenden Meinungen hilfreich, zumal der jeweilige Inhalt der Reden verdeutlicht, daß es um eine Frage auf Leben und Tod geht.

Verlaufsstruktur

1. Einstieg/Hinführung

Vor der Eingabe der Texte müssen die Schüler in die Ausgangssituation eingeführt werden. Dies könnte mit einer Lehrererzählung geschehen, die wesentliche Stationen der Flucht, die Gründe für das Scheitern, die psychologische Situation auf seiten des Königs genauso wie auf seiten des revolutionären Paris in den Blick rückt. Die Rückkehr des Königs, die Reaktion der Bevölkerung und die allmähliche Eskalation bis zu den Ereignissen am 10. August 1792 wären gleichfalls zu skizzieren. Alternativ könnte Pétions Bericht **(M 5)** oder der Beschluß zur Anklageerhebung **(M 3)** in einer vorbereitenden Hausaufgabe bearbeitet worden sein. Als Überleitung zur Auseinandersetzung mit dem Text sollte verdeutlicht werden, daß der Prozeß tatsächlich mit großem Engagement zwischen den politischen Gruppen des Konvents geführt wurde.

2. Stillarbeit zur ersten Auseinandersetzung mit den Texten

Beide zugrundegelegte Hauptquellen **(M 1 und M 2)** arbeiten mit rhetorischen Mitteln, die erst bei einem Vortragsversuch vollends zur Geltung kommen. In der Debatte, aus der beide Redeausschnitte stammen, ging es tatsächlich um die Vorbereitung einer Entscheidungsfindung und eine Beeinflussung der stimmberechtigten Konventsmitglieder. Es handelt sich also nicht im Vergleich zu der gleichfalls in diesem Band behandelten Rede Martin Luther Kings um eine Rede für eine Volksmenge.

Um eine justitiable Beweisführung zu erreichen, haben die Redner sich bemüht, ihre Standpunkte mit möglichst großer Überzeugungskraft, vorzubringen. Daher werden beide Standpunkte mit nachvollziehbarer innerer Logik und überlegt dosierten rhetorischen Mitteln vorgebracht. Daher ist auch für die Schüler eine Auseinandersetzung darüber, was auf welche Weise vorgetragen werden muß, leistbar. Dieser Diskurs ermöglicht eine Strukturierung des Textes, die Kernaussagen unterstreicht und so eine tiefere Texterschließung ermöglicht.

3. Vorbereitende Reflexion

Damit die Schüler Verständnisschwierigkeiten klären können und ein wirklich sinnbetonter Vortrag möglich wird, sollte zunächst eine erste Auseinandersetzung mit den Textaussagen erfolgen. Dabei spielt auch eine Rolle, daß emotionale Komponenten beider Redeauszüge für den heutigen Leser nur sehr unterschwellig spürbar werden, da die konkrete Gefahr, die Robespierre heraufbeschwört, wenn er die Revolution gefährdet sieht, nicht nachvollziehbar sind. Für die Konventsmitglieder, die schon durch ihre Beteiligung am politischen Leben durchweg Gewinner der Revolution waren, ist die Bedrohungssituation durch den schlechten Kriegsverlauf handgreiflich. Dies ist auch durch eine gute Vorbereitung mittels einer einführenden Lehrerdarstellung nicht simulierbar. Aber in einer Reflexionsphase können diese Aspekte einbezogen werden. De Sèzes Vorwurf der Willkür zielt bei den für das Urteil verantwortlichen Abgeordneten gleichfalls auf emotionale Betroffenheit, die nur in der historischen Situation wirklich nachempfindbar ist. Gerade deswegen sollte versucht werden, durch Pointierungen im ersten Gespräch diese Aspekte einzubringen.

4. Darstellendes Vorlesen

Die antithetische Beziehung der Quellen untereinander läßt es sinnvoll erscheinen, die Lerngruppe in zwei Parteien aufzuteilen, die versuchen müssen, eine möglichst überzeugende Präsentation des jeweiligen Textes zu erreichen. Möglich wäre sogar, am Ende die Lerngruppe vollständig in die Rolle des Konvents schlüpfen zu lassen und eine Abstimmung an die Aussprache über die Quellen anzuschließen. Die Vortragsversuche sollten ohne vorherige Hinweise des Lehrers erfolgen. Die Schüler selbst sollen die bestmögliche Betonung und das angemessenste Sprechtempo sowie mögliche Verbesserungen durch kommentarlos gegeneinandergestellte Versuche in den Unterricht einbringen. Eventuell ist es auch zur Motivation sinnvoll, die Vortragsversuche auf einem Kassettenrecorder aufzunehmen. Damit würde ein Vergleich und die Überprüfung des Lesefortschritts erleichtert.

5. Reflektierende Nachbesprechung

Auf die Vortragsversuche folgt eine Aussprache einerseits über die Qualität der Darbietung und die dabei versuchte Herausarbeitung der wichtigen Aussagen. Ziel ist es, eine Einigung über kritische Passagen oder wirkungsvollste Lesemöglichkeiten zu erzielen. Als Argumentationsgrundlage dient dabei das Textverständnis unter Einschluß des Kontextes und erkannter rhetorischer Stilmittel. Der sich dabei herauskristallisierende kausale Zusammenhang könnte in ein verdeutlichendes Tafelbild umgesetzt werden.

Als Möglichkeit sei folgende Übersicht angeboten:

Robespierre	De Sèze
<u>Voraussetzung:</u> kein Prozeß, kein Angeklagter, keine Unschuldsvermutung... => kein Prozeß mit Gerichtsurteil möglich	<u>Voraussetzung:</u> Gerichtsverfahren: gegen den König unmöglich, gegen den Bürger nur unter Wahrung der Grundrechte möglich <= die Gewaltenteilung des Gerichts wie bei einem normalen Bürger fehlt
<u>Folge:</u> politische Frage => Ludwig wurde durch die Revolution abgesetzt <= Ludwig klagte das Volk als Rebell an; das Volk gewann => Ludwig ist der Rebell	<u>Folge:</u> Ludwig wird als König und als Bürger wie ein Rechtloser behandelt
Ludwig muß sterben, damit das (revolutionäre) Vaterland leben kann!	Ludwig ist Opfer der Ungerechtigkeit!

6. Problematisierung

Am Ende könnte eine Abstimmung mit einer Urteilsbegründung stehen. Von dort ausgehend könnte ein zusammenführender Leseversuch am Ende stehen. Je nach Lerngruppe wäre aber auch ein Transferversuch möglich, der Prozesse mit der strukturell vergleichbaren Ausgangssituation, dem Spannungsverhältnis zwischen Macht und Recht, in den Blick nimmt (Mielke, Honecker). Im Mittelpunkt stände bei solchen Überlegungen eine Differenzierung, mit dem Ziel, der unreflektierten Befürwortung einer auf schlichte Rache pochenden Siegerjustiz entgegenzuwirken.

III. Erweiterungs- und Vertiefungsmöglichkeiten

Die weiteren Quellen **(M 3–M 7)** dokumentieren Stationen vor und nach dem Prozeß. Der Beschluß über die Anklageerhebung gegen Ludwig **(M 3)** formuliert halbwegs systematisch die Problemlage zu Beginn des Prozesses. Der Beschluß umgeht den eigentlichen Konflikt, indem die Strafe nicht näher qualifiziert wird. Die Möglichkeit, den König zur Rechenschaft zu ziehen, läßt die Verfassung von 1791 zu. Damit ist allerdings keine Todesstrafe gemeint, sondern lediglich eine Amtsenthebung. Das formulierte Vorhaben zum Prozeßverlauf, Ludwig und seinen Verteidigern die Anklageschriften zuzustellen, wird vom Konvent zunächst nicht eingehalten. Während das Dokument noch wie selbstverständlich davon ausgeht, daß es eine ordnungsgemäße Verteidigung geben wird, zeigt sich später, daß Ludwig um diese rechtsstaatliche Selbstverständlichkeit erst bitten mußte und seiner Bitte dann auch nicht als selbstverständlich entsprochen wurde. In diesem Punkt nimmt der Schauprozeß die Aburteilungen vor den Revolutionstribunalen der Schreckensherrschaft fast vorweg, denn es sind die Radikalen, die jede rechtsstaatliche Konzession bekämpfen. Daher entfällt auch für das erste Erscheinen des Monarchen vor dem Konvent die in seinem Beschluß vorgesehene schriftliche Stellungnahme des Königs oder seiner Verteidiger. Die an die Verlesung sich anschließende Stellungnahme des Abgeordneten Billaud-Varennes erweckt den Anschein einer beifälligen Präzisierung, enthält jedoch eine Einengung im Sinne der Radikalen: Der Zwang zur Verurteilung schließt einen Freispruch im Sinne der Anklage aus und nähert sich mit der postulierten Zwangsläufigkeit dem Standpunkt von Robespierre. Das Urteil **(M 4)** ist wegen seines knappen Ergebnisses aufschlußreich. Außerdem verweisen die in der Stimmenaufzählung nicht mehr aufgeführten Zusätze der Konventsmitglieder auf den politischen Charakter des Urteils. Wenn die Todesstrafe von einer möglichen Invasion abhängig gemacht wird, so ist damit jegliches Schuldprinzip durchbrochen. Gleiches gilt für die von einigen Abgeordneten geforderte Aussprache über das öffentliche Interesse an einer Hinrichtung, die kein juristischer Maßstab einer Verurteilung sein kann.

Pétions Bericht **(M 5)** über die Ankunft Ludwigs XVI. nach seiner Flucht zeigt auf anschauliche Weise, daß das Königtum nicht nur die beanspruchte sakrale Stellung verloren hatte, sondern daß der Monarch sein Volk verloren hatte. Umgekehrt demonstriert der Bericht von der Urteilsaufnahme durch den König den Verlust der eigenen Selbstgewißheit auf seiten der Revolutionäre. Der Verstoß gegen die eigenen Prinzipien wird durch die parteiische Schilderung augenfällig gemacht. Die Revolution, die alle Franzosen zu gleichen Bürgern machen wollte und sogar den gestürzten König als Bürger Louis Capet (hergeleitet vom Dynastienamen Kapetinger, von denen die Bourbonen als Nebenzweig abstammten) anspricht, reagiert auf ein durch und durch bürgerliches Anliegen, die Versorgung der nächsten Angehörigen und den ungehinderten Abschied von den nächsten Familienmitgliedern vor der Vollstreckung des Todesurteils, unsicher und außerordentlich verstört. Die Bitte des Königs wurde in den wichtigen Punkten vom Konvent abgeschlagen, der weder einen Aufschub noch eine unbeobachtete Familienverabschiedung zuließ. Es wurde lediglich zugesichert, sich um die Familie zu kümmern.

Eine private, unbeobachtete Abschiedsszene hätte zwar der Konvent zugelassen, sie verstieß jedoch gegen die Anweisung der Commune, den König Tag und Nacht nicht aus den Augen zu lassen. Daher waren die Bewacher während der familiären Verabschiedung nur durch eine Glasscheibe abgetrennt (Pernoud/Flaissier 1976, 224–227).

Die Unsicherheit der verurteilenden Richter wird gleichfalls in dem tendenziösen Augenzeugenbericht der Hinrichtung **(M 7)** betont. Die Hypothese, die anwesenden Trommler hätten mit ihrem Wirbel jeden akustischen Protest oder eine mitleiderregende Ansprache des Königs ersticken sollen, wird durch den Hinrichtungsablauf zumindest hinsichtlich des zweiten Verdachtes bestätigt. Neben der Konkretion des historischen Vorgangs läßt sich an beiden Quellen erarbeiten, wie der unbedeutende Privatmann die Vorgänge erlebte, die vor dem Konvent mit der Aura des Grundsätzlichen behandelt wurden. Hinter dem juristischen Disput verschwimmt das Schicksal eines Monarchen, der wie ein normaler Bürger abgeurteilt wurde, der aber auch wie ein normaler Mensch starb. Insofern treffen der Anspruch des Konvents, den Monarchen als Bürger verurteilen zu können, und die Menschlichkeit eines Königs im ausgewählten Quellenmaterial zusammen, allerdings für den heute Beurteilenden in einem anderen Sinn, als es die Volksvertreter der Revolution mit ihrem Prozeß intendiert hatten.

Diese beigefügten Materialien lassen sich unterschiedlich einsetzen. Bei der Betonung der chronologischen Abfolge des historischen Ablaufs ergeben sich folgende Verwendungsmöglichkeiten: **M 5** fungiert als Einstieg in die historische Grundkonstellation, die mit **M 3** weitergeführt wird. **M 5** könnte auch als Grundlage eines Lehrervortrags dienen, der versucht, die Schüler an die Stimmung des Prozeßhintergrundes heranzuführen. Nach der Beschäftigung mit den beiden zentralen Texten **(M 1 und 2)** könnte eine Abstimmung in der Klasse durchgeführt werden. Das Urteil wird möglicherweise von der Qualität des darstellenden Vorlesens beeinflußt werden. Als Vergleich wäre die Präsentation der authentischen Konventsentscheidung sinnvoll **(M 4)**. Grundsätzlich wird das historische Abstimmungsergebnis wegen seiner Ausgewogenheit **(M 4)** auch zur Initiierung von Überlegungen benutzt werden können, ob die Reden Robespierres und De Sèzes die Urteilsfindung überhaupt beeinflussen konnten. **M 6** und **M 7** könnten auch als Basis einer Lehrererzählung dienen, je nach der zur Verfügung stehenden Unterrichtszeit. Beide Quellen setzen dem juristischen bzw. politischen Problem die subjektive Betrachtungsweise von Zeitzeugen entgegen. Eine Anknüpfungsmöglichkeit besteht auch darin, über den Wert von Augenzeugenberichten nachzudenken.

IV. Literaturhinweise für die Unterrichtsvorbereitung

1. Quellen

Hartig, I./Hartig, P.: Die Französische Revolution. Stuttgart 1984
Lautemann/Schlenke (Hrsg.): Geschichte in Quellen. Bd. 4: Amerikanische und Französische Revolution. Bearb. v. W. Lautemann. München 1981 [Zit.: GiQ]
Pernoud, G./Flaissier, S. (Hrsg.): Die Französische Revolution in Augenzeugenberichten. Deutsch von Hagen Thürnau. 7. Aufl. München 1989

2. Sekundärliteratur

Barudio, G.: Paris im Rausch. Die Revolution in Frankreich. 1789–1795. Gütersloh/München 1989
Demandt, A.: Macht und Recht als historisches Problem. In: Macht und Recht. Große Prozesse der Weltgeschichte. Hrsg. v. A. Demandt. München. 3. Aufl. 1991. S. 271–292
Furet, F./Richet, D.: Die Französische Revolution. Aus dem Französischen von Ulrich Friedrich Müller. Frankfurt a. M. 1989 (Fischer-Wissenschaft 7371)
Lefebvre, G.: 1789. Das Jahr der Revolution. München 1989 (dtv)
Markov, W./Soboul, A.: 1789. Die große Revolution der Franzosen. Köln 1989
Mieck, I.: Die Revolution und das Königtum: Der Prozeß gegen Ludwig XVI. (1792/93). In: Macht und Recht. Große Prozesse in der Geschichte. Hrsg. v. A. Demandt. München. 3. Aufl. 1991. S. 187–211
Rohlfes, J.: Robespierres Rede „Über die Prinzipien der politischen Moral“ (Bausteine für die Unterrichtspraxis). In: GWU 1981. Heft 8
Schulin, E.: Die Französische Revolution. München 1990

9 Das Mémorial von Las Cases

Darstellendes Vorlesen

Inhalt des Kapitels

Verzeichnis der Materialien zu diesem Kapitel

I. Didaktisch-methodischer Kommentar

Historischer Kontext und Autor

Das „Mémorial de Sainte-Hélène, ou Journal où se trouve consigné, jour par jour, ce qu'a dit et fait Napoléon durant dix-huit mois“ von Emmanuel Augustin Dieudonné, Graf de Las Cases (1766–1842), erschien 1823. Sein Autor, ein Kammerherr Napoleons, war einer der wenigen, die dem endgültig gestürzten Kaiser in dessen letztes Exil nach Sankt Helena folgten. Die Aufzeichnungen dokumentieren Gespräche und Beschäftigungen Napoleons seit der Überfahrt aus England sowie einen Teil des zweiten Jahres auf Sankt Helena.

Sie gelten, was den Autor angeht, als relativ zuverlässig. Hinsichtlich der in ihnen aufgezeichneten Gespräche ist freilich das Bemühen Napoleons unverkennbar, über dieses Medium Einfluß auf das Bild zu gewinnen, das die Nachwelt von seiner Person und Herrschaft behalten würde. Mit kalkulierendem Blick auf die Zustände im Europa der Restauration präsentiert sich der gestürzte Diktator als einfacher Soldat und Mensch sowie als Anhänger und Vollender der freiheitlichen und humanitären Ideen der Französischen Revolution, wobei er vor gelegentlichen Halbwahrheiten nicht zurückschreckt.

Das Echo, das Las Cases Aufzeichnungen nach ihrer Publikation – die von den Engländern erst nach dem Tode Napoleons gestattet wurde – fand, zeigt, daß des Kaisers Kalkül langfristig glänzend aufging. Das „Mémorial“ wurde eines der erfolgreichsten Bücher des Jahrhunderts. Das Bild vom liberalen Napoleon gewann in einem Maße an Strahlkraft, daß schließlich, unter dem Bürgerkönig Louis-Philippe, der Leichnam des Kaisers nach Paris überführt werden und, wenige Jahre später, Napoleons Neffe ein neues Kaiserreich begründen konnte.

Themenspezifische Voraussetzungen

Obwohl sie in wichtigen Punkten eine Abkehr von der Französischen Revolution bedeutet, kann die Herrschaft Napoleons doch nur im Zusammenhang mit der Entwicklung betrachtet werden, die 1789 ihren Anfang nahm. Innenpolitisch wurde das Empire von denselben Schichten getragen, denen die Verfassung von 1791 zugute kam; außenpolitisch setzte die Napoleonische Expansion letztlich die ersten Koalitionskriege fort, was gerade auch für die Neigung gilt, die eigensüchtige Okkupation fremder Territorien im Sinne einer Befreiungsideologie zu verbrämen. Freilich gilt für das Empire ebenso wie für die Französische Revolution, daß nach unserem heutigen Verständnis positiv zu bewertende Entwicklungen hin zu Demokratie und Rechtsgleichheit gerade im Zuge dieser Politik auch in Mitteleuropa ihren Anfang nahmen.

Die Beurteilung des Empires Napoleons setzt also Kenntnisse sowohl über die Ideologie als auch die politische Praxis Frankreichs vor und seit 1789 voraus.

Dazu gehören u. a.
- das außenpolitische System des 18. Jahrhunderts
- die Erklärung der Menschenrechte
- die Koalitionskriege.

Sachlicher Gehalt der Quelle

Der vorliegende Ausschnitt **(M 1)** geht von einer konkreten Situation aus, in deren Rahmen Napoleon seine Gedanken entwickelt. Die scheinbare Intimität der Situation scheint für Authentizität zu bürgen. Deutlich wird die Neigung des Kaisers, in Gegenwart eines Zuhörers über die unterschiedlichsten Themen zu monologisieren. Davon, daß ihm an der Publikation der von Las Cases festgehaltenen Ausführungen besonders lag, ist auszugehen.

Napoleon nimmt Bezug auf das von ihm im Zuge der Koalitionskriege geschaffene Empire, jenes System von Annexionen und wirtschaftlich, politisch und militärisch abhängigen, z. T. von seinen Verwandten regierten Satellitenstaaten, mittels dessen er bis zum Jahre 1812 den größten Teil des europäischen Kontinents unter seine Kontrolle zu bringen vermocht hatte.

Wenn Napoleon die Vereinigung der einzelnen durch die Geschichte getrennten Völker als Motiv für diese Politik angibt, beruft er sich gerade auf jene nationalen Bestrebungen, die das Empire, zunächst in Spanien, dann auch in Rußland, Preußen und Österreich, zum Einsturz gebracht haben. Freilich geht er insofern über diese nationalistischen Tendenzen hinaus, als er die nationale Einigung als Voraussetzung einer endlichen Vereinigung Europas im Namen der Aufklärung ansieht. Die Berufung auf dieses „Ideal der Civilisation" soll ihn offenbar noch deutlicher als Sohn der Aufklärung und der Revolution hervortreten lassen.

Der letzte Absatz scheint freilich darauf hinzudeuten, daß dem Kaiser diese Ausführungen selbst nicht übermäßig überzeugend erschienen, da er die naheliegende Frage aufgreift, warum er diese seine Absichten als Herrscher niemals publik gemacht habe. Seine Berufung auf die machtsteigernde Wirkung des Geheimnisses verweist ebenso wie die Formulierung „ein herrliches, unvergleichliches Schauspiel" immerhin auf sein theatralisch-propagandistisches Genie.

II. Methodenkonzept für den Unterricht

Begründung der Methodenwahl

Memoiren bedeutender Persönlichkeiten erfreuen sich immer noch einer großen Beliebtheit beim lesenden Publikum, was schon ein Blick auf den Büchermarkt zeigt. Gerade Politiker, deren Zukunft Vergangenheit ist, versuchen mit der Publikation ihrer Memoiren wenigstens ihrer Vergangenheit eine Zukunft zu geben. Entscheidungen werden nachträglich motiviert, Gesinnung und gute Absichten öffentlich gemacht, Mißverständnisse korrigiert. Gerade dieses Bestreben, verbunden mit der Faszination scheinbarer Authentizität, der Möglichkeit, einen Blick hinter die Kulissen historischer Ereignisse tun zu können, verleihen dieser Art Literatur ihren eigentümlichen und anhaltenden Reiz.

Vor diesem Hintergrund gewinnen die Aufzeichnungen von Las Cases exemplarische Bedeutung. Gerade weil sie nicht vom Kaiser persönlich verfaßt wurden, werden dessen manipulative Absichten um so deutlicher. Ihr inszenierter Charakter kommt am klarsten zum Ausdruck durch einen Vortrag, der die Diskrepanz zwischen vorgeblich intimer Situation und tatsächlicher Ansprache an die Nachwelt hervorhebt. (Grzesik 1990, 364 ff.)

Verlaufsstruktur

1. Einstieg

Die Schüler werden mit einem Stammbaum der Familie Bonaparte (OHP) konfrontiert, aus dem der Kontrast zwischen der eher einfachen Herkunft Napoleons und seiner Geschwister (Vater Anwalt) und ihrem späteren Rang (1 Kaiser, 4 Könige) hervorgeht. Vor dem Hintergrund der zuvor besprochenen Französischen Revolution werden die Schüler den Widerspruch zwischen dem Werdegang Napoleons als Revolutionssoldat und seiner späteren dynastischen Politik artikulieren.

Die dementsprechenden Äußerungen können in der Frage gebündelt werden: „Hat Napoleon die Revolution verraten?“

2. Lektüre der Quelle

Der Text wird ohne Kommentar ausgegeben und von den Schülern still gelesen. Sodann werden einzelne – vielleicht drei – Schüler aufgefordert, den Text laut zu lesen. Der Vortrag wird im Plenum zur Debatte gestellt. Es ist zu erwarten, daß zumindest ein Schüler dem Stil des Textes entsprechend eine eher pathetische Deklamation des Textes präsentieren wird, andere diese Leseweise als der Intimität der Ausgangssituation nicht entsprechend kritisieren werden. Ausgehend von dieser Diskrepanz kann die Frage gestellt werden, warum Napoleon sich in der Einsamkeit von Sankt Helena so äußert.

3. Erarbeitung der Ziele Napoleons

In dieser Phase der Stunde wird von dem Stil der Äußerungen Napoleons zu deren Inhalt übergegangen. Die Schüler suchen in Stillarbeit die angeblichen Hauptziele Napoleons heraus.

Diese Ziele werden in einem Tafelbild festgehalten, das folgende Aspekte repräsentieren sollte:

Ziele Napoleons (Mémorial):

Vereinigung der einzelnen Nationen in sich
(Franzosen, Italiener, Spanier, Deutsche)
Einführung der Aufklärung in allen diesen Ländern
Schaffung eines europäischen Gerichtshofes
= Einheit Europas (Ideal der Zivilisation)

4. Überprüfung dieser Ziele an der Herrschaftsweise Napoleons

In Tafelarbeit werden sodann die Maßnahmen Napoleons fixiert, die diesen angeblichen Zielen widersprechen.

Herrschaft Napoleons in Europa:

Vereinigung der Länder durch Kriege
Wirtschaftliche Ausbeutung der Länder
Beherrschung durch eigene Verwandte
Undemokratische Herrschaftsweise
Einführung des Code Napoléon
= Widersprüche

5. Bewertung von Anlaß, Situation und Absicht des Textproduzenten

In einer Schlußdiskussion wird die Glaubwürdigkeit der Quelle diskutiert. Zum einen erscheint es angesichts der Politik Napoleons sehr fragwürdig, daß er bei ihrer Verfolgung tatsächlich von den Motiven geleitet wurde, die er in dem Textausschnitt unterstellt. Zum anderen ist zunächst nicht einzusehen, warum er, bereits gestürzt und gefangen, einem einzelnen Gesprächspartner gegenüber die Unwahrheit sagen sollte. Sollten die Schüler nicht selbst darauf kommen, kann der Lehrer sie auf das Erscheinungsdatum des Buches hinweisen sowie auf dessen ungeheuren Publikumserfolg. Es sollte deutlich werden, daß Napoleon im Wissen um die schriftstellerischen Pläne seiner Vertrauten selbst auf St. Helena wie auf einer Bühne agierte und aktiv auf die Manipulation seines Bildes in der Geschichte hinarbeitete.

6. Abschließender Textvortrag

Am Schluß der Stunde kann noch einmal ein Schüler einen darstellenden Vortrag des Textes versuchen unter Berücksichtigung der erarbeiteten Ergebnisse.

Die Schüler sollen erkennen,

- daß Napoleon die von ihm eroberten Länder mit Hilfe einer dynastischen Politik an sich band.
- daß Napoleon mit seinen Äußerungen zu einem vereinigten Europa an die Tradition der Aufklärung und der Revolution anknüpft.
- daß der gestürzte Napoleon die scheinbar intimen Aufzeichnungen von Las Cases dazu benutzt, sein Erscheinungsbild in der Mit- und Nachwelt nachträglich zu manipulieren.

III. Erweiterungs- und Vertiefungsmöglichkeiten

Die Frage nach dem Wahrheitsgehalt der Aussagen Napoleons über seine Absichten kann anhand eines Auszuges aus dem Dekret über die Kontinentalsperre vertieft werden **(M2)**. Die Artikel 1–7 verweisen auf die konkrete Situation, aus der heraus die Kontinentalsperre geschaffen wurde: Die Notwendigkeit nämlich, das militärisch nicht zu besiegende England zu schädigen.

Die Artikel 10 und 11 demonstrieren, auf welche Weise Napoleon seine Blockadepolitik in Europa durchsetzt: Durch einen autokratischen Befehl, der auf die unterschiedlichen Interessen der einzelnen Länder und Nationen keinerlei Rücksicht nimmt.

Ausgehend von der Textpassage muß den Schülern vor Augen geführt werden, auf welche Weise eine solche Politik in ganz Europa praktisch durchgeführt werden kann, nämlich durch die konsequente, zentralistische Überwachung der Wirtschafts- und Handelspolitik der einzelnen Nationen.

In diesem Zusammenhang kann deutlich werden, daß die ersten Ansätze zu einer Vereinigung Europas im Empire lediglich als Instrument des Wirtschaftskampfes gegen England instrumentalisiert wurden.

Der latente Gegenwartsbezug des Textes kann durch einen Auszug aus dem Vertrag von Maastricht deutlich markiert werden **(M3)**. Die Präambel erinnert zunächst an das Empire insofern, als zu ihren Unterzeichnern eine Reihe von Monarchen zählt. Sollten die Schüler, was zu erwarten ist, über den Unterschied zwischen einer absoluten und einer konstitutionellen bzw. parlamentarischen Monarchie wenigstens ansatzweise informiert sein, werden sie selbst auf diese Differenz hinweisen; anderenfalls muß der Lehrer auf die Tatsache hinweisen, daß es sich bei allen Unterzeichnern um die Repräsentanten demokratischer Staaten handelt. Von zentraler Bedeutung bei der Analyse der Präambel ist freilich die Erkenntnis, daß die EU dem Prinzip der Freiwilligkeit folgt.

Vor dem Hintergrund dieser Feststellungen – die freilich noch vertieft werden können durch einen Lehrervortrag über die Institutionen der EU – liegt der Schluß nahe, daß die EU, indem sie auf dem Prinzip der Freiwilligkeit basiert und nur Staaten in sich vereinigt, die den Grundsätzen der Demokratie verpflichtet sind – einen Teil jener Ideen verwirklicht, die Napoleon vorgibt bei der Schaffung des Empires verfolgt zu haben.

Der Vergleich der EU mit dem Empire kann schließlich zu einer allgemeinen Diskussion über die Möglichkeit einer Vereinigung Europas führen. Da das Empire Napoleons im Zusammenhang dieser Stunde als Zerrbild der EU erscheint, kann es Aufschluß geben über jene Befürchtungen, die einer weitergehenden Vereinigung Europas im Wege zu stehen scheinen: Die Sorge, daß – wie einst Frankreich – so auch heute eine einzelne Macht das eindeutige Übergewicht innerhalb der EU gewinnen könnte und somit eine zentralistische Politik durchsetzte, die nur ihren eigenen Interessen entspräche.

IV. Literaturhinweise für die Unterrichtsvorbereitung

1. Quellen

Lautemann/Schlenke (Hrsg.): Geschichte in Quellen. Bd. 4: Amerikanische und Französische Revolution. München 1981
Europäischer Unionsvertrag, Stand: 1. September 1992, München 1992

2. Sekundärliteratur

Cronin, Vincent: Napoleon, Düsseldorf (1976)
Sieburg, Heinz-Otto (Hrsg.): Napoleon und Europa, Köln, Berlin 1971
Tulard, Jean: Napoleon oder Der Mythos des Retters, Frankfurt a. M., Berlin, Wien 1982

10 Gründungsvertrag des Deutschen Zollvereins – Friedrich List: Die politisch-ökonomische Nationaleinheit der Deutschen

Textvergleich (Variante 1) und themengeleitete Verarbeitung von Text- und Karteninformation (Variante 2)

Inhalt des Kapitels

Verzeichnis der Materialien zu diesem Kapitel

I. Didaktisch-methodischer Kommentar

Historischer Kontext

In seiner Schrift „Die politisch-ökonomische Nationaleinheit der Deutschen" **(M 1)** formulierte der württembergische Wirtschaftstheoretiker und Publizist Friedrich List seine Überzeugung vom Zusammenhang zwischen ökonomischer und politischer Einheit in Deutschland. Er griff damit Gedanken seines Hauptwerkes „Das nationale System der politischen Ökonomie" von 1841 auf, in welchem er die Wirtschaftspolitik im Deutschen Zollverein diskutierte (List, Werke, VI). Diese Union zwischen den Zollvereinen Preußens mit Hessen-Darmstadt und Bayerns mit Württemberg stand 1834 als Abschluß in einer Reihe voraufgegangener Zollbündnisse seit den 1820er Jahren. Denn die durch die Neuordnung Deutschlands auf dem Wiener Kongreß bedingte Zersplitterung in 39 souveräne Staaten brachte sowohl innerhalb des Deutschen Bundes als auch im Vergleich mit anderen europäischen Ländern erhebliche wirtschaftliche Nachteile mit sich. Diese Nachteile – Verteuerung der Waren aufgrund der an jeder Staatsgrenze erhobenen Zölle, Zeitverlust aufgrund der Formalitäten und Umrechnung in andere Währungen, Maße und Gewichte, unterschiedliche Verkehrs- und Verbrauchssteuern – betrafen Preußen sogar innerstaatlich. Auf dem Wiener Kongreß 1815 waren zur Erhaltung des europäischen Gleichgewichts die russischen Pläne auf Annexion Polens und die preußischen Ansprüche auf Sachsen zurückgewiesen worden. Preußen trat schließlich an Rußland die Gebiete aus der dritten polnischen Teilung ab und mußte sich mit einem Teil Sachsens zufriedengeben, erhielt aber als Ausgleich die Rheinprovinz und Westfalen. Ein Teil seines Territoriums, die beiden Westprovinzen Rheinland und Westfalen, war nun durch einen Korridor von den Kerngebieten im Osten getrennt, der von Norden nach Süden die Gebiete des Königreichs Hannover, des Herzogtums Braunschweig, Kurhessens, des Herzogtums Nassau und des Großherzogtums Hessen umfaßte (vgl. **M 3**). Preußen wies zu dieser Zeit ca. 67 örtliche Zolltarife auf. Als erster Schritt erfolgte die Zusammenfassung Preußens zu einem einheitlichen Wirtschafts- und Handelsgebiet durch ein Zollgesetz von 1818, in dem sich Preußen zur Zollfreiheit bei der Ausfuhr und zum Freihandel im Innern bekannte. Die Beseitigung der innerstaatlichen Zölle kam sowohl den Interessen der ostelbischen Gutsbesitzer als auch der aufstrebenden rheinischen Industrie entgegen. Diesen Vorteilen für die eigene Wirtschaft stand die Erhebung hoher Durchgangszölle gegenüber, die vor allem die an Preußen angrenzenden Staaten benachteiligten. Sowohl auf Bundesebene als auch überregional wurden daraufhin von anderen deutschen Staaten Verhandlungen über Zollregelungen geführt, die aber an dem Beharren auf der vollen Souveränität, z. B. Bayerns, scheiterten (vgl. dazu Nipperdey 1993, 358 f.).

Preußen gelang im Februar 1828 der Zusammenschluß mit dem Großherzogtum Hessen in einem Zoll- und Handelsvertrag. Einen Monat zuvor hatten die beiden süddeutschen Staaten Bayern und Württemberg eine Zolleinheit begründet. Die nun von diesen beiden Zollbündnissen eingeschlossenen oder abgeschnittenen nord- und mitteldeutschen Staaten (das Königreich Hannover, Herzogtum Braunschweig, Kurfürstentum Hessen, Herzogtum Nassau, die Thüringischen Staaten sowie das Königreich Sachsen) gründeten ihrerseits den mitteldeutschen Handelsverein. Waren diese erstgenannten Zollbündnisse aufgrund ökonomischer Erwägungen zustande gekommen, so war gerade der mitteldeutsche Handelsverein politisch motiviert: Motor vor allem für Sachsen und Hannover war die Absicht, die Hegemonialstellung des Großstaates Preußen im Deutschen Bund abzuwehren.

Zwei Politiker der damaligen Zeit, Friedrich List und Friedrich von Motz, verbanden mit den wirtschaftlichen Plänen gleichzeitig staatspolitische Ziele. List (1789–1846) verfaßte bereits 1819 als Bevollmächtigter des „Allgemeinen Deutschen Handels- und Gewerbsvereins" der zur Ostermesse in Frankfurt am Main versammelten Händler und Kaufleute eine Bittschrift an die Bundesversammlung **(M 5)**, den dort tagenden Gesandtenkongreß der Einzelstaaten. Darin wird mit dem Hinweis auf die lähmende Wirkung der „Zoll- und Mautlinien in Deutschland" die Aufhebung sämtlicher Zölle innerhalb des Deutschen Bundes und die Erhebung von Schutzzöllen gegen zollerhebende europäische Nachbarstaaten gefordert. Die letztgenannte Forderung stellte er ganz im Sinne des aufstrebenden deutschen Gewerbes, das einen Schutz vor der überlegenen englischen Industrie verlangte. Preußen kam mit den niedrigen Grenzzöllen nach außen zu diesem Zeitpunkt eher den Interessen der Rittergutsbesitzer entgegen, die den Export von Getreide, Wolle und Holz betrieben. Friedrich List setzte seine Hoffnung auf eine Zolleinigung mit Freihandel im Innern und Schutzzöllen nach außen zu diesem Zeitpunkt in die Bundespolitik, wandte sich aber kurz darauf auch an die Einzelstaaten (vgl. Schnabel II, 299 f.).

Auch der preußische Finanzminister Friedrich von Motz verband mit der Wirtschaftspolitik außenpolitische Absichten. Bereits 1829 äußerte er sich in einer Denkschrift an den preußischen König Friedrich Wilhelm III. **(M 4)** über das Ziel, aus einer Verbindung in einem Zoll- und Handelssystem zu einer politischen Verbindung unter „Schutz und Schirm von Preußen" zu kommen.

Der Deutsche Zollverein, der am 1. Januar 1834 in Kraft trat und zwischen dem Bayerisch-Württembergischen und dem Preußisch-Hessischen Zollverein gegründet wurde, geht auf die Initiative des preußischen Finanzministers von Motz zurück, spiegelt aber in der Vorrede des Gründungsvertrags vom 22. März 1833 **(M 2)** ausschließlich das wirtschaftliche Interesse der beteiligten Monarchen wider.

Themenspezifische Voraussetzungen

Die Beschäftigung mit der Frage, inwieweit über die wirtschaftliche Einigung im Deutschen Zollverein von 1834 eine politische Einheit Deutschlands angestrebt wurde und werden konnte, steht in dem größeren Zusammenhang einer Reihe über die Voraussetzungen, Bedingungen und Auswirkungen der Industriellen Revolution in England und Deutschland. Ein Vergleich der jeweiligen Ausgangssituation macht die Beschäftigung mit dem Konstrukt „Deutscher Bund" und seinen Auswirkungen auf die politische und wirtschaftliche Lage Deutschlands notwendig. Dabei müßte auch der Dualismus zwischen Preußen und Österreich thematisiert werden.

Den engeren Zusammenhang bildet die Sequenz über die Industrialisierung Deutschlands, wobei Preußen besonders beachtet wird. Die Schüler sollten inhaltliche Vorkenntnisse über die preußischen Reformen zwischen 1807 und 1815 (Bauernbefreiung, Selbstverwaltung der Städte, Gewerbefreiheit, Judenemanzipation, Heeresreform) besitzen. Die Rolle des preußischen Staates, der durch „Reformen von oben“ den Versuch unternahm, ohne weiterreichende Änderung der politischen Verhältnisse positive Bedingungen für einen wirtschaftlichen Aufschwung zu schaffen, sollte dabei herausgestellt werden. Nach der Aufhebung der von Napoleon 1806 erlassenen Kontinentalsperre im Jahre 1813 wurden die deutschen Märkte mit englischen Waren überschwemmt; dies trug zur Verschärfung der wirtschaftlichen Situation bei. Das Aufeinandertreffen der politischen Ordnung im Deutschen Bund, die gekennzeichnet ist durch Restauration und die Unterdrückung der entstehenden Opposition, mit den wirtschaftlichen Interessen des aufstrebenden Bürgertums beleuchtet den gesellschaftlichen Hintergrund.

Sachlicher Gehalt der Quellen

Friedrich List: „Die politisch-ökonomische Nationaleinheit der Deutschen“

> „Der Zollverein ist von den Regierungen nicht aus ‚nationalem‘ Interesse und nicht aus politischen Motiven abgeschlossen worden; partikulare, zum guten Teil fiskalische Interessen waren maßgebend. [...] die ältere Ansicht der Historiker, daß der Zollverein ... notwendig auf die kleindeutsche Reichsgründung zulaufen mußte, ist nicht haltbar; auch die Erfahrungen mit der Europäischen Gemeinschaft haben uns eines anderen belehrt.“ (Nipperdey 1993, 361)

Lists Text **(M 1)** berührt mit dem kausalen Zusammenhang zwischen wirtschaftlicher und politischer Einigung eine grundsätzliche historische Kategorie. Der liberale Nationalökonom Friedrich List verknüpft in seinem „Vermächtnis“ zwei Jahre vor der Revolution von 1848 mit der ökonomischen die Hoffnung auf nationale und politische Einheit der Deutschen.

Die Vereinigung der „Deutschen“ durch den Zollverein nimmt seiner Meinung nach eine Brückenfunktion auf dem Weg zu dieser Einheit ein. Er verspricht sich von einer ökonomischen und materiellen Verbindung der Deutschen eine Weckung des Nationalgefühls aufgrund eines gemeinsamen Nationalinteresses, das sich zunächst auf die wirtschaftlichen Fragen richtet. Darüber hinaus aber, und in diesem Punkt erweist er sich als typischer Liberaler der Restaurationszeit, knüpfen sich seine Hoffnungen auf Teilhabe an der praktischen Politik an den deutschen Mittelstand und an den „Stand der großen Güterbesitzer“ (Z. 28/29), d. h. an das wirtschaftlich aufstrebende Bürgertum und den unternehmerisch tätigen Adel. Diese beiden gesellschaftlichen Gruppen, nach Lists Meinung durch den Zollverein zur Beschäftigung mit politischen Fragen geführt, bestimmten auch in der Revolution von 1848/49 die Bemühungen um eine Teilhabe an der Regierung. Vorbild und Beispiel für eine „politisch-ökonomische Organisation“ sind für ihn die „anderen großen Nationen“, z. B. offenbar Frankreich und England, das als Beispiel für eine politische Vertretung des wirtschaftlich tätigen Bürgertums im Unterhaus des Parlaments dienen kann. Vehikel für Lists Vorstellung von einer Bildung der politischen über die wirtschaftliche Einheit ist der Begriff der „Nation“. So sehr er vermeidet, an irgendeiner Stelle von „Einheit“ zu sprechen – er verwendet Begriffe wie „verbinden“ (Z. 2), „Verschmelzung“ (Z. 6), „Stiftung einer großen Nationalität“ (Z. 36), „politisch-ökonomische Organisation“ (Z. 8) –, so häufig führt er die Begriffsbildungen mit dem Wort „Nation“ oder „national“ an („Nation“ allein sechsmal, in Komposita dreimal, als Adjektiv zweimal). Dabei fällt die Unterscheidung von „Nation“ und „Nationalität“ (dreimal) auf, wobei unter Nationalität offenbar die staatliche Organisation der Nation verstanden werden kann (vgl. Z. 32f. und 36). Insofern hat der Zollverein für List Nation-stiftende Wirkung (vgl. Z. 1 f.), die im nächsten Schritt, und dabei nimmt er sich das Beispiel an den „anderen großen Nationen“, zur „Stiftung“ der „großen Nationalität“ und zur „politisch-ökonomische[n] Organisation“ führen soll. Die identitätsstiftende, das Gefühl einer Nation bewußtmachende Wirkung geht dabei vom wirtschaftlichen Zusammenschluß im Zollverein aus (vgl. zu dieser Thematik die nationenstiftenden Legitimationen in Kapitel 5, 7 und 8 dieses Bandes). Über die inhaltliche Füllung des Begriffs „Nation“ gibt er weiter keine Auskunft. Allerdings befürwortet er ein „Schutzsystem“ gegenüber dem Freihandel, den er als „fremd“ ablehnt. In diesem Zusammenhang sieht er im Schutzzoll ein Mittel, um nationale Interessen und nationalen Sinn erst einmal zu schaffen und gegen „Fremde“ zu verteidigen. Diesen „Fremden“ stellt er das „deutsche Volk“ (Z. 21) gegenüber. Mit der Häufigkeit des verwendeten Begriffs „Nation“ korreliert der Begriff „deutsch“, der fast ebenso häufig auftaucht (sechsmal als Adjektiv, zweimal als Substantiv). Interessanterweise findet sich einmal der Ausdruck „das deutsche Volk“ (Z. 21), einmal aber auch „die deutschen Völker“ (Z. 34). Damit beinhaltet der Text genau das Problem des deutschen Nationenbegriffs, da die Kulturnation der Deutschen zur damaligen Zeit in verschiedenen Staaten lebte. Vor dem Hintergrund des Vormärz und der durch Preußen forcierten Vereinigung im Zollverein wäre damit das Problem des Vielvölkerstaates Österreich angesprochen, der bei der Zollvereinbarung nicht berücksichtigt wurde. Insofern wirft auch Lists Text ein Licht auf die später auftretenden Fragen einer groß- oder kleindeutschen Lösung für das Problem der deutschen Einheit. Aus preußischer Sicht schien aber bereits 1829 klar zu sein, daß es nur um ein Deutschland unter Preußens Führung gehen konnte (vgl. Denkschrift des preußischen Finanzministers von Motz, **M 4**).

Gründungsurkunde des Deutschen Zollvereins

Der Auszug aus dem Gründungsvertrag des Deutschen Zollvereins **(M 2)** spiegelt das rein wirtschaftliche Interesse der beteiligten Monarchen wider, er führt als Begründung für die beginnenden Unterhandlungen die „Beförderung der Freiheit des Handels und gewerblichen Verkehrs“ an (Z. 6f.). Dieser Vertrag kam nach mehrjährigen Verhandlungen zustande, nachdem es 1829 zu einem Handelsvertrag zwischen den beiden Zollsystemen – bayerisch-württembergisches und preußisch-hessisches – gekommen war, der eine Zollfreiheit bereits vorsah. Die Quelle hat als offizieller Vertrag – als Gesetz ausgegeben und veröffentlicht in Berlin am 5. Dezember 1833 – normativen Charakter. Formulierungen der einzelnen Artikel („werden für die Zukunft ... bilden“, „wollen dahin wirken“, „zu erkennen geben sollten“) belegen diese Sollensform. Neben den Absichtserklärungen über die Verbesserung der wirtschaftlichen Rahmenbedingungen (Infrastruktur, fiskalisches System, vgl. Art. 14) enthält der Vertrag im zweiten Teil konkrete Zolltarife, z. B. Listen für zollfreie Gegenstände, die genaue Ein- und Ausfuhrbesteuerung sowie Durchfuhrsteuer. Diese Artikel sind im Auszug **(M 2)** nicht enthalten.

Die Verwirklichung des Zollvereins war mit Eingriffen in den jeweiligen Staatshaushalt verbunden: so sollte der gemeinsame Ertrag aus den Abgaben je nach Bevölkerungsanteil in der Gemeinschaft verteilt werden und war nicht mehr abhängig von den tatsächlichen Steuereinnahmen der Einzelstaaten. Bayern konnte seine Einkünfte um 100 % steigern, Preußen nur um 25 % (vgl. Nipperdey 1993, 360).

Insgesamt steht der Zollverein als Beispiel für die aktive Rolle der Staatsbürokratien im Prozeß der Industrialisierung.

Ziele des Unterrichts

Die anhand der Quellen exemplarisch zu erarbeitende Kausalität zwischen wirtschaftlicher und politischer Einheit läßt sich bis heute verfolgen, als Beispiel seien die Bemühungen der europäischen Staaten genannt, die mit einer europäischen Wirtschaftsgemeinschaft 1957 auf der Basis einer Zollunion begannen (vgl. **M 8**), inzwischen zu einem einheitlichen Binnenmarkt (1. 1. 1993) geführt haben (vgl. **M 7**) und seit 1979 als politische Vertretung der Bürgerinnen und Bürger Europas im Straßburger Parlament auch eine politische Einheit darstellen.

Auf nationaler Ebene kann die Wirtschafts-, Währungs- und Sozialunion (1. 7. 1990) zwischen der Bundesrepublik Deutschland und der DDR als erster Schritt zu einer politischen Einigung Deutschlands angesehen werden (vgl. **M 6**).

Beide Beispiele aus der Zeitgeschichte berühren die identitätsstiftende Bedeutung, die sowohl auf europäischer Ebene durch die direkte Wahl von Abgeordenten in ein gemeinsames Parlament als auch über die Einführung der D-Mark in der DDR über die eigentliche wirtschaftliche Seite hinausgehen. Auch in diesem Punkt treffen sie sich mit dem Text Lists.

Die angeführten aktuellen Beispiele unterstreichen die Relevanz der Thematik für den Schüler von heute, der weniger nur eine nationale, als vielmehr eine europäische Identität entwickeln soll. Während es in dem Beispiel der Europäischen Union eher um die Überwindung des nationalen Gedankens zugunsten eines internationalen Bewußtseins geht, zeigt das zweite Beispiel der Währungsunion mehr eine Analogie zu den historischen Ereignissen im 19. Jahrhundert. Die Gegenwartsbezüge können durch die Untersuchung eines historischen Einzelfalls in den Horizont der Schüler gehoben werden.

Ein zweiter Bezug wird über die Frage nach der deutschen Nation und ihrer Definition hergestellt, wenngleich das oben angeführte Beispiel der europäischen Einheit dem scheinbar entgegensteht. Wie aber die aktuelle Debatte sowie die Schwierigkeiten um die

Verwirklichung der politischen Einheit Europas zeigen (Stichwort Maastrichter Verträge), lassen sich nationale Fragen nicht davon trennen. Während es List gerade darum ging, die Einheit der Nation über gemeinsame materielle Interessen der im Deutschen Zollverein verbundenen Staaten herzustellen, wird heute eher der drohende Verlust nationaler Identitäten befürchtet, da sich die wirtschaftliche Einheit auf übernationaler Ebene vollzogen hat.

II. Methodenkonzepte für den Unterricht
Integrationsmethode: Textvergleich (Variante 1)

Begründung der Methodenwahl

Die Gegenüberstellung von zwei zeitgenössischen Positionen zu einem historischen Ereignis, die gleichzeitig zwei verschiedene Dimensionen historischer Erfahrung – *Wirtschaft* und *Politik* – repräsentieren, ermöglicht es den Schülern, durch eigene Leistung die Perspektivierung der Quellenarbeit vorzunehmen. Bei diesem Verfahren werden zwei Texte miteinander verglichen, die verschiedenen Quellengattungen angehören: zum einen handelt es sich bei dem Gründungsvertrag um einen offiziellen Gesetzestext mit normativem Charakter, zum anderen um die publizierte Meinung eines Wissenschaftlers, der damit bewußt politische Meinungsbildung betreibt. Die Texte stehen in einem unmittelbaren zeitlichen und kausalen Zusammenhang, da List in seiner Theorie den Zollverein voraussetzt.

Verlaufsstruktur

Für den Textvergleich sind mehrere Unterrichtsstunden zu veranschlagen. Da die Quellen zunächst für sich gesehen inhaltlich reorganisiert werden sollen, stehen sie nicht von Beginn an parallel nebeneinander.

1. Vorbereitende Hausaufgabe

Anhand einer Karte **(M 3)** erarbeiten die Schüler einige Stufen der Entwicklung und Entstehung des Deutschen Zollvereins. Die Karte macht Preußens Gründe für das Streben nach einer Einigung mit Hannover und Kurhessen deutlich. Über den Partikularismus im Deutschen Bund hinaus ist Preußen auch innerstaatlich zersplittert. Die Überwindung der territorialen Aufteilung in die seit 1815 zu Preußen hinzugekommenen Westprovinzen und das östliche Kernland konnte innerhalb des Deutschen Bundes unmilitärisch nur durch eine wirtschaftliche Einigung erzielt werden. Die Industriegebiete an der Ruhr und in Westfalen lagen ebenso wie das schlesische Kohlerevier in Preußen. Diese günstigen Voraussetzungen führten zur Förderung der Industrialisierung durch den Staat.

Neben diesen Ergebnissen zur Geographie Preußens sollten die Schüler folgende Stufen der Zollvereinigungen erarbeiten:

1818:	Einheitliches Zollgebiet der Westprovinzen Preußens mit dem Kernland
bis 1828:	Anschlüsse an den Preußischen Zollverband (Sondershausen, Hzgt. Anhalt, Großherzogtum Hessen)
1828–1833:	Süddeutscher Zollverein (Kgr. Bayern, Kgr. Württemberg)
1828–1831:	Mitteldeutscher Handelsverein (Kgr. Hannover, Hzgt. Braunschweig, Kurhessen, Thüringische Staaten, Kgr. Sachsen)

Österreich bleibt von dieser gesamten Entwicklung ausgeschlossen.

Die Ergebnisse könnten tabellarisch an der Tafel festgehalten werden. Da die Schüler bei der Hausaufgabe mit einer thematischen Karte arbeiten, leistet im Unterricht eine historisch-geographische Karte Hilfestellung bei der genauen Feststellung der Territorien. Eine solche Karte könnte jedem einzelnen Schüler oder Zweiergruppen zur Verfügung stehen (z. B. Putzger 1986, 96; dtv-Atlas zur Weltgeschichte 1982, 2, 46) oder als Wandkarte in den Unterricht einbezogen werden (z. B. Westermann oder Perthes).

2. Textaufnahme

Zur Vorbereitung auf den Textvergleich sollen die Schüler in einer Stillarbeit den Gesetzestext über die Gründung des Deutschen Zollvereins kennenlernen **(M 2)**. Grundsätzlich sollten vor der Erarbeitungsphase alle Verständnisfragen geklärt werden, damit nicht bestehende Unklarheiten die Analyse behindern. Der Gesetzestext könnte solche Fragen vor allem bezüglich der Sprache aufwerfen („dießfälligen Verträge", „dermalen", „contrahierenden Staaten", „Contrahenten", „desfalls"). Der Begriff „Contrahenten" oder „contrahierend" wird nicht in der Bedeutung ‚Gegner', ‚gegnerisch' verwendet, sondern bedeutet Vertragspartner bzw. eine Vereinbarung treffend (von lat. *contrahere* „vereinigen, zustande bringen").

3. Erarbeitung

Nach Klärung der Verständnisfragen zum Text sollen die Schüler die wesentlichen Aussagen der Quelle erarbeiten. Je nach Leistungsvermögen der Lerngruppe kann der Text ohne oder mit Leitfragen durchgearbeitet werden. Als Leitfragen seien hier vorgeschlagen:

1) Wie wird der Vertragsschluß begründet?
2) Welche verschiedenen Ziele verbinden die Monarchen mit dem Vertrag?

Aufgrund der vorbereitenden Hausaufgabe besitzen die Schüler Vorkenntnisse, um die vertragschließenden Seiten nennen und auf der Ebene der Zollbündnisse zuweisen zu können. Neben diesen Angaben beinhaltet die Vorrede eine Kernaussage des Vertrags: die Begründung für den Vertragsschluß, „Freiheit des Handels und gewerblichen Verkehrs" zwischen den vertragschließenden Staaten zu befördern. Die Bezeichnung als „Zoll- und Handelssystem" betrifft wie die Betonung des freien, ungehinderten Handels

und die Sorge um ein „gleiches Münz-, Maß- und Gewichtssystem" die *Wirtschaft* als Dimension historischer Erfahrung.
Die aus dem Text zu gewinnenden Informationen können durch Lehrerinformationen ergänzt werden. So müßte die Formulierung „Gemeinschaft der Einnahmen an Zöllen" in Artikel 6 erläutert werden.

4. Auswertung

Die Schüler sollen die wirtschaftliche Motivation auf der Seite der Vertragspartner erkennen und die Vorteile herausstellen: Für Preußen würde sich durch den Zollverein insofern eine Problemlösung für die territoriale Zergliederung abzeichnen, da sich nach Zusammenschluß der beiden größten bisherigen Zollbündnisse gerade die kleineren Staaten genötigt sehen müßten, unter Inanspruchnahme von Art. 38 dem übermächtigen neuen Zollverein beizutreten. Daneben entfiele für alle Beteiligten die bisher bestehende Konkurrenz der Zollbündnisse und der Nachteil, Durchgangs- oder Einfuhrzölle beispielsweise an Preußen oder Bayern bezahlen zu müssen. An dieser Stelle verdeutlicht die hinzugezogene Karte, daß der Korridor nach Norden hin noch nicht vollständig in das Zollsystem einbezogen war.

Der normsetzende Charakter der Quelle – Gebrauch des Futurs und die das Futur umschreibenden Wendungen („wollen dahin wirken") – hält in Artikel 38 die Erweiterung des Zollvereins offen. Aus der Karte lassen sich die Beitrittsdaten weiterer Staaten entnehmen.

5. Lehrervortrag als Hinführung zum List-Text

Auch diese Phase dient der Vorbereitung des Textvergleichs. Da es sich nicht um einen allgemeinverbindlichen Text wie den Vertrag, sondern um die Denkschrift einer Einzelpersönlichkeit handelt, kann ein kurzer Vortrag zu Leben und Wirken Friedrich Lists der Motivation der Schüler und der Vermittlung des Hintergrundwissens über den Verfasser der zu bearbeitenden Quelle dienen. Er ermöglicht außerdem einen Methodenwechsel.
Folgende Fakten bilden die Grundlage:
- 1789 Geburt Friedrich Lists in Reutlingen
- seit 1806 Verwaltungsbeamter im württembergischen Staatsdienst
- 1817–1819 Professor für Staatswirtschaft in Tübingen
- 1819 Petition an die Bundesversammlung: negative Folgen für seine weitere Berufsausübung
- 1820 Landtagsabgeordneter von Württemberg, demokratische Forderungen, u. a. nach Presse- und Meinungsfreiheit, führen zur gerichtlichen Untersuchung
- 1822 Flucht nach Straßburg, Ausweisung
- 1824 nach seiner Rückkehr Festungshaft
- 1825 vorzeitige Freilassung wegen Auswanderungsabsicht nach Amerika
- 1832 Rückkehr als amerikanischer Konsul, Eintreten für ein deutsches Eisenbahnnetz
- 1837–1840 Paris
- 30. November 1846: Freitod aufgrund von Krankheit und Enttäuschung über die mangelnde Anerkennung seiner publizistischen Arbeit sowie wegen finanzieller Sorgen.

6. Lektüre des Textes von Friedrich List (Stillarbeit)

Die Schüler lernen mit dem Auszug aus Lists Text **(M 1)** eine Position zum Deutschen Zollverein kennen, die einen zeitlichen Abstand von über zehn Jahren zum Gründungsdatum hat. Die Textaufnahme erfolgt wie schon beim Vertragstext in Einzelarbeit, damit sich die Schüler zunächst selbständig mit der Quelle befassen können. Sie werden dazu aufgefordert, ihnen unverständliche Stellen und Begriffe zu unterstreichen. Dieses Vorgehen schult die routinemäßige Arbeitsweise. Die Klärung der Verständnisfragen steht vor der inhaltlichen Textanalyse, unter Umständen ergeben sich aber durch diese Fragen schon Ansätze zur eingehenderen Textarbeit. Fragen sind zu erwarten bezüglich der Formulierungen wie „Beschützung seiner inneren Gesamtproduktivkräfte“, „Verschmelzung der einzelnen Provinzialinteressen“, „Navigationsgesetze“.

7. Klärung von fachsprachlichen Begriffen

Da der List-Text aufgrund seiner Wortwahl relativ anspruchsvoll ist, würde sich als Vorgehensweise bei diesem Auszug zunächst das Erstellen einer Art „Übersetzung“ anbieten. Diese Übersetzung betrifft die unterschiedlichen Fachsprachen, auf die List zurückgreift, z. B. wirtschaftswissenschaftliche („ökonomisch“, „materiell“, „innere[n] Gesamtproduktivkräfte[n]“, „Freihandelstheorie“, „Schutzsystem“) oder politisch besetzte Begriffe („die Deutschen“, „Nation“, „Provinzialinteressen“, „Nationalinteresse“, „Nationalgefühl“, „Nationalität“ etc.) ebenso wie Umschreibungen für historische Bezüge (z. B. eine „von anderen großen Nationen schon zur Vollkommenheit ausgebildet[e]“ politisch-ökonomische Organisation = einheitliches Staats- und Wirtschaftssystem in den USA, England oder Frankreich).

Grundsätzlich müssen die Anspielungen auf zeitgenössische Umstände aufgelöst werden. Dabei können die Schüler ihre Vorkenntnisse aus der Unterrichtsreihe (vgl. „Themenspezifische Voraussetzungen“) anwenden. So dürfte es keine Schwierigkeiten bereiten, in den „einzelnen Provinzialinteressen“ (Z. 6) eine Anspielung auf den Partikularismus im Deutschen Bund zu erkennen. Des weiteren verweist der Abschnitt über den Zusammenhang zwischen den wirtschaftlich bedeutenden Gruppen – „deutsche[r] Mittelstand und der Stand der großen Güterbesitzer“ (Z. 31–32) – und ihrer politischen Aktivität auf die Bedeutung des Bürgertums im deutschen Vormärz.

8. Inhaltliche Analyse

Nachdem der Text auf diese Weise linear durchgearbeitet worden ist, steht als nächster Schritt die inhaltliche Analyse im Mittelpunkt. Damit wird die Frage verbunden, auf welche Weise List seine persönliche Meinung zum Ausdruck bringt.

Der erste Abschnitt (Z. 1–11) beinhaltet seine Vorstellung von der Funktion des Deutschen Zollvereins in der Zukunft. Sie reicht von der Verbindung der Deutschen zur Nation, die Vertretung der Nation „als ein Ganzes“ nach außen über die Stärkung der materiellen Kraft bis hin zur Weckung und Hebung des Nationalgefühls. List bedient sich des normativen Verbs „sollen“.

Der zweite Abschnitt (Z. 12–25) wertet den vergangenen Zustand einschließlich des Freihandelssystems ab und das neue Zollsystem wirtschaftlich auf. Mit dem Schutzzollsystem verbinden sich nach Lists Ansicht aber nicht nur ökonomische Vorteile, es stellt auch ein Mittel zur Konzentration auf „nationale Interessen“ dar.

Diese Aufwertung setzt sich mit dem Hinweis auf die positive politische Ausstrahlung – Anteilnahme zumindest eines Teils der Bevölkerung an der Politikausübung – im folgenden Abschnitt (Z. 26–33) fort.

Das Fazit im letzten Abschnitt wird auch begrifflich in der Formulierung „politisch-ökonomische Organisation“ gezogen, die beide Bereiche gleichbedeutend auf einer Ebene zusammenführt.

9. Auswertung und Ergebnissicherung

Die Schüler erkennen anhand des Textes, welche Ziele mit der wirtschaftlichen Einigung des Deutschen Zollvereins verbunden wurden. Sie erkennen, daß List den Zollverein positiv bewertet in seiner Funktion einer Überwindung des Partikularismus hin zur Einheit der Nation. Diese Stellungnahme bestätigt und erweitert die bisher von der Lerngruppe selbst vorgenommene Beurteilung des Zollvereins auf der Grundlage des Vertragstextes.

10. Erarbeitung von Vergleichsaspekten

Das kontrastive Verfahren der Gegenüberstellung von zwei Quellen zu einem Gegenstandsbereich verlangt zum einen nach einer methodischen Verfahrensweise zur Erarbeitung und dient der Feststellung möglicher Vergleichsaspekte; zum anderen ist damit eine Polarisierung angestrebt, die nach einer Erklärung verlangt. Die erste Quelle hat eine eher dienende Funktion und bildet die offizielle Folie für die persönliche Meinung Lists.

Die Schüler sollen im Unterrichtsgespräch mögliche Vergleichsaspekte erarbeiten, unter denen die beiden Quellen verglichen werden könnten. Dieser Vergleich kann sich zum einen auf den Inhalt der Texte beziehen, zum anderen auch quellenkritische Aspekte umfassen. Als mögliche Gesichtspunkte könnten zusammengestellt werden:
Welchen Zweck soll der Zollverein erfüllen?
Welche Ziele werden mit dem Zollverein verfolgt?
Auf welchem Weg sollen sie erreicht werden?
Wer verfolgt diese Ziele?
Wann und für wen wurden die Texte verfaßt?
Welche Absicht wurde mit dem jeweiligen Text verfolgt?

Diese Fragestellungen zielen auf eine strukturierte Zusammenfassung der Ergebnisse aus den einzelnen Erarbeitungsphasen zu den beiden Quellentexten. Sollte die Lerngruppe eine solche Wiederholungs- und Sicherungsphase nicht benötigen, könnte unmittelbar zu übergeordneteren Vergleichsaspekten übergegangen werden:
Welche Übereinstimmungen weisen beide Texte auf?
Welche Abweichungen lassen sich feststellen?

11. Zuordnung der Textaussagen zu den Vergleichsaspekten

Die Schüler vergleichen die beiden oben genannten Quellen unter den im Unterrichtsgespräch ermittelten Vergleichsaspekten miteinander. Eine Zusammenstellung der ermittelten Ergebnisse an der Tafel oder auf einer Overhead-Folie könnte wie folgt aussehen:

	Vertragstext	List-Text
Zweck	Förderung der Handels-, Verkehrsfreiheit „zwischen ihren Staaten“ u. „in Dtl. überhaupt“; gemeinsames Zoll- u. Handelssystem	ZV verbindet die Deutschen zur Nation, vertritt die Nation als Ganzes nach außen, wahrt die auswärtigen Gesamtinteressen, stärkt die materielle Kraft im Innern, weckt u. hebt das Nationalgefühl
Ziele	wirtschaftliche Vorteile, Vergrößerung des Vereins	Abschaffung des Freihandels, Einführung des Schutzzollsystems; die Bürger werden an der politischen Organisation des Staates beteiligt
Weg	Unterhandlungen durch die Monarchen, Bildung eines „Gesamtvereins“, weitere Beitritte möglich	Zollverein als Zusammenschluß der „Provinzen“ ist Voraussetzung zur Bildung der Nation im Innern; Teilnahme der Bürger (Mittelstand, Güterbesitzer) an der Politik
Wer?	Einzelstaaten	„die Deutschen“ als Gesamtheit
Wann?	zum Zeitpunkt des Abschlusses des Vertrages	der Zollverein besteht bereits seit über zehn Jahren
Für wen?	Veröffentlichung als Gesetz, Information für Händler, Gewerbetreibende, Unternehmer	Argumentation im Sinne der Einheitsbewegung
Absicht?	Wirtschaftliche Vorteile	Argumentation in der Öffentlichkeit für Gründung der Einheit, ehe es zu spät sein könnte (s. Z. 40–41)

Übereinstimmungen ergeben sich hinsichtlich der positiven Bedeutung, die sowohl die vertragschließenden Staaten („Beförderung der Freiheit des Handels ...“) als auch Friedrich List dem Zollverein beimessen. List geht aber eben in seiner Beurteilung weit darüber hinaus, da er dem Vertrag weiterreichende Folgen unterstellt. Seine Wertschätzung geht von einem anderen Standort aus als die der vertragschließenden Einzelstaaten: Während sie die Vorteile innenpolitisch und „in Deutschland überhaupt“ veranschlagen, nimmt List die Perspektive eines zu schaffenden Gesamtstaates ein und vergleicht diesen mit den bestehenden Nationalstaaten.

12. Textvergleich und Beurteilung

Die Schüler sollten die anhand der festgestellten Übereinstimmungen und Abweichungen ermittelten Ergebnisse vergleichen und beurteilen. Das besondere Augenmerk könnte sich vor allem auf die Abweichungen konzentrieren. Hier sei die Frage nach den Gründen Lists, den Zollverein vorwiegend unter außenpolitischer Sicht zu betrachten, in den Mittelpunkt gestellt.

Zwei Aspekte gilt es dabei zu berücksichtigen: zum einen sollte den Schülern aus der vorangegangenen Unterrichtssequenz klar geworden sein, daß innerhalb des Deutschen Bundes jeder Einzelstaat auch die jeweils anderen Staaten diplomatisch als „Ausland" betrachtete (z. B. Austausch von Botschaftern). Hinzu kam, daß England (der engl. König ist König v. Hannover), Dänemark (der dän. König ist Hzg. v. Holstein u. Lauenburg) und die Niederlande (der niederländ. König ist Großherzog v. Luxemburg) Mitglieder des Deutschen Bundes waren. Daraus ergab sich zweitens, daß der Deutsche Bund als Staatenbund in seiner Gesamtheit keine außenpolitische Funktion erfüllte. Jeder Einzelstaat hatte seine volle Souveränität behalten.

Friedrich List weist in seiner Denkschrift dem Deutschen Zollverein die Aufgabe zu, die Nation nach außen als ein Ganzes zu vertreten. Diese Vertretung soll sich seiner Meinung nach auf die „auswärtigen Gesamtinteressen" beziehen, d. h. also offenbar nicht nur auf die wirtschaftlichen Beziehungen. Er benötigt das Ausland demnach nicht nur als Gegenpol, um davon die Nation abheben und somit definieren zu können; er nutzt diesen Widerpart auch, um Teile des Deutschen Bundes, wie z. B. Österreich, auszugrenzen. Darüber hinaus schreibt er zu einer Zeit, als sich die in England bereits seit 1750 vollziehende Industrialisierung auch in den deutschen Territorien durchzusetzen begann. Das wirtschaftliche Interesse mußte sich für einen Ökonomen wie List daher auf eine starke Repräsentation dieser deutschen Interessen gegenüber den Konkurrenten auf dem Weltmarkt richten. Dieses Interesse ließ sich aber nicht auf staatliche Unterstützung in rein wirtschaftlichen Fragen beschränken, etwa auf niedrige Zölle oder eine bessere Infrastruktur. Es forderte aus liberaler Sicht auch die politische Mitbestimmung.

Die politische Bedeutung, die List dem Zollverein zumißt, bildet eine weitere Abweichung zum Gründungsvertrag. List macht deutlich, daß der Einbezug der unternehmerisch tätigen Teile der Bevölkerung bei der Wirtschaftspolitik insgesamt ihr Interesse an praktischer Politik und an Einwirkungsmöglichkeiten auf den Staat steigere. Diese Sichtweise ermöglichte es dem Publizisten, den Gedanken des Einheitsstaates und der politischen Beteiligung des Bürgertums im Sinne liberaler Zielsetzungen einzuflechten. Allerdings muß festgehalten werden, daß er eine Konkretisierung dieser Beteiligung schuldig blieb.

Diese Vision Friedrich Lists wird abschließend mit der historischen Realität verglichen und vor dem historischen Hintergrund beurteilt.

Dabei sollte deutlich werden, daß Lists Ansicht in der Restaurationszeit als oppositionell eingestuft wurde. Trotz seiner negativen Erfahrungen mit staatlicher Verfolgung hielt er an seinen Anschauungen fest.

Themengeleitete Verarbeitung von Text- und Karteninformation (Variante 2)

Begründung der Methodenwahl

Mit Hilfe der Karte über die Entstehung und Entwicklung des Deutschen Zollvereins **(M 3)** können die Schüler das an den Text heranzutragende Thema selbst finden: Welche Gründe sprechen, gerade aus der Sicht Preußens, für die Schaffung eines Deutschen Zollvereins? Auch hier verdeutlichen der Zustand – territoriale Besonderheit Preußens – und die Entwicklung – Visualisierung der verschiedenen Zollbündnisse, bevor es zu dem Abkommen von 1833 kam – das Interesse an einer solchen wirtschaftlichen Einigung: die preußische Hoffnung auf Gewinnung der Staaten Hannover und Kurhessen, die den seit 1815 hinzugekommenen westlichen Teil vom Kernland trennten, sowie die Notwendigkeit der kleineren Nachbarstaaten, den wirtschaftlichen Anschluß nicht zu verpassen und sich einer übermächtigen Konkurrenz zu stellen. Die dominierende Größe Preußens, die für den Betrachter der Karte sofort augenfällig ist, läßt auch die Frage nach dem Herrschafts- und Machtpotential dieses Großstaates aufkommen. Während sich diese Fragestellung zunächst quasi innenpolitisch auf den Deutschen Bund beschränken könnte, bringt die Quelle von Friedrich List die europäische Dimension mit ins Spiel, da er die durch den Zollverein geschaffene „Nationalität" mit bestehenden Nationalstaaten vergleicht.

Die Arbeit mit Karten im Geschichtsunterricht hat im Unterschied zur Arbeit mit Texten den Vorteil der Systematisierung und Visualisierung eines Zustandes (statische Karten) oder einer Entwicklung (dynamische Karten). Mit Hilfe der systematisch zu einem bestimmten Thema oder Ereignis auf einer Karte zusammengestellten Abbildungen lassen sich eine Fülle von Informationen zum Teil auf einen Blick erfassen. Die Einprägsamkeit wird unterstützt durch die Möglichkeit, Entwicklungsprozesse durch unterschiedliche Mittel (Schraffuren, verschiedene Flächenfarben) dynamisch darzustellen.

Gerade im vorliegenden Fall, bei dem die geographisch-territorialen Voraussetzungen die historischen Vorgänge bedingt und mitbeeinflußt haben, bietet sich der Einbezug des Mediums Karte an. Dabei fungiert sie nicht als Beiwerk, sondern steht gleichrangig neben der Textquelle (Variante 2), da mit ihrer Hilfe eine thematische Leitfrage entwickelt werden kann, welche die nachfolgende Informationsentnahme und -verarbeitung steuert.
Möglich erscheinen verschiedene Leitfragen, z. B.

1) Welche wirtschaftlichen Interessenabwägungen sprechen für die Gründung eines Deutschen Zollvereins?

Diese Frage könnte sich allein aus der geographisch-territorialen Situation Preußens und den aus der Karte **(M 3)** zu entnehmenden Informationen entwickeln.
Die folgende Frage

2) Welche ökonomischen und politischen Gegebenheiten stehen einer wirtschaftlichen und politischen Vereinigung entgegen, welche ökonomischen und politischen Interessen lassen sich <u>für</u> die Gründung eines Zollvereins ins Feld führen?

hingegen zielt auf die Aktualisierung bereits bestehender Wissensbestände: „Sobald wir lesen, aktualisieren wir *ganzheitliche Zusammenhänge* unseres Wissens, in die wir die jeweilige Textinformation einlesen. [...] Solche *aktuellen Wissenszusammenhänge* sind *bereits erworbene mentale Modelle.*" (Grzesik 1990, 256 f.) Der Schüler müßte beim Betrachten der Karte sein bereits erworbenes Wissen einsetzen und die zusätzlichen, neuen Informationen ergänzen und einpassen. Je umfangreicher diese Vorkenntnisse sind, desto detaillierter und dezidierter kann die Einpassung der Karteninformationen gelingen.

Die vorliegende Karte **(M 3)** beinhaltet die räumliche und zeitliche Lokalisation historischen Geschehens. Die Schüler erkennen, daß das zeitliche Nacheinander nebeneinander abgebildet wird. Die Legende leistet Hilfestellung bei der Orientierung (vgl. Vathke 1986).

Verlaufsstruktur

1. Präsentation der Karte

Die Karte über die Entstehung und Entwicklung des Deutschen Zollvereins von 1834 **(M 3)** könnte im Unterricht als Overhead-Projektion oder als Kopie eingesetzt werden. Eine Kopie hätte den Vorteil, daß sie jedem Schüler vorläge und eine dem eigenen Lerntempo angemessene Arbeit ermöglicht; eine Overhead-Projektion sammelt die Aufmerksamkeit der Lerngruppe, die Beobachtungen werden im Unterrichtsgespräch zusammengetragen.

2. Erarbeitung und Reflexion der themengeleiteten Fragestellung

Die Erarbeitung und Auswertung der Karte könnte in zwei Untersuchungsschritten als arbeitsgleiche Einzelarbeit in einer Stillarbeitsphase erfolgen:

1. Erarbeitung der territorialen Struktur: Welche Staaten sind abgebildet, welche geographischen Besonderheiten fallen auf? Welcher aus der Karte zu ersehende Zusammenhang besteht zwischen einzelnen Staaten?
2. Erarbeitung der zeitlichen Entwicklung: Welche Prozesse können abgelesen werden?

Im Anschluß an den zweiten Punkt und das Auswertungsgespräch könnte diesen Ergebnissen der historische Hintergrund zugeordnet werden. So müßte beispielsweise bedacht werden, warum und seit wann die territorialen Grenzen den in der Karte abgebildeten Verlauf nahmen. An dieser Stelle böte sich die Gelegenheit zur Wiederholung bereits behandelter Unterrichtsinhalte zur Neuordnung Europas auf dem Wiener Kongreß 1815. So gehört Preußen nicht mit seinem gesamten Gebiet dem Deutschen Bund an (ohne Ost- u. Westpreußen sowie Posen); diese Provinzen sind aber in den Deutschen Zollverein integriert.

Ein kurzer Lehrervortrag oder ein Schülerreferat könnte nach Abschluß der Kartenarbeit die im Gründungsvertrag **(M 2)** von den Vertragspartnern genannten Absichten und Ziele zusammenfassend vorstellen. Auf diese Weise würden die aus der Kartenarbeit hervorgegangenen Überlegungen zu einem Teil bereits bestätigt. Eine weitere Möglichkeit bestünde darin, den Gründungsvertrag in die vorbereitende Hausaufgabe zu geben, so daß die Schüler bereits mit Vorkenntnissen über die vertragschließenden Staaten an die Karte herangehen und deren Motive aufgrund der territorialen Lage nachvollziehen.

Zur Vorbereitung der Quellenarbeit reflektieren die Schüler im Unterrichtsgespräch über die zentralen Fragestellungen, die sich aus der Kartenarbeit ergeben haben: Steht in erster Linie das wirtschaftliche Interesse im Vordergrund? Drängen sich aus dem wirtschaftlichen Zusammenschluß aus damaliger Sicht weitere Folgen für die Zukunft auf?

3. Texteingabe und Erarbeitung

Die Lektüre des Textes von Friedrich List erfolgt in Stillarbeit. Die aus der Betrachtung der Karte entwickelte und an den Text heranzutragende Fragestellung legt den Horizont der Informationsentnahme fest.

Die Schüler suchen nach Antworten auf die Themenstellung mit Hilfe des Textes von List. Die Aussagen lassen sich nicht nur summarisch zusammentragen, sondern könnten beispielsweise in schwergewichtigere und weniger bedeutende unterschieden werden. Außerdem könnte auch der Zusammenhang verschiedener Aspekte untersucht werden. Die Bearbeitung der Quelle unter den oben genannten Fragestellungen könnte folgende Ergebnisse erbringen:

Für List steht die Einigung der Deutschen nach innen und die Verteidigung der materiellen Interessen nach außen als Hauptzweck der Gründung des Deutschen Zollvereins im Vordergrund. Das Interesse Preußens auf Überwindung der territorialen Teilung spielt für ihn überhaupt keine Rolle. Wichtiger ist die Überwindung des Partikularismus generell, der durch die Gründung des Zollvereins erreichbar scheint. Seine Vorstellungen münden in der Synthese einer wirtschaftlich wie politisch „großen Nationalität", wobei er den Zusammenhang zwischen materiellem Aufschwung und politischer Partizipation der Unternehmer und Gewerbetreibenden betont.

4. Beurteilung

In einem Unterrichtsgespräch werden die erarbeiteten Ergebnisse mit den Kenntnissen der Schüler zusammengeführt. Dabei sollte die Bedeutung der oppositionellen Forderungen nach Einheit und Freiheit in der Zeit des Vormärz berücksichtigt werden. Die Beurteilung sollte zu der Erkenntnis führen, daß weitreichende politische Ziele mit einer wirtschaftlichen Einigung verbunden werden konnten.

III. Erweiterungs- und Vertiefungsmöglichkeiten

Zur Variante 1

„Der Deutsche Zollverein und der Europäische Binnenmarkt sind eineiige Zwillinge." (Recktenwald 1989, 5)

Die anhand des Textvergleiches gewonnenen Erkenntnisse über den Zusammenhang von wirtschaftlicher und politischer Einigung könnten im Unterricht mit Blick auf aktuelle Gegenwartsbezüge erweitert werden. Unter Umständen sprechen die Schüler bereits eigenständig diese Parallelen an, die durch die Texteingaben – Auszug aus dem Vertrag über die Schaffung einer Währungs-, Wirtschafts- und Sozialunion **(M 6)**, aus den Römischen Verträgen über die Gründung der EWG **(M 8)** oder den Maastrichter Vertrag **(M 7)** vertieft werden können.

Zur Variante 2

Der Auszug aus der Denkschrift des preußischen Finanzministers von Motz **(M 4)** unterstreicht den von List hergestellten Zusammenhang und verdeutlicht, daß die Angabe rein wirtschaftlicher Interessen bereits seit 1829 nicht allein als Motivation für die Forcierung des Zollvereins durch Preußen angesehen werden kann. Diese Quelle könnte sich als Hausaufgabe an die Auswertung der List-Quelle anschließen und die Unterrichtssequenz fortsetzen.

Als Quellenlektüre zur vorangehenden Stunde könnte die Bittschrift Lists im Namen von 70 Kaufleuten an die Bundesversammlung des Deutschen Bundes **(M 5)** dienen: Die Schüler haben Vorkenntnisse über das frühe politische Wirken Lists und über sein Eintreten für einen überregionalen deutschen Wirtschaftsraum.

IV. Literaturhinweise für die Unterrichtsvorbereitung

1. Quellen

dtv-Atlas zur Weltgeschichte. Bd. 2: Von der Französischen Revolution bis zur Gegenwart. 17. Aufl. München 1982

Gründungsvertrag des deutschen Zollvereins vom 22. 3. 1833. In: Gesetz-Sammlung für die Königlichen Preußischen Staaten. Berlin 1833. S. 145–209 (Auch in: Rudolf Berg, Rolf Selbmann: Grundkurs Deutsche Geschichte. Ein Lehr- und Arbeitsbuch für die Kollegstufe in Bayern. Bd. 1: 1800–1918. 3. Aufl. Frankfurt a. M. 1988, S. 125 f.)

Karte über die Entstehung und Entwicklung des Zollvereins. In: Geschichte, Politik und Gesellschaft. Lern- und Arbeitsbuch für Geschichte in der gymnasialen Oberstufe. Bd. 1: Von der Französischen Revolution bis zum Ende des 2. Weltkrieges. Hrsg. v. Wolfgang W. Mickel. 3. Aufl. Frankfurt a. M. 1991. S. 183

List, Friedrich: Bittschrift an die Bundesversammlung vom 14. April 1819. In: Ders.: Werke. Schriften, Reden, Briefe. Hrsg. v. Erwin von Beckerath u. a. Bd. 1: Der Kampf um die politische und ökonomische Reform 1815–1825. Berlin 1933. S. 491–496. (Auch in: Geschichte in Quellen. Das bürgerliche Zeitalter 1815–1914. Bearb. v. Günter Schönbrunn. München 1980. S. 101)

List, Friedrich: Die politisch-ökonomische Nationaleinheit der Deutschen. In: Ders.: Werke. Schriften, Reden, Briefe. Hrsg. v. Erwin von Beckerath u. a. Bd. VII: Die politisch-ökonomische Nationaleinheit der Deutschen. Berlin 1931. S. 444 ff. (Auch in: Grundzüge der Geschichte, Sekundarstufe II, Quellenband II: Vom Zeitalter der Aufklärung bis zur Gegenwart. Bearb. v. Hermann Meyer u. a. 7. Aufl. Frankfurt a. M. 1975. S. 35 f.)

Motz, Friedrich von: Denkschrift an den preußischen König vom Juni 1829). In: Geschichte in Quellen. Das bürgerliche Zeitalter 1815–1914. Bearb. v. Günter Schönbrunn. München 1980. S. 103

Perthes-Wandkarte: Deutschland im Zeitalter nationaler Einigung und sozialer Bewegung 1815–1918

Putzger: Historischer Weltatlas. 7. Druck Berlin, Bielefeld 1986

Vertrag über die Europäische Union vom 7. Februar 1992. In: Europäische Gemeinschaft – Europäische Union. Die Vertragstexte von Maastricht mit den deutschen Begleitgesetzen. Bearb. v. Thomas Läufer. Bonn 1993. S. 171–189

Vertrag über die Schaffung einer Währungs-, Wirtschafts- und Sozialunion zwischen der Bundesrepublik Deutschland und der DDR vom 18. Mai 1990. In: Verträge zur deutschen Einheit. Textausgabe. Hrsg. v. d. Bundeszentrale für politische Bildung. Bonn 1991. S. 739

Verträge über die Gründung der Europäischen Wirtschaftsgemeinschaft (EWG) vom 26. März 1957. In: Geschichte in Quellen. Die Welt seit 1945. Bearb. Helmut Krause u. Karlheinz Reif. München 1980. S. 375–382

Westermann-Wandkarte: Europa von 1815 bis 1871

2. Sekundärliteratur

Gehrig, Hans: Friedrich List. Wegbereiter einer neuen Wirtschaft. Berlin 1966
Nipperdey, Thomas: Deutsche Geschichte 1800–1866: Bürgerwelt und starker Staat. 6., durchges. Aufl. 1993
Recktenwald, Horst Claus: List aus der Sicht unserer Epoche. In: Vademecum zu einem schöpferischen Klassiker mit tragischem Schicksal. Karl Häuser u. a. Düsseldorf 1989. S. 5–18
Schnabel, Franz: Deutsche Geschichte im 19. Jahrhundert. Bd. 2: Monarchie und Volkssouveränität. München 1987 (unveränd. Nachdruck d. Ausg. Freiburg i. Br. 1933)
Vathke, Werner: Kartenarbeit. In: Handbuch Medien im Geschichtsunterricht. Hrsg. v. Hans-Jürgen Pandel u. Gerhard Schneider. 2. Aufl. Düsseldorf 1986. S. 145–184

11 Friedrich Fabri: Bedarf Deutschland der Kolonien?

Themengeleitete Verarbeitung von Textinformationen

Inhalt des Kapitels

Verzeichnis der Materialien zu diesem Kapitel

I. Didaktisch-methodischer Kommentar

Historischer Kontext und Autoren

Die Quellen betreffen ein kurzes Zwischenspiel in der deutschen Außenpolitik unter Bismarck, das aber in den Konsequenzen weit über die eigentliche Dauer von ca. drei Jahren Bedeutung hat. Diese Fernwirkung betrifft einerseits die politischen Folgen für die englisch-deutschen Beziehungen vor dem Ersten Weltkrieg und andererseits die „Weltpolitik" der Nachfolger Bismarcks, die dann mit dem Anspruch der Fortführung von Bismarcks Konzeption auftreten konnten, obwohl der langjährige Kanzler den Kolonienerwerb aus grundsätzlichen Erwägungen ablehnte.

Die zeitlichen Rahmenbedingungen der Quellen werden außenpolitisch begrenzt durch die Vollendung der Bismarckschen Mächteordnung 1882/83 und der Balkankrise von 1887 zwischen Rußland und Österreich. Die Bedrohungen des auf Ausgrenzung Frankreichs ausgerichteten Systems bestanden in immer wieder virulent werdenden Gegensätzen auf dem Balkan sowie durch imperialistisch begründete Rivalitäten europäischer Mächte auf anderen Kontinenten, die jedoch trotz ihrer geopolitischen Distanz die Beziehungen der Staaten unmittelbar beeinflußten. Im hier behandelten Zeitraum ist als Beispiel dafür – auch weil die Vorgänge in den behandelten Texten **(M 2–M 4)** eine Rolle spielen – besonders die englische Intervention in Ägypten im Sommer 1882 zu nennen, mit der gegen die nationale Bewegung interveniert wurde. In ähnlicher Weise beeinflußte die Aufnahme einer Kolonialpolitik 1884 durch Deutschland die Beziehungen zu den anderen europäischen Mächten, ebenso wie die deutsch-französischen Verhältnisse durch Rivalitäten Englands mit Frankreich Veränderungen unterworfen waren. Daneben trat eine weltpolitische Gegnerschaft Rußlands und Englands, die Mitte der 80er Jahre wegen des Zusammenstoßens beider Staaten in Afghanistan in die Nähe von kriegerischen Auseinandersetzungen rückte. Insbesondere die Probleme, die durch die Besetzung Ägyptens entstanden, hat Bismarck zu benutzen versucht: Als im April 1884 auf einer Konferenz in London von Gladstone der Versuch unternommen wurde, Englands Stellung in Ägypten durch internationale Zustimmung legalisieren zu lassen, unterstützte Deutschland die oppositionelle Haltung Frankreichs in der Hoffnung auf eine Annäherung. Beide Mächte machten auf der Kongokonferenz (Nov. 1884–Febr. 1885) in Berlin den englischen Anspruch auf ein koloniales Monopol in Zentralafrika zunichte. Die von England betriebene Ausgrenzung Frankreichs und Belgiens in dieser Region gelang nicht. Doch mit der Ablösung des französischen Ministerpräsidenten Jules Ferry, herbeigeführt durch den auf Patriotismus setzenden Georges Clemenceau (März 1885), endete der Annäherungsversuch. Die Veränderungen in England, Gladstone wurde vom konservativen Salesbury abgelöst, schienen zunächst die Chance einer verstärkten deutsch-englischen Zusammenarbeit zu eröffnen, die ihre Ursache in einer stärker machtpolitischen Profilierung des neuen außenpolitischen Kurses hatte. Dazu gehörte das Bestreben, Deutschland von der russischen Seite auf die englische zu ziehen. Die Spielräume dieser Rahmenbedingungen konnten wegen der Balkankrise 1887 nicht ausgelotet werden, zumal in diesem Konflikt einerseits die weltpolitischen Verflechtungen deutlich wurden, andererseits Bismarck von englandfeindlichen Kreisen unter Druck geriet und seine Handlungsfreiheit nicht mehr grenzenlos war (Schieder 1968, 70–73).

Großbritannien war in Bismarcks kontinentalem Bündnissystem kaum berücksichtigt, da ein Zusammengehen mit Rußland oder Frankreich sehr unwahrscheinlich war. Die Krise in Ägypten war ein Konflikt, der als typischer Fall in Bismarcks Konzeption vorgesehen war: Frankreich gab seine Ansprüche auf Ägypten nicht auf, England suchte Akzeptanz für seine Besetzung. Beide Mächte hatten keine europäischen Verbündeten in dieser Sache, so daß eine Regelung auf europäischer Ebene mit besonderem Gewicht Deutschlands notwendig wurde. Allerdings lehnte die englische Regierung ein Bündnis mit dem Deutschen Reich ab. Mit Bismarcks Kursänderung in Richtung auf koloniale Erwerbungen im Sommer 1884 erwuchs für die deutsche Unterstützung der englischen Politik in Ägypten die Forderung nach einer Einwilligung in die Expansion Deutschlands (Massie 1993, 112–115).

Die Äußerungen des deutschen Kanzlers zeigen den kurzfristigen politischen Kurswechsel **(M 2–M 4)**, der allerdings – wie eine genauere Untersuchung seiner Argumentation zeigt – nicht aus eigenem Antrieb, sozusagen aus Überzeugung, sondern aus pragmatischen Überlegungen heraus vollzogen wurde, obwohl diese Änderung für die deutsche Politik ein völlig neues Moment bedeutete (Born 1982, 124).

Seine in den Redeausschnitten vor dem Reichstag erkennbare Erklärung läßt die neue Politik als Gefälligkeit gegenüber engagierten Privatleuten erscheinen, die trotz der zum Ausdruck gebrachten Schwäche des Reiches in einem ernsthaften Konfliktfall **(M 2)** aufgenommen wird. Als eine Frucht seines politischen Pragmatismus stellte sich Bismarck nur zögernd auf eine expansivere Politik um, die handelspolitischen Motiven verpflichtet war (Engelberg 1990, 365). Neben dieser vom Reichskanzler selbst artikulierten Begründung ist in der historischen Forschung eine sozialimperialistische Motivation diskutiert worden. Einerseits wird die These vertreten, Bismarcks Verhalten sei eine „bewußt defensive Haltung, die sich des Imperialismus als gesellschaftspolitischen Integrationsmittels bedienen wollte“ (Wehler 1970, 85 f.), andererseits wird diese These abgelehnt, wenn allerdings Bismarck auch wahltaktische Überlegungen zur Erklärung des Kurswechsels unterstellt werden. Die Folgen werden unabhängig von der Einschätzung der Motivation als langanhaltende gewaltige Belastungen für die deutsche Politik gewertet (Nipperdey 1992, 448–453). Daneben wird eine Erklärung herangezogen, die der Kolonialpolitik die Funktion eines diplomatischen Druckmittels zuerkennt und die innenpolitische Komponente der Unterstützung der Regierungsparteien bei den Reichstagswahlen erst in zweiter Linie zur Erläuterung heranzieht (Fieldhouse 1987, 179 f.).

Da eine Interdependenz von Außen- und Innenpolitik unterstellt werden kann, muß auch bei Ablehnung der These vom Primat der Innenpolitik die innerdeutsche Situation Bismarcks berücksichtigt werden (Baumgart 1982, 13). Einerseits geriet der Kanzler unter Druck, weil einige Professoren und Kaufleute 1882 den „Deutschen Kolonialverein“ gegründet hatten, um die Agitation für eine expansivere Politik zu verstärken. Diese Stimme machte sich in der Öffentlichkeit bemerkbar, auch wenn nicht davon gesprochen werden kann, daß das Volk ein starkes Interesse an Kolonialpolitik gehabt hätte. Der Text Fabris **(M 1)** steht für diese Richtung, deutlich ablesbar auch an der Biographie des Autors, der als leitender Inspektor einer Gesellschaft, mit zahlreichen überseeischen Missionsgemeinden zu diesen von staatlichem Auftrag unabhängigen Privatleuten mit kolonialem Interesse gehörte.

Statt dessen standen die aus den Folgen der Industrialisierung entstehenden wirtschaftlichen und sozialen Schwierigkeiten im Zentrum der politischen Auseinandersetzung. Für weite Kreise der Bevölkerung war die Lösung der Sozialen Frage weitaus wichtiger als Kolonienerwerb. Im Zuge der politischen Auseinandersetzungen gelang es Bismarck 1878, nach zweimaligen Attentatsversuchen auf den Kaiser, die Durchsetzung einer Sondergesetzgebung gegen die Sozialdemokraten, das sogenannte „Sozialistengesetz", im Reichstag einzubringen, obwohl keine nachweisbare Verbindung zwischen den Attentätern und den Sozialisten bestand. Durch das Gesetz wurden alle sozialdemokratischen, sozialistischen und kommunistischen Vereine, Versammlungen und Druckschriften verboten, die Agitatoren konnten aus den jeweiligen Bundesstaaten ausgewiesen, der „kleine Belagerungszustand" verhängt werden. Damit waren in diesen Bezirken auch andere Parteien von polizeilichen Maßnahmen betroffen. Das Gesetz wurde bis 1890 immer wieder verlängert (Born 1982, 124–129, Baumgart 1982, 17 f.).

Themenspezifische Voraussetzungen

Aus dem skizzierten historischen Zusammenhang lassen sich drei unterschiedliche unterrichtliche Anknüpfungspunkte herleiten, die z. T. miteinander verschränkt sind, so daß die Schüler zu einem souveränen Umgang mit Erarbeitetem in der Lage sein müssen, auch wenn dessen Behandlung schon länger zurückliegt. Einerseits spielt die Problematik der Industriearbeiterschaft, die als neue gesellschaftliche Gruppe aus der Industriellen Revolution hervorging, eine Rolle. Bei dieser Bevölkerungsschicht stellt sich die Soziale Frage in verschärfter Ausprägung und mittelbar durch die Sozialdemokratie auch mit einer erheblichen politischen Relevanz. Die kontinuierliche zeitgenössische politische Auseinandersetzung mit dieser Aufgabe für das staatliche Gemeinwesen betrifft nicht nur wirtschafts- und sozialgeschichtliche Dimensionen der Geschichte, sondern auch die Politikgeschichte in Gestalt von Bismarcks Anstrengungen in ihrer Ambivalenz zwischen Sozialistengesetz und Sozialgesetzgebung.

Andererseits gehört das Thema über die Anbindung an den Imperialismus in das außenpolitische Geflecht mit weltweiter Reichweite. Die sich verändernden politischen Konzeptionen lassen Europa stärker zusammenrücken. Die räumliche Dimension sowie die sich aus der Interessenlage der europäischen Kontrahenten ergebenden Brennpunkte und Krisenherde sind zum Verständnis hilfreich. Neben diesem konkreten Konfliktstoff sollte den Schülern der Wettlaufcharakter imperialistischer Expansion und die sich verschärfende Konkurrenz zwischen den Großmächten bekannt sein, damit nachvollziehbar wird, warum der deutsche Kanzler durch die kolonienfreundliche Propaganda unter Druck geraten konnte.

Von diesen beiden Möglichkeiten abgesehen, scheint in dem Thema noch über die Person Bismarcks eine weitere Möglichkeit historischer Perspektivierung auf. Der Vollender der deutschen Einheit unter Preußens Führung ist auch in seiner antithetischen Beziehung zum Liberalismus des 19. Jahrhunderts und den von diesem propagierten Leitbegriffen „Einheit“ und „Freiheit“ zu sehen. Gerade die Schwierigkeiten der Nationalliberalen mit innenpolitischen Lösungen des Kanzlers, deutlich erkennbar in ihrer mehrfachen Ablehnung des Sozialistengesetzes unter der Begründung, das Vorgehen sei unvereinbar mit rechtsstaatlichen Grundsätzen, zeigt diese gegensätzliche Position. Außenpolitisch muß Bismarcks Bündnissystem miteinbezogen werden, um die Ablehnung einer Kolonialpolitik, aber auch die kurzfristige Möglichkeit der Verfolgung des Kolonienerwerbs verstehen zu können.

Die Behandlung der hier repräsentierten Texte läßt eine Schwerpunktsetzung zu, die besonders auf die Kontinuität historischer Prozesse abhebt. Mit dieser Gewichtung läßt sich einem „Kästchendenken“, das historische Phänomene nur für die Dauer der aktuellen Sequenz im Blick behält, entgegenarbeiten. Nur die Berücksichtigung der angerissenen Komplexität wird der historischen Situation in den 80er Jahren des 19. Jahrhunderts gerecht.

Sachlicher Gehalt der Quellen

Der im Zentrum der Bearbeitung stehende Buchauszug Friedrich Fabris **(M 1)** steht mit seinem Argumentationsstrang stellvertretend für eine Richtung in der Auseinandersetzung um die Aufnahme einer expansiveren Kolonialpolitik. Fabris Buch diente in den Jahrzehnten nach seiner Veröffentlichung den Kolonialismusbefürwortern als Begründungshilfe ihrer Ziele. Im Vergleich mit dem gelegentlich für den Geschichtsunterricht herangezogenen Carl Peters, der meist als Beispiel für die kritische Untersuchung der kolonialen Expansion durch das Engagement eines Afrikareisenden dient, kann Fabri durch die publizistische Bedeutung seines Buches eher als ideologischer Vordenker kolonialer Argumentationsweisen gelten (Wienhold 1991, 23 f.; Schacht/Wagener 1991 [1], 26–30; Bade 1982, 103 f. u. 107).

In dem Textauszug nimmt Fabri nicht ausdrücklich Stellung gegen die Sozialdemokraten, aber die Konsequenz seiner Vorstellungen läuft auf eine Schwächung und Korrosion der politischen Arbeitervertretung hinaus. Im Vergleich zu den psychologischen Rücksichtnahmen gegenüber prokolonialen Bevölkerungsminderheiten, die möglicherweise Bismarck zu Konzessionen entgegen seiner Überzeugung veranlaßt haben, unterstellt Fabri einer imperialistischen Vorgehensweise konkrete psychologische Effekte auf dem Feld der Sozialpolitik. Die Begeisterung für Kolonien soll somit erst durch die Entschärfung der Sozialen Frage mittels Kolonienerwerb geweckt werden.

Fabris Argumentationsmuster schlugen sich in der politischen Diskussion nieder, so daß sich Liebknecht mit seinem Redebeitrag vor dem Reichstag **(M 5)** veranlaßt sah, auf die sich rein ökonomisch gebenden Ansichten zu reagieren (Engelberg 1990, 369). Die Sozialdemokraten standen – trotz der Verabschiedung des Sozialistengesetzes 1878 – den ersten Schritten Bismarcks in Richtung auf eine imperialistische Expansionspolitik („Dampfersubventions"-Vorlage, 1884) in ihrer Mehrheit nicht ablehnend gegenüber. Aber weniger der politischen Sachfragen wegen, sondern allein aufgrund der Gültigkeit des Sozialistengesetzes setzten sich die stärker ideologisch-ablehnenden Stimmen durch. Die prinzipiell begründete Opposition bewirkte beispielsweise, daß die Pragmatiker auch den aus ihrer Sicht begrüßenswerten Sozialversicherungsgesetzen nicht zustimmen konnten (Nipperdey 1992, 357 f.). Die Wirksamkeit des Sozialistengesetzes wird an dem Text Liebknechts insofern spürbar, als ein Sozialdemokrat sich nur noch als Redner vor dem Reichstag politisch äußern konnte.

Die Rede Bismarcks **(M 2)** ist ihrerseits eine Reaktion auf einen Aufruf von Carl Peters, der im Rahmen einer systematischen Kampagne der „Gesellschaft für deutsche Kolonisation" im April 1884 einen Appell an die deutsche Öffentlichkeit publiziert hatte **(M 7)**. Die Ausführungen Peters enthalten die These von Deutschland als einziger europäischer Nation, die „leer" ausgegangen sei. Er betont den Gegensatz zwischen der stärksten kontinentalen Macht, deren Staatsbürger sich außerhalb des eigenen Staatsgebiets in andere Nationen einfügen müßten. Neben diese auf Nationalgefühle abhebende Argumentation tritt eine behauptete wirtschaftliche Benachteiligung, die durch die kolonialpolitische Abstinenz entstehe (Görtemaker 1994, 346–348).

Vor dem Hintergrund dieser Anwürfe wird in seiner Rede am 26. Juni 1884 die Differenzierung Bismarcks zwischen Kolonien und gewährtem Reichsschutz für private Unternehmungen verständlich. Die in dem Ausschnitt angesprochenen Rücksichtnahmen auf die Interessen anderer Nationen bezog sich auf die Vorgänge um Angra Pequena. Der Bremer Kaufmann F. A. E. Lüderitz hatte in einer kleinen Bucht zweihundertfünfzig Kilometer nördlich von Oranje, dem nördlichsten Grenzpunkt der britischen Kapkolonie, einen Handelsposten unter deutscher Flagge gegründet. Die Information über sein Vorgehen löste in Berlin eine vorsichtige Anfrage beim britischen Außenministerium aus. Auf britischer Seite kam es zu Kompetenzgerangel zwischen dem Kolonial- und dem Außenministerium sowie der Selbstverwaltung der Kapkolonie. Im weiteren Verlauf der Bearbeitung der Anfrage wurde die Unklarheit der zuständigen Instanzen bewußt benutzt, um eine deutsche Landnahme zu verhindern. Aus der Anfrage erwuchsen ernsthafte diplomatische Friktionen, an deren Ende sich die Briten mit dem deutschen Vorgehen abfinden mußten. Andererseits hatte unangemessenes Vorgehen der deutschen Abgesandten dazu geführt, daß man in London Bismarck sogar Einmischung in die englische Innenpolitik vorwarf (Massie 1993, 115–117). Für das energische und selbstsichere Vorgehen der deutschen Diplomaten spielte dabei auch die Krise um die englische Intervention in Ägypten eine Rolle, auf die Bismarck in seinem Brief an den Grafen Münster anspielt **(M 3)**. Dort wird eine direkte Beziehung zwischen Englands Stellung in Ägypten, der Kolonialpolitik und der Innenpolitik Deutschlands hergestellt.

Die ökonomischen Aspekte betont der Redeausschnitt Bismarcks vom März 1885 **(M 4)**, nachdem die Entscheidung über Angra Pequena bereits gefallen war.

Der Bericht Eugen Wolfs **(M 6)** legt in knappster Form Zeugnis von der außenpolitischen Grundkonzeption Bismarcks ab, indem er die Diskrepanz zwischen europäischer Sicherheitspolitik und kolonialem Herrschaftsstreben anschaulich formuliert. Die kolonialen Interessen, ohnehin ohne Überzeugung vom Kanzler vertreten, geraten wieder völlig in den Hintergrund. Wieder ist es eine Publikation Carl Peters im Februar 1889, mit der versucht wird, den Kolonialexpansionismus historisch zu begründen, die Bismarck zu einer Gegenwehr herausforderte. Er sah es nicht ungern, daß eine Expedition unter Leitung von Peters unmittelbar nach der Landung in Sansibar auf englischen Widerstand stieß. Vorher hatte er Salisbury bedeuten lassen, daß die deutsche Regierung nichts mit dem Unternehmen zu tun habe. Seit Ausgang 1887 hatte Bismarck aus Rücksicht auf die internationale Situation keinen kolonialen Annexionen mehr zugestimmt. Als die „Norddeutsche Allgemeine Zeitung“ eine vom Kanzler initiierte Verurteilung von Annexionsversuchen im Sudan druckte, wuchs die nationalliberale und freikonservative Zeitungskritik zu einer antibismarckschen Kampagne an (Engelberg 1990, 550–552).

Ziele des Unterrichts

Das inhaltsbezogene Hauptziel der Sequenz liegt darin, die Motive für die Änderung der deutschen Kolonialpolitik und die sich aus dieser Kursänderung ergebenden Probleme zu erkennen. Daneben tritt im Sinne der Methodenschulung und einer damit verbundenen Befähigung zur Quellenkritik die Vermittlung, inwiefern die Primärquellen, bedingt durch ihre jeweilige Textart, unterschiedlich zu bewerten sind. Im Sinne des Methodenbewußtseins lassen sich die Texte nach Inhalt, Aussageabsicht, Adressaten, Einhaltung textartenspezifischer Normen, aber auch Sachlichkeit und begrifflicher Klarheit unterscheiden. Die propagandistischen Texte Fabris und Peters **(M 1, M 7)** enthalten leicht erkennbare Übertreibungen bis zum vaterländischen Pathos. Obwohl die Auszüge aus den Parlamentsreden Bismarcks **(M 2, M 4)** sich verwandter Mechanismen bedienen, lassen sie sich doch deutlich von den appellativen Texten der Kolonialismusbefürworter abgrenzen. Bei Liebknechts Redeausschnitt **(M 5)** wiederum ist die ideologische Verwurzelung deutlich zu erkennen. Der Brief an den Botschafter **(M 3)** enthält, trotz der Einhaltung artentypischer Floskeln, eine stärkere Intimität. Diese wird gleichfalls in dem von Wolf Berichteten **(M 6)** deutlich. Man könnte darüber diskutieren, welche Reaktionen es in der historischen Öffentlichkeit ausgelöst hätte, wenn Bismarck seine expansionsfeindliche Meinung mit der gleichen Prägnanz und Unverblümtheit vor dem Reichstag geäußert hätte.

Inhaltlich gesehen und im engen Zusammenhang mit der Quellenkritik stehend sollen die Schüler den Zusammenhang zwischen Kolonialpolitik und Bismarcks innenpolitischen Rücksichtnahmen herstellen. Die aus Fabris Text zu entnehmenden Informationen und Argumente der proimperialistischen Position müßten herausgearbeitet und auf diese Perspektivierung übertragen werden. Kontrastiv wäre die Erarbeitung der anhand des Liebknecht-Textes zu gewinnenden Gegenposition sinnvoll. Ein Vergleich der drei unterschiedlichen Haltungen soll den Einfluß der Irrationalität auf politische Entscheidungen erkennbar machen. Anhand des Bismarck-Zitates von 1888 soll dieser Aspekt weitergeführt werden, indem die Schüler die politische Zweckmäßigkeit der jeweiligen Position abwägen.

II. Methodenkonzept für den Unterricht

Begründung der Methodenwahl

Die Bearbeitung des Themas kombiniert zwei von Grzesik beschriebene Zugriffsmethoden miteinander. Für die Hinleitung zur thematischen Perspektivierung kann die Focusmethode für die Bearbeitung des Bismarck-Briefes an den englischen Botschafter **(M 3)** herangezogen werden. Es ist eine notwendige Grundbedingung für das Heranziehen dieser Vorgehensweise bei texterschließenden Operationen, daß der zugrundegelegte Text eine oder mehrere problematische Textstellen besitzt, die für möglichst viele Schüler erkennbar sind. Außerdem muß sich der Text für den harten punktuellen Eingriff eignen, damit sich aus der Schülerarbeit am Text die spezielle Ausrichtung der Aufmerksamkeit von selbst ergibt (Grzesik 1990, 224 f.). Die Diskussion über die zentrale Stelle des Textes führt weiter zu einer themengeleiteten Verarbeitung von weiteren Informationen, die einerseits aus dem Vorwissen der Schüler, andererseits aus weiteren hinzugezogenen Texten **(M 1, M 5)** gewonnen werden. Dazu wird, typisch für die themengeleitete Verarbeitung, das Thema, unter dem die Texte bearbeitet werden, von außen durch die Focussierung bei anderen Quellen (hier **M 3**) an den neu zu bearbeitenden Text herangetragen. Die dargestellten und logischen Zusammenhänge müssen dann von den Schülern in eine sachlich und logisch geordnete geistige Repräsentation überführt werden (Grzesik 1990, 253–255). Ob diese eigenständige Ordnung als mentales Modell gelungen ist, wird in einer erneuten Texteingabe überprüft, die sich wiederum der Focusmethode bedient **(M 6)**.

Verlaufsstruktur

Der hier beschriebene Vorschlag für einen möglichen unterrichtlichen Ablauf geht von einer Behandlung zweier konträrer Bismarckzitate (**M 3** und **M 6**) aus. Die Behandlung des Briefes an den Grafen Münster als Botschafter in London perspektiviert die Behandlung des Buchauszuges von Friedrich Fabri, der als prokoloniale Stimme stellvertretend für eine innenpolitisch bedeutsame Gruppe von politischem Einfluß steht. Die Argumentation Fabris führt wiederum zur Behandlung des Redeausschnitts von Wilhelm Liebknecht, der sich als Sprecher des von Fabri indirekt attackierten politischen Gegners auf dem einzigen den Sozialdemokraten in der historischen Situation möglichen Weg zu einem politischen Problem äußert. Das zweite Zitat Bismarcks steht am Ende und verändert die Perspektive, unter der die Kolonialpolitik betrachtet wird. Stehen in den ersten drei Quellen innenpolitische Fragestellungen im Mittelpunkt, so kommt es durch die Kurzformel, in die Bismarck seine politische Grundüberzeugung kleidet, zu einer außenpolitisch perspektivierten Neubewertung des bereits bearbeiteten Quallenmaterials.

1. Problematisierung und Perspektivierung

Als Einstiegstext fungiert der Brief Bismarcks an den deutschen Botschafter Graf Münster in London **(M 3)**. Die Textinformationen betreffen die Vorgänge in Ägypten, von denen im Text selbst gesagt wird, daß sie unwichtig und nur Mittel zum Zweck seien. Insofern kann möglicherweise auf eine nähere Klärung dieser Hintergründe verzichtet werden. Andernfalls läßt sich dieser Aspekt durch kurze Lehrerinformation klären. Je nach unterrichtlichem Kontext kennen die Schüler aber auch die historischen Vorgänge, die sich mit dieser Anspielung verbinden lassen. Die ausdrückliche Qualifizierung dieser Vorgänge als unwichtig läßt sich möglicherweise auch nutzen, um nach den für Absender und Adressat wichtigeren Textaussagen zu fragen. Die Focussierung auf den Satz „Die öffentliche Meinung legt gegenwärtig in Deutschland ein so starkes Gewicht auf die Kolonialpolitik, daß die Stellung der Regierung im Innern von dem Gelingen derselben abhängt." bringt diese Aussage in den Mittelpunkt der Textarbeit. Neben der Feststellung der enthaltenen Informationen sollte die Klärung der Begriffe „Kolonialpolitik" und „Stellung der Regierung im Innern" stehen. Daran schließen sich Hypothesen darüber an, welche innenpolitisch relevanten Strömungen aus welchen Gründen eine koloniale Expansion für so wichtig halten könnten, daß das Überleben einer Regierung davon abhängen könnte. Die am Ende stehende Perspektive könnte beispielsweise lauten: Welche innenpolitischen Schwierigkeiten könnten durch eine Kolonialpolitik gelöst werden?

2. Erarbeitung von Informationen unter der gewonnenen Perspektive

In der Analyse der Quelle von Friedrich Fabri **(M 1)** wird es zunächst um die Sicherung des Verständnisses gehen müssen, weil der Text in seinem Sprachgebrauch von den heute üblichen Sprech- bzw. Schreibgewohnheiten und daher von Schülern leicht Zugänglichem abweicht. Der Text wurde aus Gründen der historischen Authentizität nicht „normalisiert", sondern lediglich mit einem Anmerkungsapparat versehen. Eventuell ist es sinnvoll, das Argumentationsgerüst Fabris an der Tafel oder auf Overhead-Folie festzuhalten:

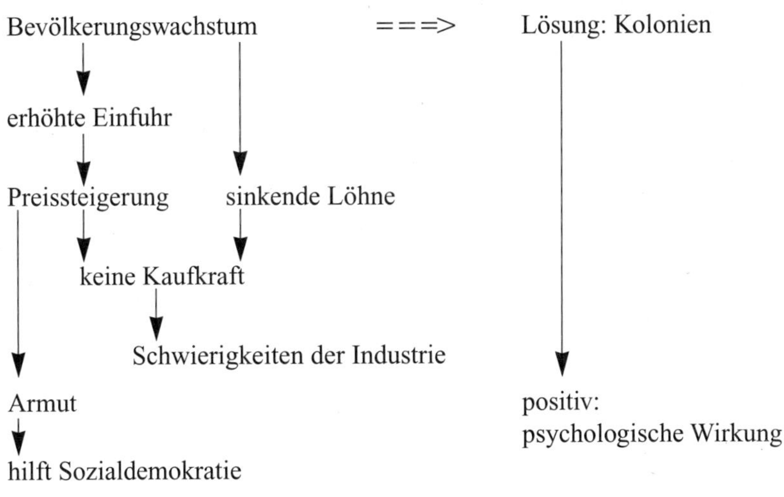

Alternativ zu dieser Darstellungsweise wäre es auch sinnvoll, den Inhalt tabellarisch festzuhalten, falls eine Gegenüberstellung der Aussagen von Fabri und Liebknecht angestrebt wird. Der Grad der Schriftlichkeit bei der Ergebnissicherung wird wesentlich vom Leistungsvermögen der Lerngruppe abhängen.

Zusätzlich zu den Textaussagen ist der Einbezug des historischen Kontextes notwendig. Je nach Vorkenntnissen der Schüler kann dies durch die Lerngruppe selbst oder Lehrerinformation geschehen. Ausgehend von der Frage, warum die Sozialdemokraten von Fabri als gefürchtetes Feindbild vorgestellt werden, könnte nicht nur die soziale Situation, sondern auch die ihr vorausgehende ökonomische Entwicklung geklärt werden. Die stärker wirtschaftlich ausgerichteten Fragestellungen könnten sich auf den Zusammenhang von Bevölkerungsvermehrung, Arbeitskräfteangebot, Löhnen und Kaufkraft richten, zumal diese Faktoren auch von Liebknecht ins Auge gefaßt werden. Mit der Frage nach der politischen Situation der Sozialdemokraten könnte zu der Analyse des Redeausschnitts von Wilhelm Liebknecht **(M 5)** übergeleitet werden. Alternativ könnte die Überleitung auch durch eine kritische Würdigung der behaupteten günstigen psychologischen Wirkungen der gesteuerten Auswanderungspolitik auf das Volk eingeleitet werden.

3. Zweite Erarbeitung von Informationen unter der gewonnenen Perspektive

Die Problemstellung bietet eine Erarbeitung mit kontrastivem Verfahren an. Allerdings nimmt die Progression mit der Bearbeitung des Textes von Liebknecht zu, da die Erarbeitung seiner Aussagen durch den Vergleich mit Fabris Ausführungen komplexere Denkschritte erforderlich macht. Nach dem Auffinden der Schlüsselbegriffe und Kernstellen, die der Inhaltserfassung vorausgehen, könnten die in dem Redeausschnitt enthaltenen Informationen schriftlich fixiert werden. Im folgenden wird ein Beispiel für den Fall gegeben, daß die Sicherung des inhaltlichen Verständnisses für den Text Fabris und die Rede Liebknechts angestrebt wird:

Die Meinung von Friedrich Fabri	Die Meinung von Wilhelm Liebknecht
Ursache: Überbevölkerung	Ursache: Chauvinismus benutzt das Argument der Überbevölkerung => Export der sozialen Frage Wahre Ursache: unvernünftige soziale Organisation (Arbeitsverteilung, Produktivität der Landwirtschaft)
Folgen: erhöhte Einfuhr + sinkende Löhne => Preissteigerung + fehlende Kaufkraft	Folgen: zu niedrige Löhne => fehlende Kaufkraft
Ergebnis: Schwierigkeiten der Industrie + Armut der Arbeiter => hilft Sozialdemokratie	Ergebnis: Ratlosigkeit der bürgerlichen Gesellschaft => statt Reform im Innern versucht sie, neue Märkte außen zu schaffen

Die Meinung von Friedrich Fabri	Die Meinung von Wilhelm Liebknecht
Lösung: Kolonien vermeiden Bevölkerungswachstum Zusatz: positive psychologische Wirkung auf das Volk	Lösung: Sozialreform mit dem Ziel, den Nationalreichtum richtig zu verteilen Zusatz: Kolonialerwerb = Fata Morgana (Sinnestäuschung)

Die Schwierigkeit bei der vergleichenden Analyse liegt darin, daß Liebknecht die Argumente Fabris bereits aufnimmt und sich damit im Sinne einer nachvollziehbaren Auseinandersetzung beschäftigt. Der Buchausschnitt Fabris hingegen arbeitet insofern mit unbewiesenen Behauptungen, als der Ausgangspunkt nicht näher begründet wird. Allerdings fußt seine Grundthese auf der gängigen statistisch nachweisbaren Ansicht, daß die Bevölkerung rapide angestiegen sei. Die theoretische Behandlung der Voraussetzungen und Folgen dieses Faktors geht auf die Theorien von Thomas Malthus zurück. Die Ableitungen Fabris (Arbeitskräfteüberangebot, sinkende Kaufkraft) folgen den Kausalzusammenhängen, die Malthus hergestellt hatte (Malthus 1977, 22–24). Liebknecht hingegen verrät in seiner Wortwahl („bürgerliche Gesellschaft") seinen Bezug zur sozialistischen Theorie. Im Anschluß der Inhaltsfeststellung sollte mittels eines Gesprächs über die jeweilige Stichhaltigkeit eine Beurteilung der Überzeugungskraft stehen. Diese sollte hinübergeführt werden zur Erklärung des innenpolitischen Drucks, von dem Bismarck in der Anweisung an seinen Botschafter **(M 3)** spricht. Die Gegnerschaft zwischen der Regierung und den Sozialdemokraten wirft die Frage auf, ob Bismarck Fabris Argumentation überzeugt haben könnte. Je nach Kenntnisstand der Lerngruppe könnte aber auch Gegenstand der Erörterung sein, ob die von Bismarck durchgeführte Sozialgesetzgebung nicht mit der von Liebknecht geforderten Sozialreform gleichzusetzen ist, somit der sozialdemokratischen Argumentation größere Glaubwürdigkeit zugebilligt worden ist.

4. Reflexion

Diese sich auf allein innenpolitischem Feld bewegenden Reflexionen werden dann in den außenpolitischen Kontext gestellt und somit unter Wechsel der Perspektive ein weiteres Mal beleuchtet. Auch hierbei nimmt durch die zunehmende Komplexität der zu berücksichtigenden Aspekte die Progression zu. Analog zum ersten Schritt der Sequenz wird das Gespräch zwischen Wolf und Bismarck **(M 6)** mit der Focusmethode bearbeitet. Die beschriebene Reaktion des Verfassers der Quelle lenkt die Aufmerksamkeit der Schüler zusätzlich auf die zentrale Textstelle, die allerdings allein schon durch ihren provokanten Charakter ins Auge springt. Die gegen die geographischen Gegebenheiten verstoßende Aussage „... meine Karte von Afrika liegt in Europa ..." wird durch die erläuternden Zusätze als eindeutig politisch beurteilende Sichtweise erkennbar. Durch die starke vom Sprecher vorgenommene Reduktion entsteht Erklärungsbedarf. Je nach Kenntnisstand der Lerngruppe werden die notwendigen Ergänzungen von der Lerngruppe selbst gemacht, im anderen Fall könnte der Lehrer mit einigen Informationen das Gemeinte näher erläutern. Dem sollte allerdings eine Reflexion vorausgehen, wie die geographischen Gegebenheiten sich politisch auswirken könnten. In beiden Variationsmöglichkeiten steht am Ende des erneuten Nachdenkens über die Kolonialpolitik die Frage nach dem Verhältnis von Innen- und Außenpolitik. In den Quellen wird die Möglichkeit kontrovers diskutiert, mit Kolonialpolitik eine Entlastung bei innenpolitischen Problemen zu erreichen. Dieser Weg wird von Fabri behauptet, von Liebknecht bestritten. Am Ende könnte somit die Frage stehen, ob ein umstrittener sozialpolitischer Effekt es rechtfertigt, die ohnehin komplizierte internationale Situation des Deutschen Reiches mit einem weiteren Faktor zu belasten.

III. Erweiterungs- und Vertiefungsmöglichkeiten

Bei dem bisher beschriebenen Unterrichtsverlauf wird die Argumentation Bismarcks nur über zwei relativ kurze Quellenauszüge einbezogen, die zudem noch Äußerungen enthalten, die nicht vor einer breiten Öffentlichkeit vom Kanzler gemacht worden sind. Es wäre als eine Vertiefung lohnenswert, seine Argumentation vor dem Reichstag genauer zu untersuchen, um festzustellen, wie er sein Umdenken in bezug auf die Kolonialpolitik in der parlamentarischen Auseinandersetzung begründet. Die hier beigefügten Aussagen zeigen, daß weder die Argumentation Fabris **(M 1)** noch die von Carl Peters **(M 7)** eine hinreichende Überzeugungskraft hatten. Seine Rede **(M 2)**, mit der Bismarck auf Peters Appell reagiert, zeigt eine weitere Spielart des Umgangs mit diesem Thema. Ohne auf Peters Forderung nach kulturellem Sendungsbewußtsein oder die wirtschaftspolitisch begründende Kausalkette Fabris einzugehen, stellt Bismarck seine Entscheidung dar, die nur auf die von Peters skizzierte Schutzlosigkeit von Deutschen im Ausland eingeht. Obwohl der Reichskanzler auch nationales Pathos spüren läßt, ist dieses nicht mit dem sich fast schon nationaldarwinistisch gebenden Ton Peters vergleichbar. Die Rolle des Deutschen Reiches wird lediglich als Schutzmacht gegenüber eigenen Staatsbürgern umschrieben, wobei Bismarck nicht versäumt, auf seine grundsätzliche Ablehnung von Kolonien und die notwendige Abstimmung mit anderen Mächten hinzuweisen. Der kaufmännische Charakter der Kolonien wird betont, eine Linie, die auch in dem Auszug aus dem März 1885 **(M 4)** beibehalten wird. Die zentrale Forderung Fabris, Kolonien zur Steuerung der Bevölkerungsdichte zu benutzen, wird gleichfalls ausdrücklich abgelehnt, insofern erhält auch die wirtschaftliche Funktion, die den Kolonien zugebilligt wird, eine völlig andere Dimension.

Falls die Sequenz noch stärker auf den Imperialismus ausgerichtet werden soll, bietet es sich an, den Aufruf von Carl Peters **(M 7)** mit seinem kulturimperialistischen und deutschnationalen Blickwinkel hinzuzuziehen, da diese Komponenten in Fabris stärker wirtschaftlich ausgerichtetem Text fehlen. Die benutzten Phrasen „nationaler Untergang“, „der Welt zu beweisen, daß das deutsche Volk mit der alten Reichsherrlichkeit auch den alten deutschnationalen Geist der Väter übernommen hat“ illustrieren das, was Liebknecht **(M 5)** „Chauvinismus“ genannt hat. Zur Verdeutlichung der innenpolitischen

Polarisierung und des Erwartungsdrucks nationalkonservativer Kreise gegenüber der Reichsregierung brächte dieser Text noch neue Aspekte in dic Behandlung des Themas ein.

Eine methodische Alternative bietet sich zum Einsatz der mit Focusmethode behandelten Auszüge **(M 3, M 6)** an. Die Focussierung könnte bereits mit der Texteingabe vorweggenommen werden, indem den Schülern nur die zentrale Aussage der Quellen, beispielsweise als Overhead-Projektion präsentiert wird. Dadurch läßt sich einerseits die Konzentration der Schüler stärker auf die Texte Fabris und Liebknechts lenken, andererseits bringt der Wechsel der Texteingabeform eine motivierende Variation mit Lernortwechsel in den Unterricht.

IV. Literaturhinweise für die Unterrichtsvorbereitung

1. Quellen

Andreas Willy (Hrsg.): Bismarck. Die gesammelten Werke. Bd. 8. 2. Aufl. Berlin 1926
Kohl, Horst: Die politischen Reden des Fürsten Bismarck. Historisch-Kritische Gesamtausgabe. Bd. 11: Die Reichstagssession von 1884–85. Stuttgart 1885–91
Brückmann, Asmut: Die europäische Expansion. Kolonialismus und Imperialismus 1492–1918. Stuttgart 1993
Krätschell, Hermann: Carl Peters 1856 bis 1918. Ein Beitrag zur Publizistik des imperialistischen Nationalismus in Deutschland. Berlin 1959
Lautemann/Schlenke (Hrsg.): Geschichte in Quellen. Bd. 5: Das bürgerliche Zeitalter. 1815–1914. Bearb. v. G. Schönbrunn. München 1980
Stenographische Berichte über die Verhandlungen des Reichstages. VI. Legislaturperiode. 1. Session Bd. 3. Berlin 1885

2. Sekundärliteratur

Bade, Klaus J.: Zwischen Mission und Kolonialbewegung, Kolonialwirtschaft und Kolonialpolitik in der Bismarckzeit: der Fall Friedrich Fabri. In: Imperialismus und Kolonialmission. Kaiserliches Deutschland und koloniales Imperium. Wiesbaden 1982. S. 103–141
Baumgart, Winfried: Deutschland im Zeitalter des Imperialismus 1890–1914. Grundkräfte, Thesen und Strukturen. 4. erg. Aufl. Stuttgart u. a. 1982
Born, Karl Erich: Von der Reichsgründung bis zum Ersten Weltkrieg. 7. Aufl. Stuttgart 1982 (Gebhardt. Handbuch der deutschen Geschichte, dtv-Wissenschaft. Bd. 16)
Engelberg, Ernst: Bismarck. Bd. 2: Das Reich in der Mitte Europas. Berlin 1990
Fieldhouse, David K.: Die Kolonialreiche seit dem 18. Jahrhundert. Frankfurt a. M. 1987 (Fischer Weltgeschichte Bd. 28)

Görtemaker, Manfred: Deutschland im 19. Jahrhundert. Entwicklungslinien. Bonn 1994 (Hrsg. v. d. Bundeszentrale für politische Bildung Bd. 274)
Malthus, Thomas: Das Bevölkerungsgesetz. München 1977
Massie, Robert K.: Die Schalen des Zorns. Großbritannien, Deutschland und das Heraufziehen des Ersten Weltkrieges. Deutsch von Walter Brumm. Frankfurt a. M. 1993
Nipperdey, Thomas: Deutsche Geschichte 1866–1918. Bd. 2: Machtstaat vor der Demokratie. München 1992
Schacht, Holger/Wagener, Elmar: Carl Peters – nur ein Kind seiner Zeit. In: Praxis Geschichte 1991, Heft 1: Imperialismus. S. 26–30
Schieder, Theodor: Europa im Zeitalter der Nationalstaaten und europäische Weltpolitik bis zum Ersten Weltkrieg. In: Ders. (Hrsg.), Handbuch der europäischen Geschichte. Bd. 6. Stuttgart 1968. S. 1–198
Wehler, Hans-Ulrich: Sozialimperialismus. In: Ders. (Hrsg.), Imperialismus. Köln, Berlin 1970 (NWB Bd. 37)
Wienhold, Lothar: Pro & Contra: „Kolonialpionier" Carl Peters. In: Geschichte Lernen 31 (1991): Imperialismus. S. 23 f.

12 Martin Luther King: „I have a Dream…“ Rede vor dem Lincoln Memorial in Washington, 28. August 1963

Darstellendes Vorlesen (Variante 1) und themengeleitete Verarbeitung von Film- und Textinformation (Variante 2)

Inhalt des Kapitels

Verzeichnis der Materialien zu diesem Kapitel

M 1 Martin Luther King: „I have a Dream…“ Rede vor dem Lincoln Memorial in Washington, 28. August 1963 (Auszug engl./dt.)
M 2 Washington Monument in Washington (Abbildung)
M 3 Lincoln Memorial in Washington (Abbildung)
M 4 „Emancipation Proclamation“, 1863
M 5 Zusatzartikel 14 und 15 zur amerikanischen Verfassung, 1868 bzw. 1870
M 6 Civil Rights Law, 1964 (Auszug)
M 7 Virginia Bill of Rights, 1776 (Auszug)
M 8 „Amendments“: Zusatzartikel der Verfassung der USA, 1791 (Auszug)
M 9 John Locke: Treatises of Government, 1690 (Auszug)
M 10 Schlußfolgerungen der Kommission zur Untersuchung der Rassenunruhen,

29. 2. 1968 (Auszug)

M 11 Ursprung und Entwicklung der Sklaverei in den USA

M 12 Statistiken über die Auswirkungen der gesellschaftlichen und beruflichen Diskriminierung der Schwarzen

I. Didaktisch-methodischer Kommentar

Historischer Kontext und Autor

Die denkwürdige Rede „I have a Dream" **(M 1)** zählt zu den bekanntesten Texten des Pfarrers und Bürgerrechtlers Martin Luther King.

Er hielt sie am 28. August 1963 im Anschluß an den „March to Washington", bei dem über 250 000 Menschen für Arbeit und Freiheit demonstrierten. An dieser bis dahin größten Massendemonstration in der Geschichte Amerikas beteiligten sich neben der überwiegenden Zahl schwarzer Demonstranten auch ungefähr 60 000 weiße Amerikaner. Sie gilt als Höhepunkt der Bürgerrechtsbewegung in den USA überhaupt. Der politische Hintergrund dieser Aktion lag in der Unterstützung für die Bürgerrechtsgesetze zur Verbesserung der sozialen und beruflichen Lage der Schwarzen, die der damalige Präsident John F. Kennedy im Kongreß durchzusetzen beabsichtigte. Die Erörterung und Verabschiedung dieser Gesetzesvorhaben verzögerte sich im Repräsentantenhaus und im Senat, den beiden Institutionen der Legislative, so daß die Bürgerrechtsbewegung ihrerseits landesweit für die Annahme warb. Gleichzeitig sollten die Veranstaltungen und Versammlungen ein Beweis dafür sein, daß politische Anliegen gewaltlos vorgebracht werden konnten.

Der Demonstrationszug bewegte sich vom Washington-Denkmal zum Lincoln Memorial. Dort fand im Park unterhalb des Capitols, in der Mall, die Kundgebung statt, auf der Martin Luther King seine berühmt gewordene Rede „I have a Dream..." hielt. Die Wahl des Veranstaltungsortes hatte symbolische Bedeutung. Zum einen galt Washington als Hauptstadt und Ort der Veranstaltungen anläßlich der alle vier Jahre stattfindenden Vereidigung des Präsidenten per se ein besonderes Augenmerk. Ausführliche Berichte in Fernsehen, Rundfunk und Presse waren garantiert. Zum anderen verbindet sich auch mit den beiden Gedenkstätten eine positive historische Tradition.

Das Washington-Denkmal **(M 2)** als Ausgangspunkt des Demonstrationszuges ist ein 170 Meter hoher Obelisk im West Potomac Park; er wurde 1848 begonnen und mit einigen Unterbrechungen 1884 vollendet. Das Denkmal erinnert an George Washington (1732–1799), zwischen 1789 und 1797 der erste Präsident der USA. Washington war Mitglied des Verfassungskonvents, der die amerikanische Verfassung von 1787 ausarbeitete. Das Lincoln Memorial **(M 3)** befindet sich ebenfalls im West Potomac Park und wurde zwischen 1915 und 1922 erbaut. Es erinnert an Abraham Lincoln (1809–1865), den 16. Präsidenten der USA (1861–65), in dessen Amtszeit die „Emancipation Proclamation" **(M 4)**, d. h. die Befreiung der Sklaven, verfassungsmäßig verankert wurde. Abraham Lincoln sitzt als marmorne Figur (ungefähr acht Meter hoch) in einem neoklassizistischen Bau, der dem Parthenon, dem griechischen Tempel zu Ehren der Göttin Athene, nachempfunden wurde. Neben diesem Hinweis auf das Ursprungsland der Demokratie verweist die Gestaltung des Sitzes Lincolns, dessen Lehnen römischen Fasces nachempfunden sind, auf den Rang eines römischen Konsuls und damit auf den höchsten Beamten im Staat. Eine Kolonnade von 36 dorischen Säulen, deren Zahl für die Anzahl der amerikanischen Staaten zum Zeitpunkt des Todes von Lincoln steht, bildet die Vorderfront. Die Union dieser Staaten brach beim Amtsantritt Lincolns, einem erklärten Gegner der Sklaverei, auseinander, da die Südstaaten aus dem Staatenbund austraten. Nach dem Sieg des Nordens im folgenden Sezessionskrieg (1861–1865) setzte er sich für die Wiedereingliederung der Südstaaten und eine Versöhnungspolitik ein. Er wurde von einem südstaatlichen Fanatiker wegen seiner Ablehnung der Sklaverei ermordet. Der über seinem Kopf eingemeißelte Spruch betont Lincolns Rolle als Retter der Union: „In This Temple As In The Hearts Of The People For Whom He Saved The Union The Memory Of Abraham Lincoln Is Enshrined Forever“ (Aylesworth 1986, 54).

Die Diskriminierung der Schwarzen, gegen die sich die seit Mitte der 50er Jahre organisierte Bürgerrechtsbewegung wandte, zeigte sich auf mehreren Ebenen: gesellschaftlich gab es getrennte öffentliche Einrichtungen (Schulen, Hotels, Restaurants, Schwimmbäder) für Schwarze und Weiße. In den Bussen waren die hinteren Sitzplätze für Schwarze bestimmt. Im Beruf wurden sie schlechter bezahlt als weiße Kollegen, die die gleiche Arbeit verrichteten. Politisch unterbanden vor allem in den Südstaaten weiße Bürger und militante Gruppen (Ku-Klux-Klan) die Eintragung schwarzer Bürger in die Wählerlisten. Dieses Verfahren der Eintragung in Wählerlisten wurde bereits seit dem Ende des 19. Jahrhunderts praktiziert, um das erst 1870 gewährte Wahlrecht der Schwarzen **(M 5)** durch willkürlich aufgestellte Bedingungen einzuschränken. Zu diesen Schikanen zählte beispielsweise die sogenannte Großvaterklausel: das Wahlrecht stand nur dem Bürger eines Südstaates zu, dessen Großvater ebenfalls schon wahlberechtigt war. Die Großväter der meisten Bürger waren aber Sklaven gewesen und hatten daher keine Wahlberechtigung gehabt. Auch die Erhebung einer hohen Wahlsteuer, die nicht nur für das Wahljahr, sondern für alle zurückliegenden Jahre seit Erreichen des Wahlalters (21 Jahre) gezahlt werden mußte, schloß die Mehrheit der schwarzen Bevölkerung aus (vgl. C. S. King 1970, 25).

Nach der Ermordung John F. Kennedys (22. 11. 1963) setzte dessen Nachfolger Lyndon B. Johnson das „Civil Rights Law“ **(M 6)** 1964 durch. Der Senat billigte es nach 38stündiger Debatte mit 73 zu 27 Stimmen. Die Diskriminierung in öffentlichen Einrichtungen und am Arbeitsplatz wurde verboten, ein Schutz bei der Ausübung des Wahlrechts war vorgesehen. Dieses Gesetz kann als Erfolg der Bürgerrechtsbewegung um Martin Luther King gewertet werden.

Martin Luther King (15. 1. 1929–4. 4. 1968) war die führende Persönlichkeit der amerikanischen Bürgerrechtsbewegung. Er wurde als Sohn eines Pfarrers in Atlanta, Georgia, geboren. Bereits sein Vater engagierte sich öffentlich gegen die Rassentrennung und für die Rechte der Schwarzen. Denn auch die Familie King erlebte die Rassendiskriminierung. Martin Luther King besuchte in Atlanta die einzige High School für Schwarze, denn obwohl die Bevölkerungsmehrheit in der Hauptstadt von Georgia schwarzer Hautfarbe war, wurden sie wie in anderen auch im Bereich der Bildung benachteiligt. Er wechselte 1944 auf das Morehouse College, eines der führenden Colleges für Schwarze in den USA. Zunächst beabsichtigte er, Medizin zu studieren; seine rhetorische Begabung und sein soziales Engagement veranlaßten ihn aber, den Beruf des Geistlichen anzustreben. 1947 wurde er zum Hilfspfarrer geweiht. Er studierte von 1948 bis 1951 Theologie in Chester, Pennsylvania, und promovierte schließlich an der Boston University in Philosophie. Obwohl er und seine Frau in den Studienjahren das Leben im Norden der USA kennengelernt hatten, wo die Diskriminierung nicht so offen gezeigt wurde wie im Süden, entschied sich M. L. King, 1954 als Baptistenpfarrer nach Montgomery, Alabama, zu gehen. Dort trat das Ereignis ein, das den Wendepunkt in der Geschichte der amerikanischen Bürgerrechtsbewegung und im Leben Kings markierte: der Busstreik von Montgomery. Ausgelöst durch die Weigerung einer schwarzen Näherin, ihren – für schwarze Fahrgäste vorgesehenen – Sitzplatz für weiße Fahrgäste zu räumen, und ihre daraufhin erfolgende Verhaftung, boykottierte die schwarze Bevölkerung Montgomerys über ein Jahr lang die örtliche Buslinie. In dieser Zeit wurde die „Montgomery Improvement Association" gegründet, ein Bürgerausschuß zur Verbesserung der Beziehungen innerhalb der Bevölkerung Montgomerys, dessen Vorsitzender Martin Luther King wurde. Ein erster Erfolg konnte im Dezember 1956 erzielt werden: das Oberste Gericht von Alabama erklärte die Rassentrennung in Bussen für verfassungswidrig.

Kings öffentliche Rolle wuchs seit 1957, als er auch Präsident einer überregionalen Bürgerrechtsorganisation schwarzer Pastoren wurde, die vorwiegend in den Südstaaten für die vollen Bürgerrechte und die Integration kämpfte. Im Unterschied zur radikalen Bewegung der Black Power um Malcolm X und der Black Muslims sollten diese Ziele mit Hilfe des gewaltlosen Protestes, z. B. in Form von Sit-ins, Kneel-ins (dem gemeinsamen Niederknien und Beten auf Straßen oder anderen Plätzen), Jail-ins (Absitzen der Gefängnisstrafen anstatt Kaution zu zahlen, um die Gefängnisse zu überfüllen), Geschäftsboykotts und Demonstrationszügen durchgesetzt werden. Die Polizei reagierte in den entsprechenden Staaten und Städten mit Verboten, Verhaftungen sowie dem Einsatz von Wasserwerfern, Gummiknüppeln oder Polizeihunden (vgl. z. B. Presler 1984). Das Gebot an die schwarzen Demonstranten hieß jedoch immer, selbst keine Gewalt anzuwenden.

Martin Luther King sah in Mahatma Gandhi, dem Anführer der indischen Unabhängigkeitsbewegung, ein Vorbild und in dessen Konzept der Liebe und Gewaltlosigkeit den einzig moralisch vertretbaren Weg im Kampf um die Gleichberechtigung der Schwarzen. Kings Grundsatz zur Durchsetzung der eigenen Ziele lautete: „Wir müssen bereit sein zu leiden, zu opfern und sogar zu sterben." Neben den Idealen Gandhis bildet das Christentum eine wesentliche Basis für seine Methode der Gewaltlosigkeit, die Werte der Würde jedes Menschen und der Feindesliebe wurden betont. King setzte sich zum Ziel, die sozialrevolutionären Kräfte der christlichen Religion herauszustellen und in der Realität umzusetzen. Der Glaube sollte nicht auf den Gottesdienst beschränkt bleiben, sondern der Lösung praktischer Probleme dienen. Die gewaltlosen Aktionen wurden als „Gottesdienst im Alltag" verstanden. Im Sinne der Lehre des amerikanischen Theologen Walter Rauschenbusch versuchte King, damit einen Beitrag zur Verwirklichung des ‚sozialen Evangeliums' zu leisten (vgl. Hetmann 1993, 49 ff.). Es ging ihm nicht darum, im Kampf gegen die Segregation als Sieger über die Weißen hervorzugehen, sondern Versöhnung und Frieden herbeizuführen.

Am 14. Oktober 1964 wurde Martin Luther King mit dem Friedensnobelpreis ausgezeichnet. Mit dem Anwachsen seiner Aufgaben und seiner Popularität war auch ständig die Gefahr für ihn und seine Familie gewachsen. Mit Verhaftungen, Drohungen und Attentaten reagierten die Gegner auf sein unbeirrbares Handeln. Der Mann, der Gewaltlosigkeit predigte, starb durch ein Attentat eines bezahlten – weißen – Mörders in Memphis/Tennessee am 4. 4. 1968. Gewaltsame Unruhen überall in den USA waren die Folge.

Themenspezifische Voraussetzungen

Das Thema der Diskriminierung der Schwarzen und der Bürgerrechtsbewegung um Martin Luther King könnte im Geschichtsunterricht innerhalb einer Reihe über die Vereinigten Staaten von Amerika behandelt werden. Die übergeordnete Fragestellung zielt auf die Untersuchung der Frage, inwiefern die USA als Modell einer Demokratie gelten können. In Anwendung des genetisch-chronologischen Verfahrens geht es zunächst darum, den Entwicklungsprozeß von der Entstehung der nordamerikanischen Kolonien über die Loslösung von England, den Unabhängigkeitskrieg und die Unabhängigkeitserklärung bis zur Fixierung der Verfassung 1787 nachzuzeichnen. Hinsichtlich der Entstehung der Kolonien und ihres politischen Aufbaus (selfgovernment nach dem Vorbild der puritanischen Kirchengemeinden) sollte ein Vergleich zu den politischen Verhältnissen und ihren Veränderungen in England im 17. Jahrhundert (Stuart-Absolutismus, Hierarchie der Anglikanischen Kirche, Glorreiche Revolution) kontrastiv eingesetzt werden.

Der engere Zusammenhang im Kampf um die Gleichberechtigung der Schwarzen besteht zur Verfassung der USA, insbesondere der Menschen- und Bürgerrechte, die hier zum erstenmal 1776 kodifiziert wurden **(M 7)**.

Die Schüler sollten über Kenntnisse der Verfassung der USA und der Menschen- und Bürgerrechte verfügen. Bereits fixiert in der „Virginia Bill of Rights“ (1776), wurden sie 1791 als „Amendments“ der Verfassung hinzugefügt **(M 8)**. Dieses Vorwissen sollte die Unterscheidung in Freiheits- und Gleichheitsgrundsätze beinhalten. Notwendig erscheint auch in der Sekundarstufe I die Einbeziehung der philosophischen Grundlagen der Menschenrechte. Der Einfluß der europäischen Aufklärung auf die Gedanken der Unabhängigkeitserklärung könnte z. B. durch einen Vergleich mit einem Auszug aus John Lockes Werk „Two Treatises of Government“ **(M 9)** über die Gleichheit aller Menschen erarbeitet werden. Des weiteren sollten der Ursprung und die Entwicklung der Sklaverei in Amerika im Unterricht thematisiert worden sein **(M 11)**. Der Konflikt zwischen Nord- und Südstaaten und seine historische Entwicklung bildet einen wichtigen Hintergrund für die Biographie Martin Luther Kings und das Zentrum des Civil Right Movement. Die Diskriminierung der Schwarzen in Amerika gesellschaftlich, beruflich **(M 12)** und politisch sollte bis in die Gegenwart nachgezeichnet werden.

Sachlicher Gehalt der Quelle

Zu Beginn der Passage seiner Rede **(M 1)** bezieht sich Martin Luther King auf die „Emancipation Proclamation“, die Abraham Lincoln 1863 durchsetzte **(M 4)**; sie proklamierte die Freilassung der Sklaven, die in den „aufständischen Gebieten“, d. h. den konföderierten Staaten zur Zeit des Sezessionskrieges, lebten.

M. L. Kings Hauptaussage beklagt, daß die Schwarzen auch hundert Jahre nach dieser Erklärung noch nicht frei seien. Er fordert ein schnelles Handeln zugunsten der Gleichberechtigung der bisher diskriminierten schwarzen Bevölkerung. An dieser Stelle klingt mit dem Hinweis auf die drängende Problematik (es muß „jetzt gleich“ etwas geschehen) die Sorge an, der bisher weitgehend gewaltlose Protest könnte durch Aufschieben einer Lösung in Gewalt umschlagen. Eine weitere Eskalation der Auseinandersetzung (bisher hatte es bereits Attentate auf Kirchen, auf schwarze Bürgerrechtler, u. a. auf ihn selbst, Tote und Verletzte bei Auseinandersetzungen mit Ordnungsmächten der Südstaaten gegeben), vor allem mit militanten Anhängern der Rassentrennung, war nicht auszuschließen. Er warnt vor den negativen Folgen für das Land, das „weder Rast noch Ruhe“ finden werde (Alliteration „Rast“, „Ruhe“), solange die berechtigten Forderungen der Schwarzen nicht erfüllt würden. Seine Zukunftsvorstellung faßt er in Metaphern („aus dem finsteren, trostlosen Tal der Rassentrennung“ zum „sonnenhellen Pfad der Gerechtigkeit“), zentraler Begriff ist das Wort „Traum“. Es signalisiert das Visionäre seiner Vorstellung, lehnt sich aber auch an den Gebrauch in der Formulierung des „American dream“, des amerikanischen Traums von Freiheit, an. Die zu überwindende Vergangenheit und Gegenwart wird mit eher düsteren, negativen Adjektiven charakterisiert („finster“, „trostlos“), der für die Zukunft angestrebte Zustand mit positiven („sonnenhell“) Eigenschaften. Die im Text formulierte Richtung aus dem „Tal“ „hinauf“ symbolisiert den Weg, den die Schwarzen gehen wollen.

Für den Pfarrer aus Atlanta beruht die Gleichheit **aller** Menschen auf der Schöpfung („alle [sind] gleich erschaffen“), den Gleichheitsgrundsatz, wie er z. B. in der Unabhängigkeitserklärung zu finden ist, bezeichnet er als „Glaubensbekenntnis“ der amerikanischen Nation. Seine Hoffnung richtet sich auf eine Umsetzung dieses Glaubens in der Realität. Für ihn wäre die Verwirklichung dieses Ideals gleichbedeutend mit der Überwindung des historisch durch die Zeit der Sklaverei begründeten Gegensatzes zwischen Schwarzen („Söhne einstiger Sklaven“) und Weißen („Söhne einstiger Sklavenhalter“). Auch an dieser Stelle findet sich in der Metapher „Tisch der Brüderlichkeit“ der religiöse Bezug. Er fordert die Nächstenliebe ein, die das Handeln eines Christen seinen Mitmenschen gegenüber bestimmen sollte.

Martin Luther King verdeutlicht, daß mit der Verwirklichung der Bürgerrechte für Schwarze Freiheit für alle religiösen und gesellschaftlichen Gruppen verbunden sei (Z. 28–30). An dieser Stelle wird der Gleichheitsgrundsatz implizit in der Aufzählung dieser Gruppen zugrundegelegt und mit dem Ideal der Freiheit verknüpft.

Die rhetorische Stärke dieser Rede, die vor allen Dingen in ihrem letzten Teil durch die Anapher „I have a Dream ...“ bedingt wird, kann in diesem Redeausschnitt nur in Ansätzen geahnt werden, da auch der Film die Rede nicht in voller Länge präsentiert. Die in diesem kurzen Ausschnitt vorliegende Wortwahl Kings demonstriert aber durch religiöse Bezüge auch dem damaligen Zuhörer die friedliche Absicht des Redners und die Verflochtenheit der politischen Arbeit mit seiner Glaubensüberzeugung.

Martin Luther King intendierte mit dieser Rede bewußt eine affirmative Wirkung auf seine Zuhörer und Zuschauer. Diese Absicht begründet die Wahl der rhetorischen Mittel. Der besondere Charakter dieser Quelle – schriftliche Fassung einer mündlich vorgetragenen Rede – muß berücksichtigt werden. Dem Bürgerrechtler stand ursprünglich lediglich eine Redezeit von acht Minuten zur Verfügung; diese Einschränkung bestimmte die Ausarbeitung der Ansprache. King wich am Schluß von seinem Konzept ab und sprach völlig frei zu den Demonstranten.

Innerhalb der Bürgerrechtsbewegung war Kings Rede nicht unumstritten. Besonders die Anführer der radikalen Organisationen verurteilten den Baptistenpfarrer als „Renommier-Neger der Weißen" oder als „Agenten der mittelständischen Machtstruktur" (Italiaander 1986, 50 f.). Dazu trug neben seiner christlichen Grundeinstellung seine für Schwarze als privilegiert einzuschätzende Herkunft bei.

Der Videofilm „Martin Luther King: Legacy of a Dream" (Institut für Film und Bild in Wissenschaft und Unterricht, 1983) gibt einen Gesamtüberblick über den gewaltlosen Kampf des Civil Right Movement und das Wirken Martin Luther Kings. Aus der Zeit zwischen 1955 und 1968 sind verschiedene Reden und Filmaufnahmen von Protestmärschen in Auszügen enthalten, so z. B. vom Busstreik in Montgomery 1955, vom ersten Marsch nach Washington, dem „Prayer Pilgrimage for Freedom" im Mai 1957, den Versammlungen und Protesten in Birmingham, Alabama 1963 und dem zweiten Marsch nach Washington 1963. Diese Ereignisse markieren unterschiedliche Phasen in der Bürgerrechtsbewegung: während es beim Busstreik von Montgomery und den Protesten in Birmingham um die grundsätzliche Überwindung der Segregation, der Rassentrennung in allen Bereichen, ging, wandte sich die Bewegung auf den beiden Märschen nach Washington 1957 und 1963 gegen die Wahlrechtseinschränkungen.

Der Film beinhaltet ausschließlich Originalaufnahmen, die mit einem Kommentar unterlegt wurden; die Reden sind gekürzt. Da die Bilder häufig geschnitten werden, stimmen sie nicht immer mit dem Text überein. Die Kamera zeigt während der Rede Kings auch andere Personen. Da der Film in erster Linie für den Englischunterricht gedacht ist, sind Reden, Protestsongs und Kommentar in englischer Sprache, auch die Reden Kings sind im Originalton wiedergegeben. Der Schwarzweißfilm gibt einen unmittelbaren Eindruck von der Arbeit der Bürgerrechtsbewegung und Martin Luther Kings und eignet sich aus diesem Grunde als Einstieg und zur Motivation der Schüler. Allerdings geht von diesem Medium auch eine stärkere Suggestionswirkung aus. Deshalb ist es notwendig, diese Quellenart zu thematisieren.

Aus zeitökonomischen Gründen und um die Schüler nicht in eine Rezipienten- und Konsumentenhaltung zu drängen, die der Passivität Vorschub leisten könnte, sollte nur ein Ausschnitt des Videofilms gezeigt werden. Er dient der Veranschaulichung und Motivation, den Schwerpunkt bildet die Texterarbeitung.

Ziele des Unterrichts

Die Beschäftigung mit dem Wirken Martin Luther Kings und der Bürgerrechtsbewegung in den USA erlaubt die Berücksichtigung mehrerer übergeordneter Zielsetzungen des Geschichtsunterrichts. Sie steht zum einen in einem unmittelbaren Zusammenhang mit der Behandlung der Menschenrechte. Zweitens berührt diese Thematik das grundlegende Problem der Diskrepanz zwischen Verfassungsideal und Verfassungswirklichkeit, das innerhalb der europäischen Geschichte beispielsweise auch auf die Erklärung der Menschen- und Bürgerrechte 1789 im Vergleich zur Französischen Verfassung von 1791 mit dem ungleichen Wahlrecht oder die Präambel des Grundgesetzes im Vergleich zum Grundlagenvertrag zwischen der Bundesrepublik Deutschland und der DDR 1972 angewendet werden könnte. Eine weitere grundlegende Frage wird durch den Versuch Kings, Gewaltlosigkeit als Problemlösungsstrategie zu verbreiten und einzusetzen, angesprochen. Bis heute finden sich zahlreiche Beispiele, politische Zielsetzungen mit gewaltsamen Mitteln durchzusetzen (z. B. den Bürgerkrieg in Jugoslawien, Terroranschläge von ETA oder IRA). Nicht zuletzt kann diese Unterrichtsreihe auch ohne erhobenen Zeigefinger einen Beitrag zur Werteerziehung der Schülerinnen und Schüler leisten.

1) Behandlung der Menschenrechte

Die amerikanische Verfassung von 1787 ist als erste Verfassung, die sich ein Volk selbst gegeben hat, auch die einzige, die bis auf einige Hinzufügungen bis heute unverändert Gültigkeit besitzt. Das politische Selbstverständnis der amerikanischen Demokratie beruht auf dem Universalismus der Menschenrechte, die, erstmals kodifiziert in der Virginia Bill of Rights 1776 **(M 7)**, Maßstab für alle weiteren demokratischen Verfassungen waren und sind. Die Auseinandersetzung mit der Bürgerrechtsbewegung um Martin Luther King zeigt aber vor allem anhand des Gleichheitsgrundsatzes, daß Menschenrechte unteilbar sind und ihre Gültigkeit unbegrenzt wirksam ist.

2) Verfassungsideal und Verfassungswirklichkeit

Das Beispiel der Diskriminierung der Schwarzen in den USA verweist darauf, daß auch im 20. Jahrhundert der Prozeß von der Kodifizierung einer Verfassung zu ihrer Realisierung nicht abgeschlossen ist. Die Schüler lernen, daß es nicht genügt, eine Verfassung zu besitzen, sondern ihre Verwirklichung ständigen Einsatz fordert. Die Beschäftigung mit der Rede Kings trägt daher in erheblichem Maße dazu bei, die Urteilsbildung hinsichtlich der übergeordneten Fragestellung – USA als Modell einer Demokratie – voranzubringen, indem die demokratische Verfassung an ihrer Verwirklichung gemessen wird.

Die Schülerinnen und Schüler sollen den Unterschied zwischen Verfassungsideal und Verfassungswirklichkeit erkennen, indem sie einen Eindruck von der Arbeit der amerikanischen Bürgerrechtsbewegung und Martin Luther King in den 60er Jahren dieses Jahrhunderts erhalten. Das Problem der Rassendiskriminierung und damit der Ungleichbehandlung eines großen Teils der amerikanischen Bevölkerung kann als Beispiel dafür dienen, wie eine Gesellschaft mit den von ihr postulierten und kodifizierten Werten – hier dem Gleichheitsgrundsatz – in der Realität verfährt. Schüler der Sekundarstufe I, beispielsweise der Jahrgangsstufe 9, haben bereits ein emotionales Gespür für Ungerechtigkeit und sind in der Lage, sich rational ein Urteil über Ungleichbehandlung zu bilden.

3) Politische Mittel der Problemlösung
Martin Luther King verfocht auf der Basis seiner Anschauung die Gewaltlosigkeit und den passiven Widerstand als Mittel zur Erreichung seiner politischen Ziele. Im Bewußtsein, mit seinen Plänen auf der richtigen Seite zu stehen und den Gegnern überlegen zu sein, hielt er unbeirrbar an dieser Anschauung fest. Diese Überlegenheit speiste sich auch aus dem christlichen Gebot der Feindesliebe und der Ablehnung des Hasses als Motivation des menschlichen Handelns.

4) Werteerziehung im Geschichtsunterricht
Zu den Aufgaben des Geschichtsunterrichts in der Sekundarstufe I zählt die Erziehung zur Verantwortung, die in der „Auseinandersetzung mit Normen und Werten" zu „eigenen, begründeten ethischen Orientierungen" bei den Schülern führt (Richtlinien 1993, 13). Die Theorie der Stufenentwicklung der Moral nach Lawrence Kohlberg bietet Möglichkeiten, in der Unterrichtspraxis die Entwicklung des moralischen Bewußtseins zu fördern (Aufenanger 1981). Martin Luther King gehört neben Sokrates und Mahatma Gandhi zu den moralischen Vorbildern, die nach der Theorie von Lawrence Kohlberg die höchste Stufe moralischen Bewußtseins erreicht haben. Sie ist gekennzeichnet durch die Orientierung an allgemeingültigen ethischen Prinzipien, deren gesellschaftliche Verwirklichung den Glauben an den rational geleiteten Menschen voraussetzt. Die Ausrichtung an universell gültigen Prinzipien, wie z. B. der unantastbaren Würde des Menschen oder dem Freiheits- und Gleichheitsrecht, fordert ein Verhalten, das den Einsatz des eigenen Lebens nicht ausschließt. Wie oben bereits erwähnt, entspricht Martin Luther Kings Grundsatz „Wir müssen bereit sein zu leiden, zu opfern und sogar zu sterben" diesem prinzipiengeleiteten Handeln. Die Beschäftigung mit moralischen Fragen kann zur Zunahme der Kompetenz zur Selbstbestimmung und der sozialen Kompetenz führen.

II. Methodenkonzepte für den Unterricht
Texterschließung durch darstellendes Vorlesen (Variante 1)

Begründung der Methodenwahl

Die Methode des darstellenden Vorlesens eignet sich insbesondere für ausdrucksstarke Texte. Diese Anforderung erfüllt die Rede Martin Luther Kings „I have a Dream" besonders gut, auch hinsichtlich ihrer ästhetischen Qualitäten, die über das darstellende Lesen vermittelt werden können.

Es geht bei der Anwendung dieser Methode nicht einfach um das lautliche Lesen, sondern um „eine auf dem Verstehen des schriftsprachlichen Textes beruhende neue Darstellung" (Grzesik 1990, 188). Voraussetzung für das darstellende Lesen bildet das angemessene Textverständnis. Eine Rede eignet sich für die Form des darstellenden Vorlesens, da der Redevortrag im Unterricht nachempfunden werden kann.

Verlaufsstruktur

1. Texteingabe

Die Lektüre der Rede Martin Luther Kings erfolgt in Stillarbeit. Um eine konzentrierte Vorbereitung des darstellenden Vorlesens und eine genaue Textarbeit zu ermöglichen, sollte der Wortlaut der Redeauszüge Kings jedem Schüler in Form eines Textblattes zur Verfügung gestellt werden. Dieses Blatt enthält neben einer deutschen Übersetzung auch den englischen Originaltext. Je nach Kenntnisstand der Schüler kann der englische oder der deutsche Text für das Lesen ausgewählt werden. Der Umfang des Redeauszuges **(M 1)** wurde so bemessen, daß er für die Schüler überschaubar bleibt und innerhalb der ersten Lesephase inhaltlich verstanden werden kann. Darüber hinaus fordert die Quelle aber auch eine prägnante lautliche Darstellung. Während der erste Satz der deutschen Textfassung beispielsweise eher einen feierlichen Charakter hat, klagt der zweite Satz eindeutig an. Eine besondere Betonung fordert im folgenden Teil die Wiederholung des Wortes „jetzt“.

2. Unterrichtsgespräch

In einem anschließenden Unterrichtsgespräch äußern die Schüler ihren spontanen Eindruck nach dem stillen Lesen der Quelle. Sie erhalten die Möglichkeit, ihre Verständnisprobleme, Fragen zum Text, Besonderheiten oder Auffälligkeiten zu artikulieren. Das erscheint vor allem für den Fall als notwendig, wenn der englische Text gelesen wurde. Diese Phase ist vorgesehen, um zumindest zu sichern, daß die Schüler sich die Redesituation und die Einstellung des Redners vergegenwärtigen können.

3. Darstellendes Vorlesen

Ein Schüler, der freiwillig dazu bereit sein sollte, beginnt mit einem ersten Leseversuch. Dieser Versuch sollte ohne vorherige Hinweise seitens des Lehrers auf eine mögliche Betonung oder das Sprechtempo erfolgen. Daran könnte sich ohne weitere Kommentare die Wiederholung durch einen zweiten Schüler (oder weitere Leser) anschließen. Beide Lesungen sind als Versuche anzusehen und geben die eigene Interpretation der Schüler wieder. Sofern es die Ausstattung der Schule und die Gemeinschaft innerhalb der Lerngruppe erlaubt, könnten die Vorträge auf Tonband/Cassette aufgenommen werden. Im weiteren Unterrichtsgang ermöglicht eine solche Aufzeichnung den Vergleich und die Überprüfung des Lesefortschritts. Falls die Abwehr in der Klasse zu groß ist, sollte diese zusätzliche Anforderung unterbleiben.

Während des Vortrages lesen die Zuhörer still, aber aktiv mit.

4. Besprechung

Erst in dem nun folgenden Unterrichtsgespräch über die beiden (oder mehreren) Leseversuche werden die Interpretationen der Schüler miteinander verglichen. Die Lerngruppe kann eigene Ansichten zum Ausdruck bringen, indem z. B. bestimmte Passagen von anderen Schülern anders gelesen würden. Die Äußerungen dienen als Basis zur Einigung über kritische Passagen oder bestimmte Lesemöglichkeiten. Dabei sollte die Tonstärke und die lautliche Gestaltung insgesamt im Mittelpunkt des Interesses stehen. Argumente für oder gegen eine bestimmte Variante müssen aber auf dem Textverständnis basieren. Die Schüler können zum Beispiel ihre Version mit dem Hinweis auf den Kontext der Rede begründen oder aber mit der Feststellung rhetorisch auffälliger Mittel.

In dieser Phase der Diskussion könnten die sich herauskristallisierenden Kernstellen an der Tafel (mit Zeilenangabe aus dem Text) festgehalten werden. Folgende Schwerpunkte könnten sich ergeben (die Zeilenangaben beziehen sich auf die deutsche Fassung):
- feierlicher Einleitungssatz mit dem Hinweis auf die Symbolträchtigkeit des Ortes und die lange Zeit, die seit der gesetzlichen Befreiung der Sklaven vergangen ist (Z. 1–4)
- Anklage über Unfreiheit der Schwarzen (Z. 4–5)
- Dringlichkeit des Handelns zur Verwirklichung der Freiheit wird durch zweimaliges „jetzt“ (Z. 8–9) und die Verwendung der Alliteration „weder Rast noch Ruhe“ unterstrichen (Z. 13)
- pathetischer Teil der Rede, religiöse Werte und Metaphorik, beinhaltet die Zukunftsvision und die Zielsetzung der Bürgerrechtsbewegung (Z. 16–25)
- Schluß der Rede: Gleichheit aller Menschen, auch wenn sie unterschiedlichen religiösen Gruppen angehören oder verschiedener Hautfarbe sind; echte Freiheit ist erst dann verwirklicht, wenn alle frei sind.

Der Lehrer kann sich mit einer eigenen Lesung oder Teilen einer solchen an der Erörterung beteiligen. Dabei bleibt er mit seinem Vorschlag auf der Ebene der Schüler, muß sich aber darüber im klaren sein, daß seine Interpretation unter Umständen als vorbildhaft aufgenommen wird. Mit Hintergrundinformationen kann die Argumentation der Schüler noch zusätzlich unterstützt oder abgewiesen werden. Bei der vorliegenden zweisprachigen Textfassung bietet es sich an, auch den jeweils anderssprachigen Text in die Erörterung miteinzubeziehen. Gleichzeitig könnten die Schüler dabei auf das Problem der Übersetzung historischer Texte und der Authentizität hingewiesen werden.

5. Synthese

Ein erneuter Leseversuch unter Berücksichtigung der vorgebrachten Aspekte könnte sich anschließen. Als Schwierigkeit bliebe dabei zu berücksichtigen, daß die Zusammenführung aller in der Diskussion geäußerten Gesichtspunkte kaum von einem Schüler in einem abschließenden Vortrag zu leisten sein wird. Auch eine Annäherung sollte, unter Umständen gerade im Vergleich zu dem ersten Leseversuch, als Fortschritt angesehen werden.

In dieser Phase könnten die Äußerungen der Schüler über den ersten Leseeindruck (Phase 2) aufgegriffen und mit den erarbeiteten Ergebnissen verglichen werden. Dieser Vergleich würde eine Beurteilung ermöglichen, inwiefern Martin Luther King durch den Inhalt, die Form und die sprachliche Gestaltung seinen und den Anliegen des Civil Right Movement Ausdruck verlieh.

Themengeleitete Verarbeitung von Bild- und Textinformation (Variante 2)

Begründung der Methodenwahl

Anders als in Variante 1, bei der die Schüler das Textverständnis in einer dienenden Funktion für die lautliche Gestaltung heranziehen, steht bei der themengeleiteten Verarbeitung die kognitive Beschäftigung mit einem Text im Vordergrund. Denn die Beantwortung der aus der Filmquelle „Martin Luther King: Legacy of a Dream (Institut für Film und Bild in Wissenschaft und Unterricht, 1983) zu entwickelnden Leitfrage wird mit Hilfe der Textinformationen geleistet, die dafür relevant erscheinen.

Dieser Film kann insofern als moderne historische Quelle angesehen werden, da er Originalaufnahmen von der Rede Kings auf der Kundgebung im Anschluß an den Marsch nach Washington zeigt. Den Charakter eines Dokumentarfilms erhält das Video durch seine Aufgabe als didaktisch aufbereiteter Unterrichtsfilm (Schneider 1985, 525). Das originale Filmmaterial wurde bearbeitet durch die Wahl der Ausschnitte und den unterlegten Kommentar.

Auch ohne Textvorlage erkennt der Zuschauer, daß es sich um eine Demonstration handelt. Im Film gezeigte Plakate beinhalten Hinweise auf das Thema und die Zielsetzung der Demonstration: So sind z. B. Plakate mit der Aufschrift „Equal Rights for All", „Effective Civil Rights now" oder „Freedom now" zu sehen. Ein genauer Blick auf die Protestierenden ergibt den größeren Anteil schwarzer Demonstranten. Unter Umständen könnte der Hauptredner – Martin Luther King – auch einigen Schülern bekannt sein.

Eine themengeleitete Verarbeitung der vorliegenden Quelle **(M 1)** kann unter verschiedenen Fragestellungen erfolgen:
a) Welches Anliegen verbinden die Protestierenden mit der Demonstration?

Diese Leitfrage sähe in Martin Luther King eine führende Figur, die für andere spricht und deren Ansichten artikuliert. Diese Ansichten müßten aus der historischen Quelle erarbeitet und auf ihre Hintergründe hin untersucht werden. Als Voraussetzung der Beantwortung der Themenfrage müßte zunächst die Strittigkeit bzw. Nichtstrittigkeit des Sachverhalts festgestellt werden, um den es in der Rede geht: Bei welchen Personen wäre der Sachverhalt strittig, bei welchen nicht?

Darüber hinaus müßte die Aktualität der Auseinandersetzung über die Diskriminierung der Schwarzen zum Zeitpunkt der Rede herausgestellt werden.

Beide Gesichtspunkte verweisen auf den historischen Hintergrund.

Das Ziel Martin Luther Kings, die Zuhörer zu überzeugen, lenkt das Augenmerk auf seine Argumentationsweise. Ihre Untersuchung sollte auch die Sprechhandlungen miteinbeziehen, d. h. der Frage nachgehen, an welchen Stellen der Redner Bitten, Ratschläge, Anklagen, Warnungen oder Versprechungen vorbringt.

Es müßte außerdem die Gruppe der Hörer näher definiert werden, die Martin Luther King mit seiner Rede überzeugen will. Die Demonstranten selbst weisen sich durch ihr Handeln als bereits überzeugt aus. Es geht demnach darum, andere mögliche Hörer für die Ziele der Bürgerrechtsbewegung zu gewinnen. King richtet seine Rede zunächst an „Amerika" (Z. 7 und Z. 13), an die „Nation" (Z. 17), geht dann am Schluß aber dazu über, durch die Verwendung des persönlichen Fürworts „wir" und die Aufzählung „aller Kinder Gottes" (Z. 28) die Wir-Gruppe zu betonen und damit zu verdeutlichen, daß nur das Handeln aller zusammen das Ziel einer Gleichstellung erreichen kann.

Eine affirmative und emotionale Seite des Unterrichts wird in der Variante 2 durch die Einbeziehung laufender Bilder in Form von Originalaufnahmen von der Kundgebung in Washington am 28. August 1963 berücksichtigt. Die starke Wirkung, die durch die Verwendung des Mediums Film bei den Schülern hervorgerufen werden kann, könnte sich auf die abzuleitende Themenfrage auswirken, die im folgenden exemplarisch in ihrem Verlauf dargestellt werden soll:

a) Warum gelingt Martin Luther King eine derartige Wirkung auf seine Zuhörer und Anhänger?

Diese Themenfrage zielt eher auf die Analyse der sprachlichen und formalen Mittel seiner Rede. Eine Entscheidung für die Beantwortung dieser Frage müßte eine größere Kenntnis in der Analyse ästhetischer Merkmale bei den Schülern voraussetzen, z. B. aus dem Deutschunterricht. Da der Eindruck, der vermutlich dieser Themenfrage zugrunde liegen dürfte, nicht zuletzt auch durch die Originalaufnahmen erreicht wird, müßte korrekterweise auch Martin Luther Kings Gestik und Mimik, aber auch die lautliche Gestaltung in die Analyse miteinbezogen werden. Eine solche Möglichkeit ergäbe sich im Anschluß an die Quellenarbeit (s. u. in Punkt 7). Sie würde auch der Medienkritik dienen, die den Film zum Gegenstand des Unterrichts machen könnte. Sollte sich der Geschichtslehrer entscheiden, diese Alternative zu wählen, müßte eine kritische Betrachtung des Videofilms auch die Kommentare, die Schnittechnik etc. berücksichtigen.

Verlaufsstruktur

1. Präsentation der Bildquelle

Das Filmmaterial wird auf die Ausschnitte aus der Rede Martin Luther Kings vom 28. August 1963 reduziert. Die Ausschnitte sind durch den Film vorgegeben, beinhalten aber wesentliche Aussagen des Civil Right Movement. Die Schüler rezipieren den Filmausschnitt aus der Rede Kings und nehmen Rede und Redesituation in Bild und Ton auf. Sie werden sowohl durch die wiedergegebene Situation, die gekennzeichnet ist durch die Größe der Demonstration, die Begeisterung der Menge, den Kundgebungsort, als auch durch das Pathos der Rede emotional angesprochen. Sie sollen einen direkten Eindruck von Person und Wirken Martin Luther Kings erhalten und die Bürgerrechtsbewegung kennenlernen. Diese Form der Präsentation dient der Motivation der Schüler. Der Lehrer könnte die Schülerinnen und Schüler vorab dazu auffordern, auf das Verhalten Kings während seiner Rede zu achten.

2. Thematische Schwerpunktsetzung

Die Schüler äußern nach der Betrachtung des Films ihren ersten Eindruck. Fragen, die sich aufgrund des Films ergeben, können im Unterrichtsgespräch und durch Lehrerinformationen beantwortet werden. Unter Umständen ergeben sich hier bereits Ansätze für eine zentrale Fragestellung, die zur Erarbeitung der Textquelle herangezogen werden können. Wenn auch der genaue Inhalt der Rede nicht beim ersten Hören erfaßt werden kann, dürfte die Lerngruppe den Sinn und das Ziel der Veranstaltung zumindest oberflächlich begreifen. Eine Sammlung der Eindrücke von Kings Redeverhalten – laute, klare Stimme, Steigerung der emotionalen Intensität in seiner Rede, Betonung wichtiger Passagen, so z. B. „the Negro still ist not free", Kopfschütteln als einzige Gestik zu Beginn; erst zum Schluß hebt er die Arme und ballt beide Fäuste, um die kämpferische Absicht zu unterstreichen – könnte die Grundlage für die Berücksichtigung seiner Gestik und Mimik bilden.

3. Texteingabe

Stilles Lesen des Textes, der – in der englischen Fassung – mit dem Redeausschnitt des Videos übereinstimmt. Parallel können die Schüler die deutsche Übersetzung heranziehen.

4. Erarbeitung

Im ersten Schritt werden Verständnisfragen geklärt. Die Schüler erarbeiten den Inhalt der Rede und berücksichtigen dabei auch die sprachliche Form des Textes. Der Lehrer könnte die Schüler dazu anleiten, auf Sprechhandlungen (Anklage, Bitte, Warnung etc.) zu achten. Mit Hilfe dieser Kriterien könnte der Aufbau der Rede nachvollzogen werden. Eine weitere Hilfestellung könnte die vorgezogene Zusammenstellung und Wiederholung rhetorischer Mittel sein, um für alle Schülerinnen und Schüler eine gleiche Basis zu schaffen, im Text solche rhetorischen Figuren auffinden zu können.

5. Auswertung

Die Schüler tragen die Erarbeitungsergebnisse zur Beantwortung der Themenfrage „Warum gelingt Martin Luther King eine derartige Wirkung auf seine Zuhörer und Anhänger?" vor. Im Ergebnis müßten Form und Inhalt verknüpft werden: Kings Argumente werden dem Zuhörer/Leser mit Hilfe bestimmter rhetorischer Mittel nahegebracht. Ein Tafelanschrieb oder die Mitschrift auf Overhead-Folie könnte die zusammengetragenen Einsichten in der folgenden Weise festhalten:

1. feierliche Einleitung: Symbolik des Ortes, Adjektive mit vergrößerndem Charakter („hundert Jahre", „großer Amerikaner")
   Argument: gesetzliche Befreiung der Sklaven 1863 (Z. 1–4)
2. Anklage über Unfreiheit der Schwarzen (Z. 4–5)
   Argument: Unfreiheit entspricht der Realität 1963
3. Dringlichkeit des Handelns zur Verwirklichung der Freiheit wird durch zweimaliges „jetzt" (Z. 8–9) und die Verwendung der Alliteration „weder Rast noch Ruhe" unterstrichen (Z. 13)

Argument: von der Rassentrennung zur Gerechtigkeit für alle heißt Bürgerrechte auch für die Schwarzen
4. Pathetischer Teil der Rede, religiöse Werte und Metaphern („Tisch der Brüderlichkeit" in Anlehnung an das Abendmahl Jesu mit den Aposteln); beinhaltet die Zukunftsvision und die Zielsetzung der Bürgerrechtsbewegung (Z. 16–25)
   Argument: Zitat aus der Unabhängigkeitserklärung von 1776 über die Gleichheit der Menschen (Z. 19–21)
5. Schluß der Rede: Gleichheit aller Menschen, auch wenn sie unterschiedlichen religiösen Gruppen angehören oder verschiedener Hautfarbe sind; echte Freiheit ist erst dann verwirklicht, wenn alle frei sind. Zitat eines Refrains: Anapher.

6. Integration weiterer Informationen

Die Schüler reorganisieren ihr Vorwissen über die Unabhängigkeitserklärung von 1776 **(M 7)**, den Einfluß Lockes **(M 9)** darauf, sowie – sofern im Unterricht behandelt – die Amendments von 1791 **(M 8)**. Die Schüler sollen erkennen, daß die Fixierung der Menschen- und Bürgerrechte in den USA nicht mit ihrer Verwirklichung in der Realität einherging.

7. Zweite Präsentation der Filmquelle

Nach erfolgter Reflexion und rationaler Beschäftigung mit dem Text der Rede sehen die Schüler den Film mit nun erweitertem Horizont. Der erste, spontane Eindruck und die Ergebnisse der Erarbeitungsphase können am Filmdokument überprüft werden.

III. Erweiterungs- und Vertiefungsmöglichkeiten

Zur Variante 1

Vergleich des eigenen Lesens mit der Videoaufnahme der Originalrede; mit der Wahl des Videofilms wird eine anschauliche Präsentationsform eingesetzt.

Zur Variante 2

Die Einbeziehung der Textquelle „Schlußfolgerungen der Kommission zur Untersuchung der Rassenunruhen" **(M 10)** könnte als später Erfolg der Bürgerrechtsbewegung kurz vor Martin Luther Kings Ermordung angesehen werden. Die Regierung ist sich der in Kings Rede bereits 1963 angesprochenen Verantwortung und Unteilbarkeit der Bürgerrechte bewußt, seine Warnung wird ernst genommen.

IV. Literaturhinweise für die Unterrichtsvorbereitung

1. Quellen

Martin Luther King: Where Do We Go From Here?/Wie soll es weitergehen? Aufsätze, Reden, Predigten. München 1990 (dtv zweispr.)

Videofilm „Martin Luther King: Legacy of a Dream" des Instituts für Film und Bild in Wissenschaft und Unterricht. Grünwald 1983

Franz, Günther (Hrsg.): Staatsverfassungen. Eine Sammlung wichtiger Verfassungen der Vergangenheit und Gegenwart in Urtext und Übersetzung. 3., durchgesehene Aufl. München, Wien 1975

Locke, John: Two Treatises of Government. 1690. In: Geschichte in Quellen. Renaissance, Glaubenskämpfe, Absolutismus. Bearb. v. Fritz Dickmann. 2. Aufl. München 1976. S. 495–498

Sautter, Udo: Geschichte der Vereinigten Staaten von Amerika. Anhang mit der Verfassung der USA inkl. den Zusatzartikeln. 3., erw. Aufl. Stuttgart 1986 (Kröners Taschenausg. Bd. 443)

Schlußfolgerungen der Kommission zur Untersuchung der Rassenunruhen, in: Geschichte in Quellen. Die Welt seit 1945. Bearb. v. Helmut Krause und Karlheinz Reif. München 1980. S. 441

2. Sekundärliteratur

Aufenanger, Stefan/Garz, Detlef/Zutavern, Michael: Erziehung zur Gerechtigkeit. Unterrichtspraxis nach Lawrence Kohlberg. München 1981

Aylesworth, Thomas G./Aylesworth, Virginia L.: Washington. The Nation's Capital. New York 1986

Hetmann, Frederik: Martin Luther King. Ravensburg 1993 (RTB 4099)

Italiaander, Rolf: Martin Luther King. 2. Aufl. Berlin 1986 (Köpfe des 20. Jahrhunderts, Bd. 53)

King, Coretta Scott: Mein Leben mit Martin Luther King. Stuttgart 1970

Presler, Gerd: Martin Luther King. Reinbek bei Hamburg 1984 (rororo bildmonographie 333)

Richtlinien und Lehrpläne für das Gymnasium – Sekundarstufe I – in Nordrhein-Westfalen: Geschichte. Düsseldorf 1993

Sautter, Udo: Geschichte der Vereinigten Staaten von Amerika. 3., erw. Aufl. Stuttgart 1986 (Kröners Taschenausg. Bd. 443)

Schneider, Gerhard: Filme. In: Pandel, H.-J./Schneider, Gerhard: Handbuch Medien im Geschichtsunterricht. Düsseldorf 1985

Die Vereinigten Staaten von Amerika. Hrsg. v. d. Bundeszentrale für politische Bildung. Neudruck Bonn 1990 (Informationen zur politischen Bildung 211)

Zenfell, Martha Ellen (Ed.): Insight Guides: Washington D. C. Singapore 1992